ERA UMA VEZ UM CASAL DIFERENTE

Dados Internacionais de Catalogação na Publicação (CIP)
(Câmara Brasileira do Livro, SP, Brasil)

Facco, Lúcia
  Era uma vez um casal diferente: a temática homossexual na educação literária infanto-juvenil / Lúcia Facco. – São Paulo: Summus, 2009.

  Bibliografia.
  ISBN 978-85-323-0531-2

  1. Crítica literária 2. Educação sexual para adolescentes 3. Educação sexual para crianças 4. Homossexualismo 5. Homossexualismo e literatura 6. Literatura infanto-juvenil - História e crítica I. Título.

09-00705   CDD-809.89282

Índice para catálogo sistemático:
1. Homossexualismo na literatura infanto-juvenil:
História e crítica 809.89282

Compre em lugar de fotocopiar.
Cada real que você dá por um livro recompensa seus autores
e os convida a produzir mais sobre o tema;
incentiva seus editores a encomendar, traduzir e publicar
outras obras sobre o assunto;
e paga aos livreiros por estocar e levar até você livros
para a sua informação e o seu entretenimento.
Cada real que você dá pela fotocópia não autorizada de um livro
financia o crime e ajuda a matar a produção intelectual de seu país.

LÚCIA FACCO

ERA UMA VEZ UM CASAL DIFERENTE

A temática homossexual na educação literária infanto-juvenil

ERA UMA VEZ UM CASAL DIFERENTE
a temática homossexual na educação literária infanto-juvenil
Copyright ©2009 by Lúcia Facco
Direitos desta edição reservados por Summus Editorial

Editora executiva: **Soraia Bini Cury**
Assistentes editoriais: **Andressa Bezerra e Bibiana Leme**
Projeto gráfico: **Daniel Rampazzo/Casa de Idéias**
Diagramação: **Mônica Vieira/Casa de Idéias**
Imagem de capa: **Heitor Dias Facco**

A Summus Editorial agradece às editoras Cortez, DCL, Loyola, Martins Fontes, Melhoramentos, SM e Tricycle Press por terem cedido o direito de reprodução das ilustrações contidas nesta obra. Quanto à ilustração do livro *Uxa, ora fada, ora bruxa*, fizemos todos os esforços para contatar a família da autora Sylvia Orthof e do ilustrador Tato, mas não obtivemos sucesso. No caso do livro *Atirei um sonho n'água*, que tem texto de Stella Carr e capa de Nádia Pazzaglia, também não foi possível encontrar os responsáveis pela editora Maltese. Ambas as obras, no entanto, estão devidamente creditadas.

Summus Editorial
Departamento editorial:
Rua Itapicuru, 613 – 7º andar
05006-000 – São Paulo – SP
Fone: (11) 3872-3322
Fax: (11) 3872-7476
http://www.summus.com.br
e-mail: summus@summus.com.br

Atendimento ao consumidor:
Summus Editorial
Fone: (11) 3865-9890

Vendas por atacado:
Fone: (11) 3873-8638
Fax: (11) 3873-7085
e-mail: vendas@summus.com.br

Impresso no Brasil

Para minha família diferente.

Agradecimentos

A Flávio Carneiro, orientador e amigo, pela orientação paciente e cuidadosa e por não ter me deixado desistir.

A Gustavo Bernardo, pelas sugestões e comentários preciosos na qualificação e pela enorme boa vontade para "repetir a dose".

A Cyana Leahy-Dios, pelo carinho, amizade, leitura minuciosa e críticas nas qualificações. Mas, especialmente, por ter plantado em mim a vontade de estudar a tal "educação literária".

A Ítalo Moriconi, pelo começo de tudo.

A Rick Santos, amigo cujas palavras nunca permitiram que eu me afastasse do posicionamento político.

Aos professores que, de maneira generosa, contribuíram para esta obra com suas opiniões e relatos de experiências em sala de aula.

À equipe do CAp-Uerj, especialmente Ilana, Márcia, Ana Célia e Elizabeth, pelo apoio.

A Regina Andrade, Leila e Eliane, pela ajuda inestimável na hora dos detalhes técnicos.

A Glorinha Azevedo, "amadamiga", crítica, meio "tia", por me trazer de volta aos trilhos. Mesmo tão longe, sempre perto.

A Helena Fontana, pelo incentivo e amizade incondicional.

A Aída, pelo exemplo de dedicação, disciplina e por meu equilíbrio agora nem tão distante.

À minha querida sanga, por todas as energias boas compartilhadas.

À minha família "normal" (ou quase) de Vassouras.

A Renata, sempre.

A Heitor, por me fazer perceber a importância deste trabalho.

As letras das músicas podem ensinar algo às crianças. Não é apenas diversão. Você não vai conseguir divertir uma pessoa que está com medo ou com fome.
Bob Marley

Sumário

Introdução: Uma pequena explicação 11

1 PRECONCEITO E DISCRIMINAÇÃO:
   PRÁTICAS SOCIAIS CONCRETAS 13
   Estigma 13
   O preconceito na escola 19
   História das punições e das práticas de controle 24
   Relações sociais 30

2 A INVISIBILIDADE DO HOMOSSEXUAL 46
   História da homossexualidade 46
   O controle do sexo 51
   Homofobia 63
   Jovens homossexuais 73
   O movimento homossexual e a formação da
   identidade *gay*/lésbica 90

3 O CURRÍCULO ACOMODADO (?) 98
   A escola como formadora de cidadãos 98
   Corpos docilizados 114
   Um currículo *queer*/desoprimindo o oprimido 122

4 LITERATURA SERVE PARA QUÊ? 134
   Conteúdo e forma 134
   Literatura e ideologia 149
   A literatura como educadora 162
   Questionando o cânone 170
   Literatura homossexual e/ou literatura *gay* 176

5 LITERATURA INFANTO-JUVENIL 193
   História da literatura para crianças 193
   A criança na sociedade 200
   Os clássicos e os contos de fadas 206
      Os clássicos 206
      Os contos de fadas 209
      Ilustração 213
      Transmissão de valores 220

6 AÇÕES INCLUSIVAS 246
   Pelo mundo 246
   No Brasil 249

MAIS UMAS PALAVRAS 255

REFERÊNCIAS 257
   Bibliografia 257
   Filmografia 271

CADERNO DE ATIVIDADES 273

Introdução:
Uma pequena explicação

Eu estava absolutamente certa e segura a respeito da pesquisa que fazia sobre literatura lésbica quando fui trabalhar em uma instituição de ensino com mais de mil estudantes do primeiro ano do ensino fundamental ao terceiro ano do ensino médio.

Quando comecei a pensar seriamente em mudar o tema de minha pesquisa (para preocupação do meu orientador), achei que essa vontade era consequência de estar me sentindo impregnada pelas questões que envolviam as crianças e os adolescentes da instituição onde trabalhava. Mas não foi apenas por isso. A questão é muito mais pessoal. Penso que a percepção das dificuldades de relacionamento que crianças e jovens enfrentam em sua vida escolar me afetam diretamente por eu ter um filho adolescente.

Os dois fatores tiveram um peso muito grande na minha decisão. Percebi, tanto por observar, de dentro, a estrutura escolar quanto por ver com olhos de mãe, que algo muito errado acontece nas escolas e que, pior ainda, elas apenas refletem os sérios problemas de intolerância da nossa sociedade.

Isso não é novidade. Eu estou com 44 anos e na minha época de estudante de ensino fundamental (antigos primário e ginásio) não era muito diferente. Tenho péssimas recordações de minha vida escolar por ter estudado em uma escola de comunidade. O meu problema era que na minha escola a esmagadora maioria era de crianças que moravam no

Morro da Coroa, que ficava próximo à minha casa. Eu e minha irmã éramos muito discriminadas porque não morávamos na comunidade. Éramos duas meninas louras, que moravam no "asfalto".

Quando cheguei ao antigo primeiro ano do ensino ginasial, fiquei esperançosa, pois viriam à minha escola as crianças que estudavam em outra escola municipal, que oferecia apenas o "primário". Mas isso não adiantou nada, pois os que chegaram me discriminavam por eu sempre ter estudado em escola de comunidade. Moral da história: passei a infância e parte da adolescência sem amigos na escola, sem saber exatamente qual era o pecado maior: ter estudado em escola de comunidade ou não morar na comunidade.

Essas lembranças, nada agradáveis, juntaram-se aos outros fatores que me induziam a mudar o tema da minha tese.

No ano de 2004, fiz uma palestra no Centro Cultural Banco do Brasil (CCBB) de São Paulo sobre pornografia e erotismo, alta literatura e baixa literatura. A palestra tinha como público-alvo professores da rede pública de ensino de São Paulo. No final, falei sobre os livros lidos nas escolas e alguns professores me pediram indicações bibliográficas, pois afirmaram desconhecer livros para crianças e adolescentes que tratassem da questão do homoerotismo.

Finalmente, fui convidada para escrever um artigo sobre literatura infanto-juvenil para uma publicação do Ministério da Cultura. As leituras que fiz para escrever tal artigo e as falas dos professores de São Paulo me convenceram de vez da importância de surgirem trabalhos que abordem textos literários lidos por crianças e adolescentes, bem como da capacidade que esses textos têm de formar leitores críticos, que formulem pensamentos próprios, em vez de apenas digerirem os pensamentos regurgitados por seus educadores.

Nesta obra, pretendo estudar a fundo o processo de manipulação política contido na manutenção de velhos e ultrapassados currículos escolares, bem como investigar até que ponto os textos literários trabalhados pelos educadores nas salas de aula podem contribuir para a formação de "estudantes pensantes".

# 1

Preconceito e discriminação: práticas sociais concretas

> NÃO HÁ NECESSIDADE DE GRELHAS.
> O INFERNO SÃO OS OUTROS.
>
> SARTRE

Estigma

Os gregos criaram o termo *estigma* para se referir a qualquer tipo de sinal corporal que pudesse demonstrar qualquer coisa má ou diferente, que diminuísse o *status* moral de quem o possuísse. Na verdade, a pessoa não nascia com esse sinal. Ele era feito com instrumentos cortantes ou com fogo, para marcá-la, e o portador de tal marca era considerado como "um escravo, um criminoso ou traidor – uma pessoa marcada, ritualmente poluída, que devia ser evitada, especialmente em lugares públicos" (Goffman, 1975, p. 11).

Atualmente, o termo *estigma* é usado com sentido semelhante ao literal. Contudo, ele se refere mais à desgraça em si do que à marca corporal. Além disso, a percepção do que é considerado como desgraça sofreu modificações consideráveis.

Segundo Goffman (*op. cit.*), nos tempos modernos, podemos nos referir a três tipos de estigma: as marcas do corpo (as várias deformidades físicas); as culpas de caráter individual (entre elas a desonestidade e paixões não naturais), geralmente percebidas por meio de comportamentos problemáticos, como o alcoolismo e a homossexualidade, por exemplo; e os estigmas de raça, nação e religião, transmitidos por meio da linhagem.

É prática da sociedade a categorização dos indivíduos em compartimentos estanques. Dentro de cada categoria, há uma série de características comuns e esperadas. Em outras palavras, quando deparamos com determinado sujeito, primeiro identificamos a qual categoria ele pertence, para, então, tentarmos localizar nele os atributos compatíveis com ela.

Ao identificarmos, por exemplo, um sujeito que é juiz de direito, esperamos deste comportamentos condizentes com esta categoria: a de juiz de direito. Ele deve ser sério, cordato, elegante etc. Caso apresente comportamentos diferentes do esperado, ele será imediatamente estigmatizado. Tenho um conhecido que é juiz de direito e surfista. Em ocasiões informais está sempre com bermudão e chinelos. Todos comentam seu modo de ser, mesmo sem a intenção de criticar. Mas, de qualquer forma, ele é marcado, pois quebra as expectativas normativas, usando o termo de Goffman (*op. cit.*, p. 12), em relação ao seu comportamento.

O mesmo acontece quanto aos ambientes sociais. Em cada tipo de ambiente, esperamos encontrar pessoas com "identidades sociais" específicas.

O mais curioso é que nós fazemos essas exigências inconscientemente. Apenas percebemos que as fizemos quando o sujeito com o qual "contracenamos" não nos fornece uma resposta satisfatória para tais expectativas. Com base nessa constatação, passamos a considerar esse sujeito "diferente", e muitas vezes a diferença faz que ele seja encarado como uma pessoa diminuída, "inferior".

O termo *estigma* é usado para designar um atributo depreciativo. Mas este não é, em si mesmo, negativo ou positivo. Isso vai depender de uma rede de relações sociais, pois um mesmo atributo pode ser negativo para determinado sujeito e positivo (ou até não constituir uma marca) para outro.

Voltemos ao nosso amigo juiz. Se ele fosse alcoólatra, seria, sem dúvida, considerado irresponsável, o que serviria, inclusive, de motivo para o afastamento do cargo, para tratamento. No entanto, é perfeitamente admissível que um *crooner* de boate seja alcoólatra. Nesse caso, o alcoolismo é encarado de forma complacente e é até esperado, pelo fato de o sujeito trabalhar à noite, em um ambiente onde normalmente as pessoas ingerem bebidas alcoólicas.

Goffman (*op. cit.*) usa os termos *desacreditado* e *desacreditável* para se referir aos estigmatizados. O primeiro é aquele cuja característica distintiva é conhecida ou evidente. Já no caso do segundo, essa característica não é conhecida nem evidente do ponto de vista dos observadores.

No caso dos desacreditáveis, muitas vezes são usados símbolos para evidenciar o estigma. Os nazistas, por exemplo, usaram símbolos específicos para marcar judeus e homossexuais, colocando na roupa dos primeiros uma estrela e na dos últimos um triângulo. Os judeus homossexuais eram duplamente marcados nos campos de concentração.

Da mesma maneira que os comportamentos, os símbolos, dependendo das relações sociais, podem ter significados positivos ou negativos.

Por exemplo, as ombreiras que os funcionários da prisão exigem que os presidiários [...] que tendem a fugir usem podem ter um significado, em geral negativo, para os guardas e, ao mesmo tempo, ser para o portador um sinal de orgulho frente a seus companheiros de prisão.

(Goffman, *op. cit.*, p. 56)

Na maior parte dos casos, no entanto, o traço distintivo, se evidente, pode afastar as outras pessoas, e acabar com qualquer possibilidade de relacionamento com elas, privando o sujeito estigmatizado da oportunidade de mostrar outros atributos que seriam considerados positivos e, de certa maneira, poderiam "redimi-lo" diante da sociedade.

Muitas pessoas acreditam que o estigmatizado é inferior. Partindo dessa premissa, a sociedade discrimina o sujeito, e torna sua vida muito difícil. Para justificar a atitude nada "caridosa", ela cria várias teorias, que constituem a "teoria do estigma" (Riesman *apud* Goffman, *op. cit.*, p. 15) para explicar a inferioridade do estigmatizado e dar conta do "perigo" que ele representa.

A sociedade se utiliza de termos específicos, como "retardado", "aleijado", "bastardo", "veado", de maneira pejorativa, inconsequentemente, no dia a dia, sem refletir sobre o seu significado original e, o que é mais grave, sem perceber até que ponto as pessoas já estigmatizadas podem se sentir mais prejudicadas emocionalmente diante de tais denominações.

O conceito de estigma, e tudo que ele representa, é uma construção social. Portanto, o próprio indivíduo estigmatizado, por ter sido criado em determinada sociedade, incorpora a ideia da sua inadequação como sujeito. Com base nas concepções assimiladas sobre o seu estigma, duvidará, assim como os outros, de que deva ser tratado como uma pessoa "normal". Sendo assim, por ser portador de um estigma que lhe confere uma característica que o desmerece como ser humano, não se considera merecedor de ser feliz. Esse é um dos aspectos mais cruéis do processo de estigmatização dos sujeitos.

Contudo, como já vimos antes, o sujeito não se considera excluído de todas as categorias sociais, mas de alguma(s) específica(s) da(s) qual(quais) se sente excluído por portar determinado estigma. Uma prostituta pode se sentir excluída em vários ambientes sociais, mas não se sente assim quando está entre mulheres que exercem a mesma profissão.

O sujeito estigmatizado percebe que, em geral, a sociedade não o aceita integralmente, mantendo sempre uma relação de "tolerância", ou seja, ele é visto como "inferior". Os padrões que regem a sociedade são tão firmes que o estigmatizado incorpora essa noção de inferioridade que o leva a crer que ser "tolerado" já é uma vantagem.

O indivíduo estigmatizado toma para si determinados modelos identitários, embora muitas vezes se sinta ambivalente em relação a eles. Assim, ele tem dificuldade/resistência em se identificar com outros sujeitos possuidores do mesmo estigma, e a tendência é de que ele os classifique (assim como os "normais" fazem com ele) de acordo com a visibilidade dos estigmas e o comportamento que desenvolvem em relação a esses traços.

Tão forte é o poder social que há, por parte do estigmatizado, uma tentativa de se adequar ao que se espera dele. Os anões podem comportar-se como bobos da corte, ou palhaços; os *gays* podem exagerar os trejeitos e forçar uma voz fina e afetada, apenas para corresponderem às expectativas sociais.

Por outro lado, podem também se esforçar para apagar um traço mais forte de personalidade que possa destacá-los, preferem "misturar-se à paisagem", tentando atingir um grau de "normalidade".

Em qualquer dos casos, nota-se uma grande preocupação em se adaptar, mesmo que para isso seja necessário forçar-se a agir de uma maneira que não corresponda ao seu modo de ser.

Estigma e normalidade não são características inerentes aos indivíduos, mas perspectivas formuladas nos contatos sociais entre vários tipos de sujeito. Aqueles que se julgam enquadrados socialmente, de uma forma ou de outra, afastam-se dos outros por preconceito.

> Os preconceitos são realidades historicamente construídas e dinâmicas; são reinventados e reinstalados no imaginário social continuamente [...] atuam como filtros de nossa percepção, fortemente impregnados de emoções colorindo nosso olhar, modulando o ouvir, modelando o tocar, fazendo com que tenhamos uma percepção simplificada e enviesada da realidade.
>
> (Candau, 2003, p. 17)

Eles estão presentes no processo de socialização e fazem parte de todas as culturas. A maior dificuldade em erradicá-los está no fato de que é mais fácil e cômodo aceitar ideias falsas às quais estamos acostumados e que geralmente nos favorecem e nos colocam em uma posição "superior" do que desenvolver um pensamento crítico que as questione. Os preconceitos servem para "justificar" atitudes de covardia, tratamento desigual, discriminação de pessoas e de grupos sociais.

Em junho de 2007, houve um caso amplamente divulgado pela mídia. Uma empregada doméstica foi espancada por rapazes de classe média enquanto aguardava o ônibus em um ponto, na Barra da Tijuca, Rio de Janeiro.

Um dos agressores tentou se justificar dizendo que ele e os amigos bateram na moça porque pensaram que ela era uma prostituta, como se essa fosse uma desculpa plausível, já que a prostituta, por ser estigmatizada (logo, considerada "inferior" por muitos), pode perfeitamente apanhar dos rapazes "superiores" socialmente.

"Se o preconceito é fundamentalmente uma atitude, a discriminação refere-se a comportamentos e práticas sociais concretas" (Candau, *op. cit.*, p. 18). Embora a palavra "discriminação" possa ter outros significados, como percepção, nas ciências sociais e na linguagem usual, discriminar significa rejeitar, estigmatizar. Discriminação seria um tratamento desfavorável dado habitualmente a certas categorias de pessoas e/ou grupos. Refere-se a processos de controle social que servem para manter a distância social entre determinados grupos, através de um conjunto de práticas, mais ou menos institucionalizadas, que favorecem a atribuição arbitrária de traços de inferioridade.

(Candau, *op. cit.*, p. 18)

Os processos de discriminação estão internalizados na sociedade e podem se dar de diversas formas, das mais sutis às mais óbvias. Além disso, geralmente têm sua base no processo histórico de formação da sociedade.

O racismo no Brasil, por exemplo, é um ranço da escravidão e do consequente padrão de dominação imposto durante séculos ao povo negro. A ideia da "inferioridade do povo negro" ainda está gravada no inconsciente coletivo e se manifesta de forma sutil e disfarçada, fingindo que não é preconceito.

Da mesma maneira, ainda há uma desigualdade entre os sexos, sendo que a figura masculina permanece em uma posição hierárquica superior à da mulher e, para que essa hierarquia possa ser mantida, a única maneira de viver a sexualidade deve ser a heterossexual. A estrutura da sociedade brasileira ainda é notadamente patriarcal, o que perpetua a discriminação em relação à mulher.

A negação do "outro" faz parte do processo de discriminação. As leituras das identidades alheias, baseadas em preconceitos e estereótipos, sustentam e perpetuam as práticas discriminatórias. Essas identidades não são fenômenos naturais, mas construídos pelo olhar social. Cada grupo é visto pelo olhar dominante (considerado o próprio padrão de normalidade) de maneira crítica. Porém, é feita uma crítica simplória, baseada em componentes subjetivos e afetivos. Não se trata de um olhar isento, racional, solidário. Pelo contrário, é um olhar pronto a julgar e a condenar tudo que for considerado "diferente" do considerado "certo".

Curiosamente, se as pessoas têm facilidade de reconhecer a discriminação na sociedade, é muito difícil elas admitirem que também discriminam. É mais confortável ver a discriminação como prática social e não pessoal. Na hora H ninguém tem nada contra os homossexuais, os negros ou as louras.

Estou farta de ouvir a seguinte frase: "Não me importaria se o meu filho fosse *gay*. Apenas sofreria muito por saber que ele seria discriminado". Esse lugar-comum representa muito bem a dificuldade que cada sujeito tem de reconhecer-se como discriminador. Torna-se muito mais fácil para uma mãe ou um pai pensar que eles só se importam com a felicidade de seus filhos, mas que infelizmente a sociedade "malvada" os discrimina.

O preconceito na escola

Se a sociedade é constituída por uma diversidade de culturas, crenças, etnias, estilos de vida, entre outras variadas características, a escola, por ser a representação de um microuniverso social, vai reproduzir todas as relações sociais, inclusive as práticas sociais de discriminação, em suas salas de aula, pátios, corredores, banheiros, enfim, em todos os espaços por onde circularem estudantes, funcionários em geral e professores.

Embora os conceitos de solidariedade, igualdade, respeito às diferenças façam parte dos discursos da escola, por ser um local voltado para a formação de crianças e adolescentes, na prática o que podemos observar é que, nesse espaço, as ideias de discriminação e os preconceitos não estão de fora. Pelo contrário: como a escola é um local onde convivem os mais diversos tipos de pensamento, a prática discriminatória é muito comum.

Ainda que tenham surgido estudos focados nas práticas discriminatórias na escola, chega-se à conclusão de que, na maior parte dos casos, essa instituição não faz nenhum trabalho específico para buscar minorar o problema.

Formar uma cidadania plena implica fazer que todos se tornem cidadãos pensantes, que entendam a realidade que os cerca, assim como sua possibilidade/responsabilidade no que se refere à construção de uma sociedade melhor. E a escola tem importância fundamental em tal processo, dada a sua capacidade de influir fortemente na formação de crianças e adolescentes.

Para começarmos a tratar sobre as relações de discriminação, seria interessante questionarmos a definição de "minoria social". Mulheres, negros e homossexuais são considerados minorias. Contudo, dados estatísticos comprovam que mulheres não poderiam ser consideradas como minoria, já que compõem mais de 50% da população mundial, e, segundo dados da Pesquisa Nacional por Amostra de Domicílios (Pnad) de 2005 ("Brancos já são minoria no Brasil", 2007), os brancos não são mais maioria no Brasil. Quanto aos homossexuais, eles não podem ter o seu número determinado, devido ao fato de que, por medo do preconceito social, muitos não se "assumem".

Esses dados nos permitem perceber que a classificação de "maioria" e "minoria" se baseia na ideia de dominação e não de quantidade. Podemos concluir, enfim, que os "donos do poder", e por isso mesmo representantes dos padrões de normalidade, seriam os homens brancos, heterossexuais, de classe média e formação judaico-cristã. Logo, tudo que fugir desses padrões é diferente, é minoria, e "o Ocidente sempre se deu mal com as diferenças" (Santos, 1989, p. 79).

Precisamente devido ao fato da classificação "maioria × minoria" transmitir a ideia de valoração, não basta aos grupos considerados "minorias" que fortaleçam a sua identidade. É imprescindível que se faça um trabalho de conscientização dos pertencentes à "maioria" branca, masculina, heterossexual, de classe média. As questões relativas aos preconceitos não são exclusivas de determinados grupos, mas de toda a sociedade, que deve ser levada a avaliar criticamente posições arraigadas em nossa cultura. "Ninguém diz para o filho que ele deve discriminar o negro, mas a forma como se trata o empregado, as piadas, os ditados e outros gestos influem na educação" (Silva *apud* Candau, *op. cit.*, p. 29).

Da mesma maneira, deve-se repensar a pretensa "naturalidade" da cultura patriarcal, que é transmitida desde cedo às crianças tanto pelos pais quanto pela própria cultura escolar.

Os processos de discriminação costumam ter, na sociedade ocidental, uma sutileza que dificulta sua identificação. Eles se encontram, muitas vezes, nas "entrelinhas" dos discursos, nas rotinas, nos costumes, perpetuando-se nas relações sociais. É uma "tática" silenciosa tão poderosa que faz que esses processos pareçam naturais.

Desde o século XIX, durante todo o século XX e no momento atual (quando a globalização aproxima povos de culturas tão diferentes e, no interior de cada um deles, verdadeiras "tribos urbanas" se organizam de acordo com interesses e modos de viver específicos), as "certezas", que por tanto tempo fizeram parte da formação cultural, começam a se desfazer diante das modificações que as relações entre sexos, classes e raças vêm sofrendo.

Além disso, outra questão se impõe firmemente e de maneira assustadora para a geração atual. Uma questão de sobrevivência, que vem sendo uma fonte de preocupação para a população mundial, especialmente a partir das três últimas décadas: a sustentabilidade.

Na esteira das reflexões a respeito da necessidade de se encontrar um meio de garantir a sobrevivência do planeta, repensa-se a relação com o "outro". Os hindus sempre repetem três vezes a palavra paz: "*Shanti, shanti, shanti*". É preciso que se procure a paz com o meio ambiente, com o outro e consigo mesmo. A falta de uma delas naturalmente afetará a busca das outras.

A tentativa de compreender a realidade do "outro" é condição *sine qua non* para que as práticas discriminatórias sejam desconstruídas. Afinal, para que essa compreensão seja possível, é necessária a revisão dos conceitos hegemônicos, o que, por sua vez, desconstruirá as noções de certo, errado, verdadeiro, falso, marginal, periférico etc.

Há diversas teorias críticas que sugerem que os que estão aptos a ensinar as lições de vida mais duradouras são justamente aqueles que de uma maneira ou de outra estiveram ou estão à margem da sociedade. Afinal de contas, por se mostrar em representações culturais não canônicas, a experiência afetiva da marginalidade social nos obriga a criar estratégias críticas que deem conta dessas representações.

Segundo Stuart Hall (2002, p. 13), uma identidade totalmente unificada, completa, segura e coerente não passa de uma fantasia. Conforme os mais variados sistemas de representação cultural surgem, vemo-nos diante de várias identidades com as quais poderíamos nos identificar em um ou outro momento de nossa vida. Essa constatação nos obriga a "colocar nossas barbas de molho". Em um instante uma identidade que era do "outro" pode se tornar a nossa.

Voltando à velha escola, temos a impressão de que é uma instituição que resiste aos novos tempos, às novas reflexões que se fazem prementes, e opta por permanecer em uma posição aparentemente desvinculada dessas discussões, embora isso seja impossível, já que elas permeiam todos os espaços e relações sociais.

Recentemente, foi realizada uma pesquisa (Candau, *op. cit.*) por três organizações latino-americanas – o Projeto Yachay Tinkuy (Cochabamba, Bolívia), o Centro Cultural Poveda (Santo Domingo, República Dominicana) e a Novamérica, ONG com sede no Rio de Janeiro, na tentativa de compreender o posicionamento de professores e de alunos diante das manifestações de discriminação na escola. Essa pesquisa levantou informações muito importantes.

Em primeiro lugar, os professores foram unânimes em afirmar que, embora haja discriminação na sociedade brasileira em várias dimensões (social, econômica, étnica, relativa ao sexo, à orientação sexual etc.), destacam-se as discriminações de classe e de etnia, contra o pobre e o negro. Afirmaram ainda que "o mito do brasileiro cordial está internalizado, naturalizado no cotidiano, fazendo com que as injustiças, a discriminação e a exclusão não despertem assombro nem indignação" (p. 37).

Piadas foram citadas como um dos instrumentos com que os vários tipos de discriminação são mostrados. Especialmente piadas sobre *gays*, negros e mulheres. As piadas são, de certa forma, aceitas socialmente, embora aqueles que as contem tenham, muitas vezes, a preocupação de se declarar "sem preconceito".

Para os professores entrevistados, existem vários conceitos de discriminação:

> Discriminação é "você dizer que o outro é pior que você e fazer com que o outro acredite nisso"; "é qualquer ato em que você distingue, que você separa, que você isola"; "discriminar é excluir, criando uma imagem

negativa de um determinado tipo, não sei se um fenótipo"; "é tornar uma pessoa menor por algo que ela não domina"; "é você se sentir superior a outros grupos, a outras pessoas, você acha que tem uma qualidade, alguma coisa superior, ser branco, pertencer a uma classe social mais favorecida economicamente, ter estudo, por isso você se separa, porque você não quer se misturar, não quer se contaminar com aquilo ali"; "é desigualdade de oportunidades, acho que ser discriminado não te dá as mesmas chances, não favorece que você desenvolva integralmente tudo o que você tem de potencialidades"; "é a não-aceitação de uma condição diferente da sua"; "é você não aceitar o outro, ele tem que ser igual a você".

(Candau, *op. cit.*, pp. 46-7)

Quando perguntadas se já haviam discriminado alguém, "6% das professoras não lembram se já discriminaram, 48% dizem nunca ter discriminado e 46% das professoras responderam afirmativamente" (p. 59).

As que disseram já haver discriminado alguém declararam que consideram difícil

não fazê-lo, em função de viverem em uma sociedade tão contaminada pela discriminação como a nossa: [...] "Acho que fazemos isto até inconscientemente. Parece que a educação social nos induz à discriminação como se fosse normal"; "Temos que nos policiar para não discriminar".

(p. 59)

Estudantes com idade entre 14 e 20 anos também foram entrevistados e, em relação à discriminação racial, catorze afirmaram a sua existência. Mencionaram também a existência de outros tipos de discriminação, como a social, a que se refere ao local de moradia (principalmente em relação aos moradores de favelas, ou falando de maneira "politicamente correta", comunidades), contra a mulher, contra os repetentes, os deficientes físicos, os considerados "feios" segundo o padrão de beleza predominante etc.

Um tipo de discriminação que não foi citado (curiosamente) pelos professores foi o que se relaciona com a orientação sexual.

Quando foi perguntado aos estudantes se sofriam discriminação, um deles disse: "Não, eu não dou motivo" (p. 76). Essa fala nos faz perceber que a discriminação ainda é vista, por alguns, como responsabilidade ou culpa do discriminado.

É mais ou menos como culpar a garota que anda de saia curta por ter sido estuprada. O sentimento de culpa alia-se ao mal-estar sentido pelo discriminado, fazendo que ele se sinta muito pior.

Um dos grandes problemas enfrentados pelos jovens nas escolas é a dificuldade que eles sentem em lidar com situações de discriminação. Já foi criado inclusive um termo para denominar a prática de discriminação de um grupo de "colegas" de escola contra determinado jovem: *bullying*. A grande maioria acaba "fingindo" não dar importância para apelidos, xingamentos e isolamentos impostos, como estratégia de defesa, já que reagir geralmente piora a situação. "A expressão 'não ligo, não' foi uma frase comum nas respostas fornecidas, especialmente entre jovens do sexo masculino" (p. 77).

Todos os jovens concordaram em um aspecto: declararam que "a discriminação e o preconceito na escola são reflexos do que se vive na sociedade" (p. 78). Se considerarmos que a escola é um local de formação em princípio, teremos de perguntar: "Quem veio primeiro, o ovo ou a galinha?" Entramos em um círculo vicioso no qual a escola forma cidadãos que têm determinados preconceitos que se refletem na educação recebida na escola que forma cidadãos... *ad aeternum*.

História das punições e das práticas de controle

No livro *Vigiar e punir* (1977), Foucault traça a história das punições sofridas pelos indivíduos. Se, até o século XVIII, era muito comum a existência de verdadeiros espetáculos em que os mais variados e criativos meios de tortura e execução eram exibidos ao público com o objetivo de constrangê-lo a não praticar o mesmo tipo de crime, no final desse mesmo século cunhava-se a ideia de que a prática de punição pública apenas contribuía para incentivar a violência.

A justiça, então, passou a se eximir da parcela de violência que antes lhe cabia inteiramente. A partir do final do século XVIII, "o fato de ela matar ou ferir já não é mais a glorificação de sua força, mas um elemento intrínseco a ela que ela é obrigada a tolerar e muito lhe custa ter que impor" (Foucault, 1977, p. 15).

Na punição em forma de espetáculo, carrasco e condenado suscitavam sentimentos semelhantes e ao mesmo tempo confusos no público. O condenado podia inspirar piedade ou até acabar glorificado como uma espécie de mártir. Ao mesmo tempo, a violência excessiva do carrasco inspirava horror. Era a institucionalização da crueldade.

Ao se dar conta disso, a justiça muda a sua forma de punição e passa a dar publicidade ao julgamento e ao veredicto, deixando claros, para o público, os motivos que "lamentavelmente a obrigam a punir o condenado". A execução passa a ser evitada e outras formas de punição, como a reclusão, os trabalhos forçados e a deportação, se tornam cada vez mais frequentes. Procura-se tocar o mínimo possível no corpo do condenado, o que passa a ser um instrumento de punição para que a moral e a alma do homem sejam atingidas, embora continue a ser afetado diretamente por meio das privações físicas.

O novo tipo de punição é bem diferente do suplício em praça pública. O que se procura é privar o indivíduo de sua liberdade. O castigo não é mais a imposição da dor física, mas a suspensão dos direitos. A nova punição, diferente da anterior, atua em nível profundo "sobre o coração, o intelecto, a vontade, as disposições" (p. 21).

Além da mudança na maneira de punir, a própria concepção do que poderia ou não ser considerado crime se modificou, e ainda vem se modificando ao longo do tempo. Alguns crimes estreitamente relacionados com a autoridade religiosa, como a blasfêmia, ou com determinado tipo de organização econômica e social de uma época específica deixaram de ser considerados tão "importantes". O contrabando, por exemplo, deixou de ser considerado um crime tão grave, o mesmo tendo ocorrido com o "furto doméstico".

No entanto, a divisão entre o "permitido" e o "proibido" se manteve de maneira semelhante até os nossos dias, embora o conceito de "crime" tenha se modificado de maneira considerável:

Sob o nome de crimes e delitos, são sempre julgados corretamente os objetos jurídicos definidos pelo Código. Porém julgam-se também as paixões, os instintos, as anomalias, as enfermidades, as inadaptações, os efeitos de meio ambiente ou de hereditariedade. Punem-se as agressões, mas, por meio delas, as agressividades, as violações e, ao mesmo tempo, as perversões, os assassinatos que são, também, impulsos e desejos.

(Foucault, 1977, p. 21)

O que é julgado, na realidade, é o desejo, são as "anomalias" que impulsionam o acusado a cometer o delito. É criado um rigoroso processo de punição e controle sobre o indivíduo, a fim de que este não incorra novamente na mesma falha. Há uma série de medidas de segurança que acompanham a pena, como tratamento médico obrigatório, liberdade vigiada etc. Todas as medidas são tomadas para neutralizar o perigo que o indivíduo possa representar para a sociedade.

A psiquiatria, a antropologia criminal e a criminologia introduziram as infrações no campo dos objetos passíveis de avaliação científica. Assim, dão "aos mecanismos da punição legal um poder justificável não mais simplesmente sobre as infrações, mas sobre os indivíduos; não mais sobre o que eles fizeram, mas sobre aquilo que eles são, serão, ou possam ser" (p. 22).

O sistema penal acatou uma série de discursos científicos que tinham por objetivo avaliar a culpabilidade dos acusados ao cometerem delitos. A questão da loucura, por exemplo, passou a ter grande peso nos julgamentos. O supremo tribunal de justiça passou a considerar a loucura como uma improcedência judicial. O louco, se culpado por algum delito, deveria ser tratado e não punido.

Todas essas modificações no processo penal começaram a ocorrer no século XVIII e são a base da justiça criminal dos nossos dias, que só "se justifica por essa perpétua referência a outra coisa que não é ela mesma, por essa incessante reinscrição nos sistemas não jurídicos. Ela está votada a essa requalificação pelo saber" (p. 25).

Os mecanismos de poder são exercidos sobre todos os que são punidos, mas também sobre todos os que são vigiados, pois, como já vimos anteriormente, as práticas passíveis de controle são as mais variadas. Os loucos, os estudantes, as crianças, os doentes, todos, enfim, são vigiados, dirigidos, durante toda a vida.

Para exercer tanto essa vigilância quanto esse controle, segundo Foucault (1977), durante a época clássica o corpo foi descoberto e tratado como objeto e alvo de poder. Seu controle proporcionava controles em níveis mais profundos.

Durante os séculos XVII e XVIII, criam-se técnicas diversas para o controle do corpo e sua sujeição a uma disciplina exacerbada. Diferentemente das técnicas anteriores, em que se treinava para alcançar determinado objetivo, o que se valoriza, então, é o exercício em si. O movimento, a rapidez, o controle, a economia e racionalização de movimentos. É um processo que deseja, acima de tudo, transformar o corpo em um objeto dócil e útil. "Esses métodos que permitem o controle minucioso das operações do corpo, que realizam a sujeição constante de suas forças e lhes impõem uma relação de docilidade-utilidade, são o que podemos chamar as 'disciplinas'" (p. 126).

As disciplinas não são criadas apenas com o objetivo de aumentar as habilidades do corpo humano ou ampliar sua sujeição. O intuito é desenvolver um mecanismo por meio do qual quanto mais obediente for o corpo, mais útil ele será, e vice-versa.

Os corpos são esquadrinhados minuciosamente, em todos os locais, especialmente nas escolas, prisões, hospitais, onde a vigilância é mais fácil. Nesses locais, assim como em toda a sociedade, os corpos não têm descanso. Não podem ficar ociosos, devem ser úteis o tempo todo, como nas linhas de montagem.

A eficácia da produção depende do controle e da disciplina. Torna-se necessário, portanto, lembrar ao indivíduo, a todo momento, que ele é vigiado, numa tática clara de coação. Afinal de contas, a vigilância é "ao mesmo tempo uma peça interna no aparelho de produção e uma engrenagem específica do poder disciplinar" (p. 157).

Não há apenas um grande olho que observa. A vigilância é exercida por todas as pessoas que convivem nos espaços sociais. A escola é um ótimo exemplo. Os estudantes observam uns aos outros constituindo uma obsessiva comparação. Há uma óbvia competição.

Além do mais, um sistema de comparação permite a observação de traços característicos de cada grupo, assim como do "desvio" dos indivíduos que os compõem.

O surgimento das disciplinas vai ocasionar o que Foucault (1977) chama de "troca do eixo da individualização". Nas sociedades em que o poder é exercido por determinada "classe superior" encontraremos a individualização: quem manda é um sujeito individual e quem obedece é uma massa de pessoas que se assemelham e confundem.

Em um regime disciplinar ocorre o contrário. Não há um sujeito determinado que controla, vigia e exige ser obedecido. O poder é anônimo e, paradoxalmente, aquele que obedece se destaca em relação à multidão. Esta passa a ser formada por vários sujeitos individuais que são observados e fiscalizados, um a um, com o objetivo de transformá-los em peças funcionais e úteis. Os indivíduos têm os seus comportamentos avaliados e comparados com a "norma". A inadequação a esta enquadrará o sujeito na categoria de "desviante". Em tal sistema, o vigiado é individualizado, já que ele é o objeto de investigação e controle.

Em 1791, o jurista inglês Jeremy Bentham criou o projeto do pan-óptico, que consistia em uma construção em forma de anel, com uma torre de vigia no meio. Largas janelas, tanto na torre quanto nos compartimentos (celas, quartos ou salas) localizados no anel, permitiam que um único homem vigiasse cada indivíduo dentro de cada cela, sem ser visto.

Este é o antepassado do "grande irmão" do livro *1984*, de George Orwell, publicado em 1949. Quem nunca se sentiu vigiado nesta sociedade em que, a todo instante, deparamos com câmeras de vigilância nos elevadores, portarias, *shoppings* e, mesmo quando não as vemos, podemos ler as plaquinhas nos alertando: "Sorria! Você está sendo filmado"?

O pan-óptico, criado para instituições fechadas como prisões, escolas e hospitais, com o passar do tempo, "pula os muros" dessas instituições e se dissemina pela sociedade, por todos os lugares. Vários processos de controle, muitos deles sutis, substituem as disciplinas. A escola, por exemplo, passa a vigiar não apenas os estudantes, mas seus pais e responsáveis, controlando seus hábitos por meio dos alunos. A família vai à igreja regularmente? Possui costumes considerados adequados? Diversas questões são levantadas e a vida das famílias fora dos muros das escolas é esmiuçada.

Da mesma forma, graças aos hospitais, todos os hábitos de higiene, conduta sexual, entre outras particularidades da população, são controlados. Há uma preocupação muito grande em disciplinar a sociedade.

Apesar de ter sido criado com a finalidade de solucionar um problema técnico e econômico, o "pan-optismo" acaba por criar um novo tipo de sociedade. Há uma inversão do modelo da Antiguidade segundo o qual a arquitetura dos teatros, templos e circos se adequava. Era a sociedade do espetáculo, em que milhares de olhos observavam alguns poucos.

A idade moderna inverte a situação. Poucos e anônimos sujeitos (ou apenas um – o Estado, poderíamos dizer) vigiam uma multidão de indivíduos privados.

Antes, as particularidades de cada um não eram levadas em consideração. Ao fazer parte de uma grande e difusa massa, cada um tinha mais liberdade, pois seus atos não eram diretamente observados. Já na sociedade moderna, o Estado, com suas normas de vigilância, aumenta, cada vez mais, sua influência e seu controle sobre os indivíduos.

Foucault (1977) diz que as ciências do homem, como a psicologia, a psiquiatria, a pedagogia, a criminologia, têm sua matriz nas disciplinas, com sua minúcia, seu desejo de controlar e esquadrinhar o comportamento humano. O exame substituiu os interrogatórios da Inquisição, mas mantém basicamente os mesmos objetivos.

Cada vez mais há uma "cientificização" dos comportamentos. A criança que antigamente era "uma peste", ou "espoleta", hoje é diagnosticada como sendo portadora de transtorno de déficit de atenção e hiperatividade (TDAH) ou distúrbio de déficit de atenção (DDA) e medicada com Ritalina (um psicoestimulante), para que passe a agir de modo considerado "normal" ou "satisfatório" por pais, médicos, psicólogos, professores. Einstein, com certeza, não escaparia desse tipo de medicamento se vivesse nos dias de hoje.

A individualização do sujeito e a constante e rigorosa vigilância exercida sobre ele trazem à tona, de maneira inequívoca, os seus estigmas.

Relações sociais

A vigilância sobre o indivíduo e a comparação dele com cada um dos outros exacerbam cruelmente o estigma que porventura ele carregue. Por isso, muitas vezes o estigmatizado prefere evitar contato com os não estigmatizados, isolando-se ou procurando se relacionar apenas com portadores do mesmo estigma que ele. Assim, ele poderá ter a sensação de "desaparecer" ou de "diluir-se" no meio de outros iguais.

Gulliver, o gatinho do livro *O gato que gostava de cenoura* (Alves, 2001) opta por essa atitude. O narrador explica:

> Seus pais estranhavam que ele gostasse de sair sozinho – não andava com os outros gatos. Claro que não. Os outros gatos gostavam de sair juntos para caçar e comer ratos. Um dia até que Gulliver tentou. Engoliu (sem mastigar, pois o nojo era grande) um rato que lhe passaram. Mas vomitou. Era por isso que andava sempre sozinho. Preferia a solidão. Ninguém o entenderia.
>
> (Alves, 2001, p. 8)

Segundo Goffman (1975), o "autoexílio" social faz que o estigmatizado se sinta cada vez mais desconfiado, deprimido, hostil e ansioso.

De qualquer modo, o estigmatizado geralmente prefere se posicionar dessa maneira, pois sua relação com os "outros" se baseia, muitas vezes, em palavras como "aceitação" ou "tolerância". Esses termos denotam a manutenção de uma relação desigual. Só se "tolera" ou se "aceita" algo, em princípio, passível de ser considerado "intolerável" ou "inaceitável".

Outra reação esperada de um indivíduo estigmatizado é a de tentar "corrigir o seu defeito". Se for um "defeito de comportamento", o sujeito vai se forçar para modificá-lo, como fez Gulliver, de *O gato que gostava de cenoura*. Alguns "defeitos físicos", por mais insignificantes que possam parecer, levam o sujeito a recorrer a cirurgias corretivas. Há uma busca frenética por um ideal de comportamento, um ideal de corpo. Um exemplo extremo a ser citado é o da anorexia. Essa doença é desenvolvida por muitas pessoas (a grande maioria mulheres jovens) em razão do medo de ficarem gordas e saírem do padrão magro de beleza.

De qualquer maneira, penso que seja, de certa forma, humilhante todo o esforço despendido pelo indivíduo no intuito de se adaptar a um modelo que nem mesmo vai satisfazê-lo.

Outra maneira de o sujeito tentar "diminuir" o defeito que o estigmatiza seria "corrigir a sua condição de maneira indireta, dedicando um grande esforço individual ao domínio de áreas de atividade consideradas, geralmente, como fechadas, por motivos físicos e circunstanciais, a pessoas com o seu defeito" (Goffman, op. cit., p. 19).

Lembrei-me do caso de um conhecido. Ele é negro e diz que não é suficiente que ele seja um bom profissional nem um excelente profissional. Ele precisa ser o melhor para ser respeitado, devido ao fato de ser negro. O que mais me impressionou, no entanto, foi seu relato ao afirmar ter uma preocupação muito grande em estar sempre asseado, muito bem vestido, com bons sapatos ou bons tênis, para nunca mais ouvir alguém chamá-lo, como já ocorreu uma vez (antes de o racismo virar crime), de "preto fedido".

Por mais que o estigmatizado deseje evitar contato social, muitas vezes isso não é possível. A vida escolar, pelo menos nas grandes cidades, é compulsória. Ele, então, procura uma maneira de se relacionar com os outros, já que isso é inevitável. "Considerando o que pode enfrentar ao entrar numa situação social mista, o indivíduo estigmatizado pode responder antecipadamente através de uma capa defensiva" (Goffman, op. cit., p. 26), que pode ser caracterizada por retraimento, com timidez exacerbada, ou agressividade. Ou pode ainda ser marcada pela alternância dos dois tipos de comportamento. Se, por um lado, a agressividade pode provocar reações igualmente agressivas (ou mais, já que ele estará medindo forças com vários indivíduos), por outro, fechar-se também pode provocar reações como chacotas.

Entre os homossexuais, assumir uma postura de enfrentamento é uma tática de reação muito comum, que pode se dar por meio de atitudes como a "fechação", ou seja, o homossexual usa trejeitos exagerados, afina a voz, rebola (se menino) ou age de maneira bem agressiva e engrossa a voz (se menina). Ele pode, ainda, flertar abertamente com os colegas, como uma maneira de deixá-los constrangidos, assim como usualmente fazem com ele.

Por ter consciência das prováveis situações de discriminação que terá de enfrentar, geralmente o indivíduo estigmatizado prefere se afastar das relações sociais e até de si mesmo.

No entanto, ele poderá, ao ter contato social, descobrir que há indivíduos que podem ser solidários e vê-lo como uma pessoa "normal", apesar da aparência ou das atitudes consideradas desviantes.

Goffman (*op. cit.*) cita duas categorias de pessoas que podem ter essa atitude: em primeiro lugar, as que compartilham o seu estigma; em segundo lugar, os "informados", que são considerados normais, mas, de certa forma, são marginalizados pela sociedade. São "os homens marginais diante dos quais o indivíduo que tem um defeito não precisa se envergonhar nem se autocontrolar, porque sabe que será considerado como uma pessoa comum" (p. 37).

O autor cita, como exemplos de "informados", os intelectuais, os boêmios, os artistas, na companhia dos quais as prostitutas, estigmatizadas, se sentem à vontade.

Outro exemplo interessante é o da comunidade dos arredores dos hospitais psiquiátricos. Tanto moradores quanto comerciantes estão acostumados a conviver com pacientes psiquiátricos, agindo naturalmente diante da diferença. Essa naturalidade faz que os pacientes fiquem à vontade e não tentem "disfarçar" atitudes consideradas "esquisitas" pela maioria da sociedade.

Havia um projeto no Instituto Philippe Pinel, realizado por um grupo de amigos meus, chamado "TV Pinel". Consistia na confecção de vídeos pelos próprios usuários (termo preferido pelos profissionais da instituição para se referir aos pacientes). Eles, com a orientação dos profissionais, criavam roteiros, atuavam diante das câmeras, ou seja, participavam ativamente do trabalho.

Havia um rapaz que era o "repórter". Ele entrevistava as pessoas no ponto de ônibus, na rua, nas lojas, enfim, em vários locais nas cercanias do Instituto. Ele era muito gaiato e as pessoas sempre respondiam às entrevistas de maneira educada e prestativa.

Mesmo os passantes ocasionais pareciam não estranhar o fato de serem abordados pelo "repórter", como se apenas o fato de estarem naquele local, próximo a um instituto psiquiátrico, os fizesse aceitar como natural qualquer situação, por mais improvável que pudesse ser em outro ambiente.

Na categoria dos "informados" temos também os parentes, amigos e a família do estigmatizado, que, muitas vezes, compartilham um pouco do estigma do indivíduo, pois a sociedade pode vê-los como uma só pessoa. A mulher deixa de ser "uma mulher" para ser "a mulher do cego", ou a "filha do louco".

No caso de estigmas baseados em comportamentos, como a homossexualidade, a intolerância familiar é grande. Muitos jovens são expulsos de suas casas ao terem esse tipo de estigma descoberto por pais, irmãos etc. Mais comuns ainda são os casos de amigos que se afastam para que não sejam confundidos com o estigmatizado. "Em geral, a tendência para a difusão de um estigma do indivíduo marcado para as suas relações mais próximas explica por que tais relações tendem a ser evitadas ou a terminar, caso já existam" (p. 40).

Um caso como esse ocorreu comigo, e eu o narrei como ficção na minha dissertação de mestrado. Uma "amiga" não apenas afastou-se, como fez que eu me sentisse extremamente constrangida quando insinuou que eu poderia ter me interessado por ela sem que pudesse "se defender".

Se eu, mulher feita, fiquei abalada a ponto de citar o fato duas vezes em textos acadêmicos, imagino como devem se sentir os jovens que passam por experiências como essa. "Antes de adotar o ponto de vista daqueles que têm um estigma particular, a pessoa normal que está se convertendo em 'informada' tem, primeiramente, que passar por uma experiência pessoal de arrependimento sobre a qual existem inúmeros registros literários" (p. 38).

O indivíduo estigmatizado (nos casos em que o estigma não é baseado em comportamento) costuma ser, quando criança muito nova, resguardado pela família dos olhares curiosos que possam, de alguma forma, fazê-lo sentir o peso do estigma. Mãe, pai, irmãos, avós procuram protegê-lo em um círculo fechado de amor e aceitação incondicional. No entanto, chegará o momento em que esse indivíduo terá de transpor a barreira protetora e deparar com pessoas que não mantêm com ele nenhum vínculo afetivo.

Apesar de Goffman afirmar que "frequentemente se assinala o ingresso na escola pública como a ocasião para a aprendizagem do estigma, experiência que às vezes se produz de maneira bastante precipitada no primeiro dia de aula, com insultos, caçoadas, ostracismo e brigas" (p. 42), pelo que tenho observado, quanto menores as crianças com quem o estigmatizado se relaciona, menos ele sofrerá. Os pequenos ainda não têm o péssimo hábito de criticar e, se o estigma é muito aparente, no máximo os amiguinhos lançarão olhares curiosos e perguntarão diretamente ao indivíduo como ele faz isso ou aquilo. No entanto, as crianças tendem a reproduzir os comportamentos que observam nos adultos.

Para desenvolver esta obra, elaborei um questionário e entrevistei vários professores. Amigos, amigos de amigos, enfim, todos eles foram muito receptivos e deram as suas generosas e importantes contribuições.

Uma das professoras entrevistadas por mim, que leciona em uma pré-escola particular, comentou, em relação à questão que eu vinha desenvolvendo:

> Essa questão da discriminação, seja ela qual for, é muito importante, pois o que vemos atualmente são as crianças reproduzindo o que veem nos adultos. Desde pequenas já demonstram um olhar preconceituoso em relação ao diferente. Ainda não sabem discernir e acabam por imitar músicas ofensivas e brincadeiras agressivas que podem deixar marcas por muito tempo.

Nos casos em que o estigma não é aparente (como no da homossexualidade), o indivíduo poderá optar por exibi-lo ou ocultá-lo. Mentir ou não mentir, para quem e em qual situação.

O livro *Diferentes somos todos* (2005), de Alina Perlman, aborda duas questões importantes: a síndrome de down e a diferença de classe social. São dois estigmas diferentes: um aparente e o outro não. A maneira como Carminha, a protagonista, lida com cada um deles é bem diferente. Ela é uma adolescente pobre, mas que estuda em escola de pessoas ricas, pois a patroa de sua mãe lhe conseguiu uma bolsa de estudos, e tem um irmãozinho pequeno, chamado Diogo, com síndrome de down.

FIGURA 1: Ilustração de Cecília Esteves, em Perlman, *op. cit.*, p. 43.

A menina, diante do estigma "ser pobre", decide mentir para os colegas da escola e finge ser filha de fazendeiros. Ela diz à mãe que gostaria de mudar de escola, argumentando:

> Não aguento mais dizer que moro numa fazenda no interior e vivo num *flat* em São Paulo. E que não posso receber visitas porque o pessoal do

flat não permite. Não aguento mais economizar cada moeda que eu ganho no bairro ensinando a ler e escrever. Mesmo juntando todas as moedas, mal dá pra comprar um brinco ou um colar pra disfarçar as roupas velhas.

(Perlman, *op, cit.*, p. 9)

E continua:

E com certeza não entenderiam nunca se eu contasse minha verdadeira história. Quer dizer... entender, eles entenderiam, porque não são trouxas, mas não ia sobrar ninguém para ser meu amigo! [...] Eu me dou mais ou menos com uns e outros meio desligados, mas a galera mais popular, e que é a maioria, não me aceita. Parece que pra eles eu nem existo. Agora imagine se eu contar quem sou.

(pp. 11-2)

Ela "incorpora" a culpa por ser pobre e acha que não merece a amizade dos outros, porque são ricos.

Geralmente esse tipo de estigmatizado procura não ter relações de amizade mais profundas para evitar que, num deslize, seu estigma passe a ser conhecido. O medo de ser desmascarado faz que suas amizades sejam sempre superficiais, o que, digo por experiência própria, é muito frustrante.

As relações íntimas pressupõem a troca de segredos, sendo que o estigmatizado será, de certa forma, obrigado a expor o seu estigma, caso contrário se sentirá culpado por não fazê-lo.

De modo semelhante, há muitos casos em que parece que o estigma de um indivíduo sempre será aparente, mas em que isso não ocorre; se fizermos um exame, descobriremos que, ocasionalmente, ele terá que optar por ocultar informações cruciais sobre sua pessoa.

(Goffman, *op. cit.*, p. 85)

Num domingo, Carminha vai ao parque e leva o seu irmãozinho para passear. Ela tinha medo de encontrar algum conhecido da escola e ter o seu segredo (ser pobre) descoberto. No entanto, o mais interessante é que se, por um lado, ela de certa forma aceitava a necessidade de esconder a sua verdadeira condição social, por outro, em relação ao estigma do irmão,

ela não se conformava. As pessoas agiam como se nunca tivessem visto uma criança com síndrome de down. A maioria desviava o olhar rapidinho; alguns esboçavam um sorriso, outros pareciam incomodados. Era como se aquela visão atrapalhasse a diversão do domingo.

(Perlman, *op. cit.*, p. 21)

Carminha encontra Laura, uma colega rica, no parque com a irmãzinha, também com síndrome de down e da mesma idade de Diogo. Ela se assusta por ter encontrado a garota e, diante da indagação desta a respeito de tanto espanto, diz: "É que eu... é que você... É, talvez seja uma coisa normal, sei lá" (Perlman, *op. cit.*, p. 22).

Elas começam a conversar e Laura diz que a mãe e o pai tiveram dificuldade em aceitar a filha menor, por causa da síndrome de down.

Quando a outra se abre, contando um fato tão íntimo, Carminha sente-se mal por estar mentindo e se abre com Laura, contando a verdade sobre a sua vida, sua casa, sua classe social. A outra não dá a menor importância à "confissão" e muda de assunto, falando sobre Diogo, perguntando se ele frequentava alguma escola.

Talvez por também conviver com uma estigmatizada e amá-la, Laura tenha desenvolvido a capacidade de ser solidária, passando a compreender que todos são diferentes e, portanto, uma "diferença" não pode ser considerada um defeito, seja ela qual for.

A partir daí, as duas meninas começam a questionar o fato de os irmãos precisarem frequentar escolas especiais por terem síndrome de down. Elas falam sobre a inclusão e fazem um trabalho na escola acerca dessa questão. Ambas consideram que frequentar escolas normais ajudará os seus irmãos no que concerne à integração social. Para eles será algo mais natural, e não se sentirão excluídos.

Em certo momento, quando uma amiga de Laura questiona sua amizade com Carminha por esta ser "brega", Laura responde com uma fala que mostra bem a questão das diferenças:

> Todo mundo é diferente. Na cor dos olhos, no formato do rosto, no tamanho do corpo, no jeito de ser, na cor da pele, Uns gostam de estudar, outros não; uns são bons em esporte, outros gostam de ler. Uns mancam, outros gaguejam; uns são mais lentos, outros...

(p. 38)

No entanto, infelizmente, a maioria das pessoas ainda prefere ocultar os seus estigmas, por medo da discriminação. A internet facilitou a ocultação de estigmas, mesmo os mais aparentes. Nas relações virtuais, mediadas por monitores, qualquer um pode ser quem quiser, como quiser. Uma menina que carregue consigo o estigma de ser gordinha, ou baixinha, em uma conversa pelo MSN pode ser uma "*Miss* Universo".

Conforme crescem as exigências sociais de adequação a determinados modelos de normalidade, como de beleza, por exemplo, mais inseguros e desconfortáveis se tornam os indivíduos que não correspondem a esses modelos (quase toda a população).

No dia 7 de novembro de 2007, na Finlândia, um rapaz abriu fogo contra colegas de escola e matou sete deles. Depois disso, cometeu suicídio. No dia seguinte, um estudante declarou que o atirador costumava ser perseguido pelos colegas. As mesmas histórias se repetem de maneira aterradora, cada vez com mais frequência, e a sociedade pergunta-se o que fazer.

O filme *Meninos não choram*, de Kimberly Peirce, lançado em 1999, "é baseado na história real de Teena Brandon, uma garota que deixa sua cidade natal para ir morar em Falls City, Nebraska, e assumir a identidade de Brandon Teena, transformando-se num rapaz" (Canton, 2000). A atitude de Teena é o que Goffman (*op. cit.*) chama de "desaparecimento", ou "encobrimento completo". É a tentativa extrema de encobrir o estigma. No caso da garota do filme, o de ser uma mulher que gostaria não apenas de se relacionar sexualmente com mulheres, mas também de ser homem. Obviamente, esse tipo de comportamento costuma ser insatisfatório para quem o pratica. O indivíduo precisa mentir constantemente e fica sempre preocupado com a possibilidade de ser descoberto.

Diante de fatos como o ocorrido na Finlândia, pode-se ter uma ideia de como o estigma pode afetar a vida de uma pessoa. Por isso, não podemos estranhar o fato de existirem tantas pessoas que, sempre que possível, optam pela discrição e não revelam os seus estigmas.

No entanto, o próprio processo de discernir se o estigma é ou não perceptível é extremamente angustiante. O sujeito tem frequentemente um "sentimento de culpa" que o faz pensar que todos perceberão o seu estigma, apenas pelo olhar.

O relato de um rapaz após a sua primeira experiência homossexual exemplifica muito bem esse sentimento. Ele diz: "Fiquei preocupado de alguém descobrir. Tinha medo de que minha mãe e meu pai pudessem dizê-lo só de me olhar. Mas eles agiram como de costume e comecei a me sentir confiante e seguro novamente" (Stearn *apud* Goffman, *op. cit.*, p. 92). Eu poderia citar inúmeros casos de amigas que têm preocupações semelhantes quanto à descoberta de sua orientação homossexual. Uma delas, por exemplo, depois de começar a se relacionar sexualmente com mulheres, passou a evitar camisas de abotoar (que habitualmente usava) para não ficar com "cara de sapatão". Ela não projetou o seu estigma na maneira de se vestir, mas em uma peça de vestuário específica.

Quando o sujeito escolhe não revelar o seu estigma, ele pode procurar locais especiais onde a maioria dos frequentadores será como ele, logo, poderá se expor sem medo de sofrer agressões abertamente, nem de ser "ignorado", por uma atitude complacente dos não estigmatizados. Esses locais para homossexuais são conhecidos como guetos, ou locais GLS[1]. Há um termo que foi criado para se referir a eles: *gay friendly*. São hotéis, lojas, pousadas, clubes, agências de turismo, enfim, qualquer lugar onde se possa consumir algo. Nos locais que possuem a etiqueta *gay friendly*, o consumidor tem a garantia de que será bem atendido, sem se preocupar com eventuais risinhos de mofa ou olhares curiosos.

Embora algumas pessoas possam argumentar que estabelecimentos assim só surgiram por interesses comerciais (o que seria de esperar, já que não são "ONGs sem fins lucrativos") e servem apenas para reforçar uma separação entre homossexuais e heterossexuais, confesso que senti falta de uma joalheria *gay friendly* quando fui com minha companheira comprar alianças. Foi verdadeiramente desconfortável ficarmos sentadas, experimentando as alianças, com todos os vendedores da loja nos olhando.

Meu caso pessoal ilustra muito bem uma das inúmeras situações constrangedoras pelas quais passa o estigmatizado.

---

[1] Sigla que se refere a *gays*, lésbicas e simpatizantes, sendo este último termo usado para referir a todos aqueles que, teoricamente, tratam *gays*, lésbicas e outras "categorias", por exemplo travestis e transgêneros, como iguais.

Aquele que encobre o seu estigma vive em um estado de tensão constante, pois teme ser "descoberto" a qualquer momento e imagina que, a partir do seu desmascaramento, sua vida "desabará". Além disso, ele se sente covarde e desleal em relação aos seus iguais, pois para manter o seu disfarce não poderá reagir diante de comentários pejorativos feitos por pessoas com as quais convive a respeito daqueles que possuem o seu estigma.

Ao mesmo tempo, ele se sente deslocado no ambiente em que está, pois percebe que sua permanência ali, a sua aceitação, se deve ao fato de mascarar seu estigma. Em outras palavras: fingir ser o que não é, ou fingir não ser o que é.

É muito comum que *gays* e lésbicas "não assumidos" ouçam piadinhas sobre homossexuais e não façam nenhum comentário a respeito, chegando a forçar o riso, quando na verdade sentem raiva dos comentários preconceituosos e pejorativos.

Ainda há outras situações às quais o sujeito que encobre seu estigma precisa se adaptar. Ele se obriga a "disfarçar" gestos, hábitos, omitir comentários, enfim, atua constantemente, pois atos naturais para os não estigmatizados representam um enorme esforço para ele.

Alguns indivíduos homossexuais chegam a se casar com pessoas do sexo oposto para que não paire sobre sua orientação sexual nenhuma sombra de dúvida. Essa situação gera, invariavelmente, sofrimento para todos os envolvidos no engodo. Outros, ainda, podem cometer atos de violência, como o espancamento de homossexuais, também com o intuito de garantir que sejam vistos como heterossexuais.

Como podemos perceber, a ocultação dificilmente deixa de ter consequências muito desagradáveis para o estigmatizado e para os que convivem com ele.

Eu compreendo a necessidade que algumas pessoas sentem de ocultar os seus estigmas, pois em determinadas situações sociais é muito penoso se revelar (há sociedades em que a homossexualidade leva o sujeito à pena de morte). No entanto, na maioria dos casos, é verdadeiramente libertador mostrá-los.

Alguns escolhem um "meio-termo" e se mostram, mas não se "mostram muito". Goffman diz:

Sabe-se que as pessoas que estão prontas a admitir que têm um estigma [...] podem, não obstante, fazer grandes esforços para que ele não apareça muito. O objetivo do indivíduo é reduzir a tensão, ou seja, tornar mais fácil para si mesmo e para os outros uma redução dissimulada ao estigma, e manter um envolvimento espontâneo no conteúdo público da informação. Entretanto os meios empregados para isso são muito semelhantes aos empregados no encobrimento – e, em alguns casos, idênticos, já que aquilo que esconde um estigma de pessoas desconhecidas também pode facilitar as coisas frente a quem o conhece. [...] Esse processo será chamado de acobertamento. Muitas pessoas que raramente tentam encobrir-se tentam, em geral, se acobertar.

(Goffman, *op. cit.*, p. 113)

De qualquer modo, muitos estigmatizados condenam-se a não agir naturalmente, mas de maneira que não choque a sociedade. Esta, na verdade, sempre tentará impor limites de aceitação aos quais o estigmatizado deverá se ajustar, caso deseje conviver em "harmonia".

Esses limites são preexistentes em relação ao sujeito e continuarão a existir depois da sua morte. No entanto, eles se modificam lentamente, já que a humanidade (que é quem os cria, no final das contas) não para de caminhar. É certo, porém, que, para que os limites se modifiquem, alargando as suas cadeias apertadas até que se rompam algum dia, num futuro talvez muito distante, faz-se necessário que os próprios estigmatizados forcem tais cadeias. Caso permaneçam em uma posição "cômoda" (que de cômoda, como vimos, não tem nada) de aceitação e enquadramento quanto a esses limites, certamente ninguém fará nada para mudá-los.

Afinal de contas, é muito confortável para o não estigmatizado não ser obrigado a enxergar o sofrimento alheio em seu esforço para se ajustar ao que a sociedade considera como tolerável. Mais cômodo, certamente, é pensar que o estigmatizado tem a oportunidade de se revelar, sentindo-se uma pessoa "boa e tolerante" por não discriminar. Será que o sujeito não estigmatizado, tão satisfeito consigo mesmo, enxergaria com igual complacência uma menina que se vestisse e agisse como rapaz (o "bofinho") ou o *gay* que flertasse com ele? Ou seria tolerante apenas com os homossexuais que agissem de acordo com regras de comportamento determinadas socialmente?

Na verdade, tal ciclo de desvendamento funciona como um círculo vicioso. A aceitação dos limites impostos está diretamente relacionada com a culpa que o sujeito estigmatizado assimila e mantém dentro de si. A certeza de que "está errado", ou pior, de que "é anormal", faz que ele se conforme com a necessidade de se ajustar a todo custo. O esforço do sujeito estigmatizado para se adaptar reforça, para o não estigmatizado, a "certeza" de que o estigma faz do seu portador um indivíduo "inferior". Nesse contexto, maior será o reforço da culpa para o estigmatizado e assim por diante, *ad aeternum*. O ciclo precisa ser quebrado, tarefa que, como já disse antes, caberá ao estigmatizado.

O caminho provavelmente está na aceitação do seu estigma, a partir de uma revisão crítica do próprio conceito de normalidade e da classificação de maioria e minoria com sentido valorativo.

"Frequentemente, as pessoas que têm um estigma particular patrocinam algum tipo de publicação que expressa sentimentos compartilhados, consolidando e estabilizando para o leitor a sensação da existência real de 'seu' grupo e sua vinculação a ele" (Goffman, *op. cit.*, p. 34).

Há vários filmes e seriados sobre homossexuais e voltados para o público homossexual. É difícil, hoje em dia, que haja uma novela das oito na TV que não apresente pelo menos um casal homossexual.

O mesmo acontece com os negros, que até algum tempo só apareciam como empregados ou escravos em novelas de época. Hoje em dia, podemos ver personagens negros transitando pelas histórias da mesma maneira que os personagens brancos, embora ainda em menor quantidade, apesar de os brancos não serem mais considerados maioria, segundo a já citada Pesquisa Nacional por Amostra de Domicílios de 2005.

Podemos perceber o esforço para normalizar tais estigmas, o que incentiva o sujeito leitor/espectador a questionar determinados conceitos estabelecidos pela sociedade.

Ao perceber que esses conceitos não são verdades absolutas e imutáveis, o estigmatizado questionará sua classificação como "anormal", baseada no estigma que possui. Logo, maior será a naturalidade e a espontaneidade com que ele o demonstrará. Assim, o seu grau de aceitação pelos não estigmatizados aumentará. Mas essa tática só surtirá efeito positivo se a pessoa estiver segura de sua aceitação, se apaziguar os conflitos internos gerados por seu estigma.

O estigmatizado poderia começar a revisão crítica sugerida considerando a visão de Goffman (*op. cit.*), que afirma ser provável que todas as pessoas, mesmo as que se creem "normais", tenham um defeito que poderá aparecer em determinadas ocasiões sociais.

Há textos infanto-juvenis que abordam as mais variadas questões ligadas às diferenças: cegueira, surdez, daltonismo, gordura, magreza, miopia, e há um personagem do livro *Um palito diferente*, citado por Rosa Maria Hessel Silveira (2003), que é um palito discriminado porque, ao contrário de todos os outros palitos, tem expressões no seu "rosto". Ou seja, aqui, até a demonstração dos sentimentos é encarada como um estigma, um "defeito". Poderíamos relacionar esse estigma ao famoso e tolo mito de que "meninos não choram", presente no livro *Menino brinca com menina*? (Drummond, 2006), no qual a mãe do Carlão, apesar de ser "mais mansinha" (p. 3) que o pai, não admitia que o filho chorasse.

Há o livro chamado *A galinha preta* (Schlossmacher, 2000), no qual a personagem principal é a única galinha preta do galinheiro, mas, ao contrário do que poderíamos pensar, ela não é discriminada por esse motivo, e sim porque botava ovos com formatos variados, muito bonitos, por sinal. Um dos aspectos mais interessantes da história é justamente o fato de que o leitor é induzido a pensar, num primeiro momento, que a galinha era discriminada por um motivo visível de imediato: a sua cor. Essa ideia é reforçada já na capa do livro (em uma excelente integração ou, melhor dizendo, complementação entre ilustração e texto), na qual aparece uma galinha preta com expressão tristonha no meio de várias galinhas brancas.

Contudo, o verdadeiro motivo da estigmatização só é percebido por aqueles que convivem com ela por mais tempo: o formato de seus ovos. Indo mais fundo, poderíamos dizer que o estigma dela não está fora, na sua pele, ou melhor, nas suas penas, mas em algo dentro dela que faz que seus ovos sejam tão diferentes.

Figura 2: Capa de Iskender Gider, em Schlossmacher, *op. cit.*

De qualquer maneira, o estigma da galinha não está previsto pelas regras sociais. É totalmente insólito, o que nos faz crer que o único fato que a leva a ser estigmatizada se apoia na ideia da diferença dos modelos existentes.

Essa conclusão me levou a recordar uma conversa que tive com minha companheira. Nós falávamos sobre a preocupação de que meu filho sofresse algum tipo de discriminação, futuramente, por ter uma mãe homossexual. Ela sabiamente disse: "Se ele não for discriminado por esse motivo, provavelmente será por outro". Quase toda criança passa por situações de discriminação pelos motivos mais variados: por ser gorda, por usar óculos, por ser negra, por ser menina, inteligente demais (*nerd* ou *cdf*), canhota, alta, magra, baixa, tímida, saidinha demais ("piranha", se menina; "galinha", se menino), por não gostar de esportes (é considerada lerda), por gostar demais de esportes (é considerada burra), por ter síndrome de down, por ser cega, surda etc.

Se falta aos não estigmatizados solidariedade e capacidade de se colocar no lugar dos outros, talvez a consciência de que os mesmos olhares que julgam os estigmatizados podem se voltar contra eles e julgá-los, baseando-se em novos estigmas incorporados aos vários já existentes, faça que as posições de discriminação e preconceito comecem a ser verdadeiramente repensadas.

2

A invisibilidade do homossexual

> É MAIS FÁCIL DESINTEGRAR UM
> ÁTOMO QUE UM PRECONCEITO.
> **ALBERT EINSTEIN**

História da homossexualidade

No seu livro *História da sexualidade* (1993), Foucault traça um panorama histórico sobre como a sociedade se apropriou da sexualidade, desenvolvendo um discurso sobre o assunto. O autor desvenda os objetivos contidos por trás desse fato e nos mostra como o controle sobre o sexo foi descoberto como a maneira mais eficaz de controle social.

Mediante a pesquisa de Foucault podemos perceber que a formação de uma sociedade preconceituosa em relação à homossexualidade é apenas um braço, bem elaborado, do processo de dominação.

No início do século XVII, ainda não havia uma preocupação excessiva com conceitos como obscenidade e decência. Os comportamentos não eram tão vigiados e censurados. Os corpos se mostravam com uma naturalidade tolerada e as crianças se misturavam aos adultos, em momentos de descontração.

Porém, esse período foi marcado pelo desenvolvimento da burguesia e o crescimento do capitalismo. O sexo passa a ser reprimido de maneira rigorosa por "ser incompatível com uma colocação no trabalho, geral e intensa; na época em que se explora sistematicamente a força de trabalho, poder-se-ia tolerar que ela fosse dissipar-se nos prazeres, salvo naqueles reduzidos ao mínimo, que lhe permitem reproduzir-se?" (Foucault, 1993, p. 11).

A sexualidade é encarcerada em um único espaço, onde pode se realizar: o quarto dos pais. Ela passa a ser tolerada apenas para fins reprodutivos, já que reprodução significa mais mão de obra para ser incorporada à produção. Um véu de segredo e decoro sobrepõe-se ao sexo. Os corpos são cuidadosamente cobertos e as palavras consideradas indecentes são abolidas dos discursos. A existência do sexo que não tem fins reprodutivos deixa de ser reconhecida. Não se fala sobre ele, já que não se pode falar sobre o que não existe. As crianças não têm relação com o sexo, já que não se reproduzem. A repressão condena o sexo a desaparecer. As sexualidades ilegítimas só serão toleradas em locais específicos onde poderão gerar lucro, como nas casas de prostituição e nas casas de saúde, onde circulam as prostitutas e os pacientes psiquiátricos (especialmente as histéricas).

Curiosamente, podemos verificar o surgimento de um paradoxo. Para que sejam criadas proibições em relação ao sexo, é necessário que se fale sobre ele. E, dessa forma, surgem mais e mais discursos sobre o sexo. Entretanto, regras policiam as palavras. Indica-se onde e quando se pode falar sobre tal assunto, e quem pode. São estabelecidas regiões de silêncio ou, pelo menos, de "tato e discrição: entre pais e filhos, por exemplo, ou educadores e alunos, patrões e serviçais" (p. 22).

Os discursos que se multiplicam não são, como se poderia pensar, os "ilícitos", indecorosos, mas os institucionalizados, que falam do sexo, cada vez mais, com o intuito de regulamentá-lo. Procura-se constituir uma "ciência da sexualidade".

A proliferação de discursos sobre o sexo já existia antes do século XVII na tradição monástica, mas a partir de então eles se disseminam por toda a sociedade. Esses discursos não visam apenas à confissão de desejos proibidos, mas à exposição do desejo em seus detalhes, para que possa ser esquadrinhado, investigado. O homem ocidental da atualidade se vê na obrigação de expor tudo que se relacione com o sexo. Não há mais lugar para intimidade. A sociedade moderna não condena o sexo à obscuridade, pelo contrário, obriga a sociedade a falar dele o tempo todo, cada vez mais.

Na mesma época, surge o conceito de população que passa a ser gerida pelo Estado para fins de produção. A organização familiar torna-se objeto de seu interesse. De acordo com o momento político e econômico, o Estado incentivará uma taxa de natalidade reduzida ou aumentada. O controle do sexo dos pais é fundamental para que a adequação a essa taxa seja conseguida.

Um local particularmente propício para que o discurso sobre o sexo seja desenvolvido é a escola. Nos colégios do século XVIII, em vez de o sexo ser um assunto evitado, fala-se sobre ele como nunca. Médicos, pedagogos, professores, diretores, todos aconselham, proíbem, alertam, dão recomendações aos estudantes. Uma vasta literatura sobre o sexo do adolescente começa a ser desenvolvida nessa época.

Da mesma maneira, a psiquiatria se empenha em investigar as "perversões sexuais" e desenvolve inúmeros discursos sobre elas. Todos os comportamentos sexuais possíveis (e impossíveis) são estudados e classificados. É definida uma norma de desenvolvimento sexual, da infância à velhice, por meio da qual os desvios podem ser identificados. Há perversões em vários graus, e o judiciário se envolve na prática de controle, julgando e condenando os indivíduos por essa ou aquela perversão.

Até o fim do século XVIII, o sexo matrimonial era o mais perscrutado. Os tipos restantes de relacionamento sexual se confundiam sob uma névoa de dúvidas quanto à sua classificação. As quebras de conduta eram niveladas, e tanto desrespeitar as leis matrimoniais quanto procurar modos estranhos de obtenção de prazer eram atos merecedores de punição. A homossexualidade e o adultério eram "colocados num mesmo saco", juntamente com a bestialidade e o casamento sem o conhecimento dos pais. Todos esses atos eram considerados ilícitos e seus praticantes poderiam ser condenados pelos tribunais.

A partir do século XIX, o sexo monogâmico heterossexual se firma no campo das práticas e prazeres como a única forma lícita. Ao casal considerado legítimo pela sociedade é concedida uma maior privacidade. Paralelamente, surge uma nova maneira de encarar as práticas consideradas "contrárias à natureza". A atenção se dirige quase exclusivamente ao sexo das crianças, dos loucos, dos criminosos, dos que se relacionam com pessoas do mesmo sexo. Cada uma dessas práticas começa a se destacar, em uma obsessiva investigação.

Nas palavras de Foucault (1993, p. 40), a investigação detalhada faz que as formas condenadas ganhem autonomia em relação a outras, como o rapto e o adultério. Não são mais consideradas como transgressões em um mesmo nível. Casar com um parente próximo ou cometer adultério tornam-se atos essencialmente diferentes de praticar sodomia ou violar cadáveres. Enquanto os primeiros são cada vez menos condenados, os últimos sofrem maiores perseguições e punições.

A investigação das sexualidades periféricas faz que as perversões sejam incorporadas à individualidade do sujeito, constituindo-se como fonte de classificação deste último. Se antes o sodomita era considerado apenas como um sujeito jurídico reincidente, o século XIX inaugura uma nova espécie: o homossexual. A sexualidade desse indivíduo será o principal elemento constitutivo de sua identidade, influenciando todos os aspectos de sua vida.

Segundo Foucault (1993), médicos, psiquiatras, educadores e pais aparentemente buscam controlar as sexualidades improdutivas (como a homossexual), porém, na verdade, trata-se de mecanismos de dupla incitação: prazer e poder. Prazer em exercer o poder de controle, vigilância e investigação. Prazer em tentar burlar esse poder, enganando-o. Poder que é invadido pelo prazer que vigia, poder que se afirma no prazer de se mostrar e escandalizar. Captação e sedução regem as relações entre adultos e adolescentes, educador e estudantes, médico e paciente, durante todo o século XIX.

Quanto ao controle sobre o sexo de crianças e adolescentes, que são, afinal, parte fundamental do tema desta obra, ele começou a ser desenvolvido no início do século XVIII, quando a masturbação infantil passou a receber atenção especial. Pais, educadores e médicos reuniam-se com o intuito de vigiar constantemente a nova sexualidade que surgia: a sexualidade das crianças. A vigilância constante permitiria um controle para melhor formá-las, já que elas eram vistas (e o são até hoje) como a semente das futuras populações.

Em entrevista realizada por mim, perguntei: "Você vê mais dificuldade em trabalhar com a questão da orientação sexual com crianças/adolescentes? Percebe ou já percebeu resistência dos pais/responsáveis ou dos estudantes quando tal questão é levantada (se de fato tiver sido levantada)?" A professora, que leciona em turma de pré-escola, respondeu: "A escola onde trabalho não aborda questões ligadas à orientação sexual, porque nossa faixa é de 0 a 6. Os pais normalmente não se posicionam com relação a isso, pois ainda não é um assunto que chama a atenção das crianças". E, à questão seguinte: "Se você faz ou já fez esse tipo de trabalho específico com seus alunos, tem dificuldade de encontrar livros com essa temática?", ela respondeu: "Como descrito anteriormente, não abordei essa temática em sala pela pouca idade das crianças".

Interessante notar que, quanto às outras questões, ela não pensa que as crianças sejam muito imaturas. Ora, da mesma maneira que elas deparam diariamente com mendigos em situação de total miséria (alguns inclusive menores que eles), o que justificaria uma discussão sobre as diferenças sociais, elas também podem ver casais homossexuais nas ruas, nas novelas etc. A questão ultrapassa a discussão sobre sexualidade. Trata-se, antes, da discussão sobre as várias possibilidades de relacionamentos afetivos/amorosos.

Quando comentei com um conhecido sobre a leitura, para crianças, de um conto de fadas cujos personagens eram *gays*, ele disse que achava que era muito cedo para discutir a questão do sexo com elas. Aleguei, então, que na história havia apenas um beijo, no final, como em *Branca de Neve*, *A bela adormecida*, e como em todas as outras histórias desse tipo que são contadas às crianças há muito tempo, e nem por isso são consideradas como discussão sobre sexualidade, embora saibamos que os príncipes e as princesas farão sexo. Ou não?

Assim como as crianças podem ver casais homossexuais de mãos dadas, elas estão sujeitas, em muito maior proporção, a escutar xingamentos como "veado" ou ouvir "conversas de adultos" em que são contadas piadinhas sobre homossexuais. Nesses casos, a imagem do homossexual aparece para a criança de maneira distorcida e pejorativa.

Na sociedade ocidental, não é mais possível, por mais que alguns se esforcem, que as crianças pequenas ignorem a existência de relações homoafetivas. A resistência a falar com elas sobre essa questão de maneira positiva não as "preserva" do saber, apenas faz que ele seja apreendido pelo viés do preconceito e do tabu.

O controle do sexo

A sociedade ocidental levou-nos a buscar uma "verdade" sobre o nosso comportamento, sexual e o de cada um, individualmente. Esse comportamento como já vimos, passou a ser o principal constituinte da personalidade do sujeito. Ele foi condenado a uma petição de saber e, diante disso, perguntamo-nos: por que justamente o sexo foi colocado em um lugar tão secreto, sendo dada a ele tamanha importância?

Na sociedade ocidental, a sexualidade deixou de ser relacionada apenas com um ato para reprodução que dá prazer. Ela foi colocada em um lugar privilegiado, que permite a apreensão da verdade profunda de cada um. A partir do século XVIII, "o Ocidente não parou de dizer 'Para saber quem és, conheças teu sexo'" (Foucault, 2001, p. 229).

A repressão sexual silenciou o sexo e, ao fazer isso, acabou por lançá-lo ao centro dos discursos. A questão principal não seria a interdição, a regulamentação em si, mas uma espécie de justificativa para falar sobre sexo o tempo inteiro – de maneira "científica", bem entendido. Seria algo mais ou menos como a situação da beata que não se cansa de tagarelar sobre fulana ou beltrano que fizeram isso ou aquilo atrás do muro do cemitério: "Olha só que horror!" Por meio de comentários e fuxicos, ela se sente livre para falar sobre o assunto proibido.

Marcuse (1972) comenta que o animal homem se converte em ser humano somente mediante a transformação de sua natureza, modificando os anseios e os valores instintivos. Segundo o autor, "Freud descreveu essa mudança como a transformação do *princípio de prazer* em *princípio de realidade*" (p. 34). Ao perceber que é impossível atingir uma total gratificação de suas necessidades sem nenhuma dor, o sujeito passa a abrir mão do prazer momentâneo (às vezes destrutivo), substituindo-o por um prazer garantido, porém restrito, exatamente por se basear na razão em vez do instinto.

Somente por meio do estabelecimento do princípio de realidade o ser humano se converte em um ego organizado. Esse princípio desenvolve no homem a função da razão, que norteia sua capacidade de distinguir entre o bem e o mal, o certo e o errado, o útil e o prejudicial.

Nesse processo, segundo Marcuse (*op. cit.*), os desejos do homem deixarão de pertencer a ele e passarão a ser organizados pela sociedade, e são os motivos econômicos que orientam toda essa transformação. Os indivíduos devem ter todas as suas energias convertidas em capacidade de trabalho. "Historicamente, a redução de Eros à sexualidade procriativa e monogâmica [...] só é consumada quando o indivíduo se converteu num sujeito-objeto de trabalho no mecanismo da sociedade" (p. 92).

O princípio de realidade penetra, cada vez mais, o princípio do prazer, subjugando-o. A liberdade sexual passa a ser considerada uma ameaça à sociedade, já que representaria a negação do princípio da realidade repressiva.

Nesse sentido, podemos ver na representação literária a celebração do "amor infeliz", como em *Tristão e Isolda*. Eros libertado é sempre relacionado com a punição, o que convém ao sistema de controle social, já que o seu objetivo é, ainda e sempre, a repressão do sexo para o controle do homem.

Porém, por mais que se tenha tentado reduzir o sexo a uma única forma, que seria a reprodutiva, continuaram a existir as suas outras formas, que exigiram as mais variadas estratégias de controle. Cada uma, adequada a determinado objetivo, a determinado sujeito social.

O controle sexual permite uma socialização prematura do ego, sendo que a criança depara com os padrões de comportamento sexual desde muito nova. A mídia e a convivência social se encarregam disso. E as famílias podem tanto punir como ser punidas ao se constatar em suas crianças qualquer desvio desses padrões.

Volto à entrevista daquela professora de pré-escola que se esforça inutilmente para manter seus pequenos estudantes alheios à questão da sexualidade entendida como possibilidade amorosa diferente do padrão.

Apesar das estratégias de controle, a sexualidade considerada transgressora continua presente. Portanto, "é através de códigos morais comuns que as comunidades imaginárias emergem, denominando como 'mal' tudo aquilo que o sistema não tolera, ou controla" (Santos, 2003, p. 111).

Sempre que grupos resistentes à tradição ameaçam rompê-la, o poder demoniza as suas práticas, considerando-as como o "mal" que pretende destruir o "bem", representado pela estrutura social tida como adequada. As religiões mais conservadoras têm um importante papel nesse processo. Ainda hoje, em pleno século XXI, vemos discursos papais proibindo o uso da camisinha, dos anticoncepcionais, a homossexualidade. Vemos pastores que preveem, em suas pregações, as chamas eternas para todos aqueles que contrariarem as normas de comportamento sexual descritas no livro de "Levítico" (passagem bíblica que constitui o código de preceitos judeus, ou a Lei Mosaica), que condena atos como:

- comer fruta de uma árvore plantada há menos de três anos (19:23);
- cultivar duas plantas diferentes num mesmo jardim (19:19);
- cortar o cabelo (19:27);
- raspar a barba (19:27).

Como várias dessas recomendações são absurdas para o homem contemporâneo, nem todas são enfatizadas, apenas algumas, como as que condenam o adultério e a homossexualidade.

Da mesma maneira que os religiosos, os discursos médicos buscam indicar "a forma 'correta' de tocar, penetrar e sentir prazer a partir de uma dinâmica que privilegia a linearidade sexo-gênero-desejo. Uma sistemática que evidencia a importância do corpo como um local em que significados são criados, cristalizados e revertidos" (Bezerra e Barreno, 2001, p. 57).

Todos aqueles que tentam se opor às práticas consideradas "verdadeiras" são vistos, segundo esses discursos, como seres doentes que devem ser evitados para que não "contaminem" os indivíduos sadios.

Segundo Marilena Chaui, a repressão sexual pode tomar várias direções:

do ponto de vista moral: será pedagogia (para corrigir hábitos e criar os hábitos sexuais virtuosos ou morais), será punição (para fazer o desvio deliberado regressar aos trilhos), será vigilância (para captar os momentos de risco de desvio e depravação) e sobretudo será *estigmatização* (o vício "por natureza" e a corrupção-depravação sedimentada ou irreversível devem ser apontados, condenados publicamente e sinalizados, isto é, marcados para que os demais membros da sociedade possam dispor de instrumentos para identificar os viciosos "naturais", corruptos e depravados). [...] A racionalização fundamental será oferecida pela ideia de proteção: proteger os indivíduos contra o vício e proteger as instituições sociais contra os viciosos.

(Chaui, 1984, p. 119)

Contudo, a verdadeira razão para tentar manter tais indivíduos isolados não passa de medo de que revelem à sociedade a existência das mais diversas possibilidades de se sentir prazer por meio do sexo.

As estratégias das quais a sociedade lança mão para atingir esse objetivo são, na maioria das vezes, cruéis, como pudemos constatar na época do surgimento da Aids. Esta foi inserida no conjunto das doenças que, ao longo da história, ganharam o significado de castigo e punição. A sua associação à metáfora da peste não foi acidental. Pelo contrário, constituiu-se em "um tipo particular de operação ideológica" (Bessa, 1997, p. 20).

A Aids surgiu em um momento histórico em que a homossexualidade ganhava terreno e visibilidade social devido ao crescimento do movimento homossexual em toda a sociedade ocidental.

Segundo Marcelo Secron Bessa, o mais importante não é investigar de onde a Aids surgiu, mas o fato de que "a epidemia surge em um momento histórico particular onde forças neoconservadoras tentam se aproveitar da doença, ressuscitando a metáfora da peste – entre outras – para manobras ideológicas" (*op. cit.*, p. 22).

Muitas vezes podemos notar que uma suposta verdade sobre a Aids se fundamenta em dados nada científicos, mas baseados em conceitos socioculturais de "certo" e "errado".

Em 1981, surgem os primeiros casos de uma estranha infecção relacionada com uma falha do sistema imunológico. Essa doença assustadora e mortal, desde o seu aparecimento, foi "marcada por várias questões: o racismo, por exemplo" (Souza, 1987). Inicialmente, o "culpado" era o negro africano, que teria se contaminado por meio de relações sexuais (transgressoras) com macacos e espalhado esse horror para o resto da raça humana. Essa justificativa explica-se pelo fato de ser bem mais palatável encarar o vírus HIV como algo pertencente a uma minoria, ao "outro". Mas todas as teorias a esse respeito não se comprovaram.

Em princípio, a Aids não era provocada por um agente específico, mas por vários fatores que se combinavam e enfraqueciam o sistema imunológico. Contudo, os médicos notaram que havia um traço em comum entre os seus pacientes: todos eram homens que se relacionavam sexualmente com homens. Pelo bem da ciência, torna-se necessário conhecer a fundo esse sujeito, investigar o seu estilo de vida, o seu comportamento sexual.

> Descobre-se que essa personagem – o homossexual –, entre outras coisas, foge da monogamia familiar; é um tipo "promíscuo". E é a promiscuidade que fecha um aparentemente simples silogismo: se homossexualidade = promiscuidade, e promiscuidade = AIDS, então homossexualidade = AIDS.
>
> (Bessa, *op. cit.*, pp. 52-3)

Essa descoberta marca, definitivamente, a nova doença como a "Síndrome do Preconceito", como a chamava Herbert Daniel. A mídia veiculou largamente essa notícia, por seu caráter sensacionalista, e a Aids passou a ser conhecida como o "câncer *gay*". A atitude da imprensa, que contribuiu diretamente para fixar essa ideia no imaginário social, foi responsável por um equívoco que só serviu para aumentar a sua transmissão, já que os heterossexuais sentiam-se imunes à contaminação.

Em uma entrevista concedida pelo diretor da Cacex[2], na década de 1980, o jornalista perguntou se seria feita a importação do AZT (na época, o melhor medicamento disponível), e ele se saiu "com esta joia: 'AZT é coisa de bicha rica'" (Souza, *op. cit.*).

---

[2] Carteira de Comércio Exterior do Banco do Brasil S. A. Criada em 1953, cuidava do licenciamento de exportações e importações e do financiamento do comércio exterior brasileiro. O órgão foi desativado durante o governo Collor.

Mesmo depois de já ter sido comprovado pelos discursos médicos que a Aids não escolhe orientação sexual, nem sexo biológico, até hoje ainda perdura, em muitas cabeças, a associação de homossexualidade com Aids. Para muitos, no entanto, a ideia de "grupos de risco" foi substituída pela de "comportamento de risco". A doença continuou vinculada à ideia de castigo divino, apesar de o foco ter se desviado (aparentemente) do homossexual.

De qualquer maneira, há o pensamento segundo o qual o prazer é punido com a morte, estreitamente ligado à doença. Essa relação, muitas vezes utilizada pela literatura, é reinventada. "'Morrer', 'ter relações sexuais' – este par sempre foi um jogo de palavras figurado, metafórico, sofisticado, uma licença literária. [...] O par não é mais figurativo. É literal" (Edelman *apud* Bessa, *op. cit.*, p. 27).

Acontece que, no imaginário social, o homossexual pensa em sexo e/ou faz sexo 24 horas por dia. Surge, assim, um novo esquema no qual "se lê: homossexualidade = promiscuidade e 'vida libertina' = uniformização de um grupo socialmente homogêneo = doença" (Míccolis e Daniel, 1983, p. 129). Moral da história: a velha associação entre Aids e homossexualidade se instaura novamente.

A Aids provocou um reforço de preconceitos e atitudes de discriminação social há muito tempo enraizados em nossa sociedade. Betinho, incansável defensor da dignidade humana, disse, em uma de suas palestras:

> Eu queria ainda fazer referência a algo que a AIDS desvelou no mundo contemporâneo: a questão dos preconceitos que essa sociedade guarda em relação às pessoas. Eu, quando decidi falar aberta e publicamente que estava contaminado pelo vírus da AIDS, sabia que podia dizer isso como hemofílico, que fui contaminado através de transfusões de sangue, mas eu já havia presenciado a morte e a tragédia de várias outras pessoas, que morreram de AIDS, que tiveram que morrer clandestinamente porque eram homossexuais ou drogados. E esses homossexuais e drogados haviam incorporado a culpabilidade, a discriminação da sociedade em relação a eles, e assumido isso de tal maneira que preferiam a morte anônima a lutar pelos seus direitos.
>
> (Souza, 1987, p. 2)

Além de reforçar a associação entre homossexualidade e doença, os discursos sobre a Aids também defendem a existência de uma espécie de "personalidade homossexual", marcada pela promiscuidade.

É interessante observarmos que, da mesma maneira que a proliferação discursiva sobre o sexo, no intuito de regulamentá-lo, acaba por trazê-lo para um lugar de destaque na sociedade, todos esses discursos a respeito da Aids contribuíram para a visibilidade do indivíduo homossexual. Além disso, a Aids desvincula a mulher do papel de transmissora da doença. "Historicamente, a mulher sempre foi relacionada às doenças venéreas e a sexualidade feminina sempre foi vista como doente" (Bessa, *op. cit.*, p. 69).

No caso da Aids, a mulher cede o seu papel de transmissora em potencial para os homossexuais. Bessa explica por que esse fato não chega a ser realmente estranho: "Não há uma verdadeira desvinculação entre mulheres e homossexuais num discurso homofóbico e misógino" (p. 69). Ambos representam o lado "passivo" da relação sexual. Cabe ao homem "comer", penetrar, e à mulher e ao "veado", "serem comidos", penetrados.

Essa ordem é tão inflexível e tradicional que, mesmo nas sociedades grega e romana, o sexo anal passivo era um tabu reservado aos homens hierarquicamente inferiores.

Os discursos sobre a Aids reafirmam essa hierarquia, já que a "passividade sexual" masculina não apenas abdica do poder, mas da vida. Contudo, o que está por trás desse reforço negativo é algo muito mais profundo. A ordem falocrática deixa implícito que, ao optar pela "posição passiva", o sujeito colocará em risco não apenas a si mesmo, mas toda a sociedade, pois, ao assumir essa posição, desafiará a ordem do falo, comprovando a existência de outras possibilidades na escolha de uma identidade sexual. Ele demonstrará que agir de acordo com as normas sociais não é algo compulsório e intrínseco à natureza de cada um.

Essa questão está profundamente ligada à construção de gênero, já que há uma série de comportamentos que definem a dicotomia delimitadora dos papéis sociais de homens e mulheres. Os primeiros deverão desempenhar o papel ativo na relação sexual. Às mulheres cabe o papel passivo. "Trata-se, na verdade, de uma dinâmica que procura regular a forma como os indivíduos devem perceber a si próprios, os seus desejos e a sua forma como inserção na sociedade" (Bezerra, *op. cit.*, 2001, p. 59).

Há uma crença na relação intrínseca e invariável entre gênero e sexo biológico que precisa ser questionada. O primeiro é o conjunto de comportamentos considerados como masculinos ou femininos, de acordo com cada sociedade. A variação em função do contexto cultural já demonstra, em si, sua artificialidade. Já o sexo biológico é o conjunto de características biológicas que distinguem machos de fêmeas. A identidade sexual será a apreensão que o indivíduo tem de si, como representante de um ou outro sexo biológico. Dessa forma, a imagem que cada indivíduo tem de si, "em relação à sua sexualidade, é uma construção, abarcando tanto aspectos femininos quanto masculinos em um mesmo indivíduo" (Expedito-Silva e Vale, 2002, p. 230).

O livro *Menino brinca com menina?*, de Regina Drummond (2006), subverte os estereótipos dos comportamentos femininos e masculinos, de acordo com o senso comum. Quando Carlão recusa o convite de Marcela, a vizinha, para brincar de boneca, alegando que vai virar maricas, ela responde: "Você é bobo mesmo! Meu irmão vive brincando com a gente e tem até namorada!" (p. 6). Com essa fala, Marcela deixa claro que não há "perigo" caso Carlão brinque com bonecas, porque não virará maricas, continuará homem.

FIGURA 3: Ilustração de Zed, em Drummond, *op. cit.*, p. 16.

Essa história é excelente para que se questionem os comportamentos de gênero, mas – assim como no filme *Billy Elliot*, no qual o menino consegue permissão do pai para dançar balé após deixar claro que isso não ameaça a sua virilidade – o problema da orientação sexual continua sendo um tabu. Nas brincadeiras, Carlão exerce profissões consideradas masculinas: motorista, médico, dentista, professor de caratê etc.

Quando ele conta aos pais sobre a brincadeira com as meninas, a mãe deixa até um prato cair e o pai grita com ele. Contudo, ele explica aos pais os seus "papéis" na brincadeira, além de contar que depois eles brincaram de outras coisas, como pique, esconde-esconde. Quando percebem que a masculinidade de Carlão não está em risco, eles se tranquilizam.

Mas o que faz que os pais aceitem as novas companheiras de brincadeiras do filho é o fato de que ele resolve enfrentá-los: "De repente, Carlão se decidiu! Engrossando a voz, declarou: – Sabe, pai, sabe, mãe, achei brincar com elas muito legal!" (p. 10).

No começo, os pais ficaram aflitos com a nova situação, mas, ao observarem todas as crianças brincando juntas, eles conversaram com os outros pais e compreenderam que "tinham uma preocupação boba, que o melhor era deixar o filho brincar com quem quisesse, do que tivesse vontade. E nem ligaram mais" (p. 13).

Será que a reação teria sido tão tranquila se Carlão não tivesse atitudes como as dos outros meninos? E se ele quisesse representar o papel de mãe das bonecas?

Algumas coisas mudaram para Carlão depois disso. Ele passou a chorar, por exemplo, pois "estava certo de que não deixara de ser menino coisa nenhuma" (p. 14). No final, em uma das brincadeiras de casinha com Marcela, ela tem uma reunião no escritório e ele leva a filha à creche. Contudo, ela tem de pedir: "Meu bem, você poderia levar a nenê à creche, hoje?" (p. 16). Há uma subversão dos papéis familiares do homem e da mulher, mas esse questionamento ainda está muito aquém do ideal. Algumas estruturas são reproduzidas, como o fato de ficar subentendido que normalmente a função de levar a filha à creche é da mãe.

Para começar está bom, levando-se em consideração que muitas mulheres que se dizem independentes e modernas (conheço várias) ainda são as únicas responsáveis pelas tarefas domésticas e pelo cuidado com os filhos, mesmo trabalhando fora de casa.

Em *O menino que brincava de ser*, de Georgina Martins (2000), o tratamento da questão do gênero se aprofunda um pouco mais. Se em *Menino brinca com menina? (op. cit.)* fica claro que Carlão não "virou" nem "vai virar mariquinhas", em *O menino que brincava de ser* a possibilidade de que Dudu tenha uma orientação homossexual não é confirmada nem descartada. Isso é irrelevante, já que o interesse da autora é discutir a construção do gênero e todos os preconceitos e equívocos embutidos a nesse processo.

Certo dia, os avós paternos de Dudu foram visitar a família, e a avó, preocupada com o fato de o neto gostar de se vestir como mulher, contou que o pai de Dudu também gostava de se vestir assim, mas ela e o marido o haviam "corrigido" com uma bela surra. Dudu ficou muito espantado ouvindo tal história e resolveu aparecer na sala de vestido. Todos brigaram com ele, mas a avó materna chegou e disse que ele estava muito bonito. Ela, então, o chamou para conversarem. Ele explicou a avó que queria ser menina para se enfeitar mais, usar batom, essas coisas. A avó comentou: "Antigamente, homem não usava brincos; hoje em dia, já usa. Quem sabe, um dia, também não vai usar batom?" (p. 46)

As duas histórias questionam os comportamentos de gênero, abrem caminho para a discussão sobre a associação inequívoca entre comportamento e sexo biológico.

Portanto, esse questionamento, ao tratar direta ou indiretamente da homossexualidade, é considerado perigoso, já que demanda uma revisão de estruturas firmemente estabelecidas como a da família heteropatriarcal. Há uma crença de que essa família seja "eterna, natural, universal e necessária" (Chaui, *op. cit.*, 1984, p. 127), e qualquer ato sexual que contrarie sua estrutura será considerado como um vício, pois corrompe e perverte essa instituição tão importante.

Essa revisão poderia revelar, entre outras coisas, que a família não é natural, já que na natureza existe uma prática que representa um de seus principais vetos: o incesto; e não é universal, pois sua estrutura depende do contexto social no qual se inscreve.

Gostaria de citar dois exemplos muito interessantes a esse respeito: em primeiro lugar, o do grupo de famílias alternativas, formado por famílias que seguem um modelo totalmente diferente do considerado legítimo pela sociedade. São constituídas por duas mães ou dois pais e um(a) ou mais filhos(as) biológicos(as) ou adotivos(as). Esse grupo surgiu da necessidade que algumas pessoas encontraram de se identificar e proporcionar aos filhos a convivência com outras famílias "diferentes" como a sua. Digo por experiência própria que é muito importante mostrar para a criança que ela não é um ET, diferente de todas as pessoas do mundo, por ter duas mães.

O outro exemplo é o da comunidade dos mosos (Lopez, 2007), que possui cerca de trinta mil habitantes e se localiza em uma região isolada, de difícil acesso, à beira do lago Lugu, no sudeste da China. Trata-se de uma sociedade matriarcal, em que a sexualidade é encorajada desde cedo e não há a figura do pai. As mulheres sustentam as famílias e fazem o trabalho pesado, e o serviço de casa fica a cargo dos homens. Estes são os irmãos das donas das casas, e tomam conta dos sobrinhos enquanto as irmãs estão fora, pois os parceiros sexuais apenas visitam as mulheres durante à noite, e devem sair antes do amanhecer, sob o risco de virarem motivo de chacota na cidade. Não há casamento, as mulheres podem ter vários parceiros sexuais e os filhos pertencerão somente à família da mãe.

As mulheres da comunidade dos mosos são mais extrovertidas que a maioria das chinesas e os homens têm um perfil tímido. Segundo declararam em entrevistas, é uma comunidade em que todos são muito felizes.

Certamente meus dois exemplos seriam citados pelos representantes da sociedade conservadora como organizações sociais que vivem em desacordo com as noções básicas de moralidade por irem de encontro à desejada conversão do sexo (o ato em si) em um meio para atingir determinado fim (a procriação).

O movimento feminista teve importância fundamental para a revisão e a mudança dos papéis sociais da mulher e, consequentemente, do homem, além "das interações políticas que estas mudanças [...] acarretariam para o destino da família patriarcal construída através dos séculos, [que] levaram à revisão de uma sorte de conceitos que desembocaria no que hoje se denomina Estudos *Gays* e *Lésbicos*" (Inácio, 2002, p. 60). Esses estudos não apenas trouxeram a discussão sobre a homossexualidade para o espaço acadêmico, como lhe deram uma força política muito grande. Ela se movimentou do espaço privado para o público, sendo que não cabe mais dizer: "O que faço entre quatro paredes não interessa a ninguém". Certamente as práticas sexuais como o sadomasoquismo e a preferência por determinados "brinquedos sexuais" não dizem respeito a mais ninguém. No entanto, a redução das relações homossexuais ao sexo em si seria bastante simplória. Há muitas questões mais envolvidas na homoafetividade. Há os direitos civis e o respeito que todos deveriam exigir.

Tenho muitas amigas engajadas na militância homossexual. Eu escolhi outro caminho. Não costumo participar de passeatas, mas não omito a minha homossexualidade e, sempre que tenho oportunidade, tento mostrar aos que convivem comigo uma "naturalidade" que adquiri a duras penas, enfrentando conceitos adquiridos durante a minha formação em uma sociedade homofóbica.

Assinei, com minha companheira, um contrato de união estável e já fui incluída como sua dependente no plano de saúde. Escrevi minha dissertação sobre o assunto e faço o mesmo com esta obra. Enfim, penso que, se eu confinasse a minha homossexualidade ao quarto, estaria aceitando o enquadramento naquele estereótipo do homossexual voraz que só pensa em, se alimenta de e respira sexo. É preciso mudar essa imagem em relação a toda a sociedade, inclusive ao próprio homossexual.

O movimento homossexual desvinculou a culpa das relações sexuais, mostrando que não é ilícito termos prazer sexual sem fins reprodutivos. Contudo, muitos homossexuais que se restringem aos guetos "se convencem" de que são promíscuos, mantendo-se alheios a relações amorosas duradouras. Se for uma opção individual, não vejo nada de errado. O problema existe quando o homossexual aceita tal estilo de vida como se fosse seu fado, uma espécie de maldição que o faz infeliz.

Penso que, como não me canso de repetir, somente um indivíduo com capacidade crítica poderá discernir a pertinência de certas "leis" sociais e acatá-las ou lutar contra elas, recusando-se a incorporá-las à sua vida.

Homofobia

Não me sinto inclinada a abordar esse assunto por uma espécie de tendência sensacionalista, mas apenas para contrabalançar observações de muitas pessoas que insistem em minimizar a importância da homofobia em nossa sociedade. Não chegam a negá-la, é verdade, mas questionam a insistência do movimento homossexual em pedir uma lei de criminalização da homofobia. Muitos se posicionam contrariamente a essa lei, alegam que ela impingiria a homossexualidade à sociedade.

Devo dizer que, ao ler alguns textos do Luiz Mott e do Rick Santos sobre o assunto, cheguei a me sentir profundamente angustiada e triste. Da mesma maneira que me sinto quando vejo comentários, seja de leitores de *O Globo Online*, seja em páginas do Orkut[3], por exemplo, com declarações incitando a violência contra os homossexuais.

Infelizmente, "a violência contra *gays* e lésbicas é muito alta no Brasil. É interessante traçar um paralelo entre racismo e homofobia para perceber como a última é disseminada em nosso país" (Miskolci, 2005, p. 20). A maioria dos brasileiros se declara não racista e, embora as estatísticas mostrem a desigualdade racial em nosso país, há um consenso social de que não é "politicamente correto" discriminar uma pessoa por ser negra.

O racismo também é condenado juridicamente, sendo considerado crime inafiançável. No entanto, a discriminação de *gays* e lésbicas ainda é aceita socialmente, o que é comprovado pelos comentários ou até pelos atos homofóbicos presenciados com frequência. Apesar de alguns municípios brasileiros já contarem com leis que garantem aos homosse-

---

[3] *Site* de relacionamentos na internet.

xuais o direito de permanecerem em locais públicos, não é raro vermos na imprensa casos envolvendo casais homossexuais que foram expulsos de restaurantes, bares e *shoppings*.

Atualmente, o Projeto de Lei da Câmara 122/2006 tramita no Senado Federal. Tal projeto torna crime a discriminação de pessoas em razão de seu sexo, gênero, sua orientação sexual e identidade de gênero. Apesar das inúmeras campanhas realizadas pela Associação Brasileira de *Gays*, Lésbicas, Bissexuais, Travestis e Transexuais (ABGLT), ainda há muita resistência contra a sua votação.

Se não conseguimos sequer cogitar que uma pessoa seja convidada a se retirar de um local por ser negra, cega ou anã, o mesmo não se dá em relação aos homossexuais.

> A violência simbólica contra *gays* e lésbicas costuma até ser incentivada em contextos machistas, pois infelizmente a masculinidade em nossa sociedade se constrói em oposição ao medo da homossexualidade e de sua suposta relação com o feminino. Rapazes são ensinados a ser homens, leia-se homens heterossexuais, odiando *gays* e rejeitando em si próprios o interesse por outros rapazes, pois temem que isso os ameace com uma espécie de efeminação.
>
> (Miskolci, *op. cit.*, p. 20)

Luiz Mott afirma que, quando o assunto é discriminação, "cada minoria procura puxar o quanto pode a brasa para mais perto de sua sardinha" (2003, p. 19). Contudo, ele afirma que os *gays*, lésbicas, travestis e transexuais são as maiores vítimas do preconceito, e os mais odiados dentre os grupos minoritários.

A homossexualidade foi, na época da Inquisição, considerada como crime hediondo, pecado abominável, e esse estigma foi internalizado pela sociedade, resultando na aversão a homossexuais. Mott (2003) afirma que a homofobia ocorre dentro da família, nas igrejas e no interior das próprias entidades voltadas para a defesa dos direitos humanos. Ele cita várias personalidades que sempre defenderam os direitos humanos e que, por muitas vezes, assumiram posições discriminatórias contra os homossexuais, como a oposição ao reconhecimento legal da união civil entre homossexuais. Ainda segundo Mott, "não raramente, chegam alguns a argumentar que não existe paralelo nem equiparação entre a discriminação por raça ou gênero e a discriminação baseada na orientação sexual" (pp. 28-9).

Durante muito tempo, grupos de esquerda atribuíram à luta pelos direitos humanos e dos homossexuais um *status* de luta menor. Eles alegavam que a luta mais importante e mais urgente era a que garantiria a derrubada do capitalismo e o pão para as classes subalternas.

A duras penas os partidos de esquerda aceitaram conviver com militantes homossexuais assumidos e incluir em seus estatutos e agenda política a defesa da cidadania plena dos *gays*, lésbicas e transgêneros, do mesmo modo com costumam defender os direitos humanos dos negros, índios e demais minorias sociais.

(Mott, 2003, p. 25)

Acontece que os direitos humanos não podem se limitar a determinadas categorias em detrimento de outras. As lutas pela igualdade no que concerne ao gênero, à orientação sexual e à raça deveriam ser consideradas tão relevantes quanto a luta da classe proletária. No entanto, ao contrário do que se poderia pensar, ser preconceituoso não é "privilégio" dos reacionários membros da direita.

O mais grave, porém, é que a homofobia é, muitas vezes, internalizada pelos próprios homossexuais, que vivem "numa espécie de vácuo identitário e sob o efeito perverso da alienação, com baixa autoestima e incapazes de ações afirmativas em defesa da própria homossexualidade" (p. 19).

Na tradição ocidental, as relações sexuais entre pessoas do mesmo sexo já foram tratadas como crime muito grave, "equiparado ao regicídio e à traição nacional" (Dynes *apud* Mott, 2003, p. 20). Os homossexuais foram "decapitados, no tempo dos primeiros imperadores cristãos; enforcados ou afogados na Idade Média; queimados pela Santa Inquisição; condenados à prisão com trabalhos forçados no tempo de Oscar Wilde e na Alemanha nazista" (*ibidem*). Como podemos perceber, a homofobia é reforçada pela nossa tradição cultural, o que torna muito difícil e lenta a sua desconstrução.

Paralelamente, o fato de ser negro, índio, judeu ou mulher nunca foi considerado crime. No Brasil colonial, os "negros e índios eram pagãos que deviam ser convertidos à 'verdadeira' fé, mas não havia pena de morte *ipso facto* contra os pagãos, nem mesmo contra os judeus e protestantes nascidos nestas religiões" (Mott, 2003, p. 21). Já em relação à sodomia, a Igreja sempre foi, e ainda é, totalmente intolerante.

Segundo Luiz Mott (2003), para a teologia moral cristã, esse pecado era mais grave do que o matricídio e a pedofilia. E era considerado tão abominável que o termo que o designa não deveria sequer ser pronunciado. Por isso, sua classificação como pecado "nefando", ou seja, impronunciável.

O posicionamento de diversas religiões em relação à homossexualidade ainda é extremamente conservador e preconceituoso. A Igreja católica pediu desculpas às vítimas de perseguições religiosas do passado, como os judeus, negros, índios, protestantes. Porém, tanto essa Igreja quanto os protestantes fundamentalistas vêm, curiosamente, radicalizando "seus discursos e ações contra os direitos humanos e dignidade das minorias sexuais" (p. 22).

Mott chama a atenção para o fato de que nem as religiões afro-brasileiras, que possuem várias divindades transexuais e cujos muitos pais e mães-de-santo praticam o homoerotismo, desenvolveram um discurso político que defenda as minorias sexuais.

Luiz Mott, logo no início do livro que tem o sugestivo título *Matei porque odeio gay* (2003), faz uma compilação de uma série de declarações homofóbicas, emitidas por diversos "tipos" de sujeitos sociais. Ele explica que realizou essa compilação para "ambientar o leitor mais cético quanto à gravidade da homofobia em nosso país, comprovando a dramática e crudelíssima discriminação de que são vítimas os homossexuais" (p. 11). Como a minha intenção é a mesma, como expliquei anteriormente, transcrevo a seguir as declarações que mais me impressionaram, sugerindo, assim como fez Mott, que o leitor substitua "homossexual" por "negro", "mulher" ou "judeu". Verificará, então, que nesses casos os autores das declarações sofreriam algum tipo de punição, ou, pelo menos, seriam duramente criticados:

- "O casamento *gay* demonstra a decadência moral que vai minando todos os valores de nossa sociedade" – deputado Severino Cavalcanti, PFL/PE;
- "Ser homossexual é não ser digno" – vereador Jonas Pedó, PDT/RS;
- "Quem em sua família desejaria ter um homossexual? Tenho certeza que ninguém... Tenho certeza que essa infeliz prática deveria ser combatida e não defendida" – jornal *A Gazeta*, Irará/BA;
- "Aqui na nossa pousada dois homens não ficam no mesmo quarto de modo algum!" – gerente da Pousada Ste. Gallen, do secretário de Turismo de Campos do Jordão (pp. 11-3).

As falas a seguir partiram de declarantes protegidos pelo anonimato, em uma lista de discussão no portal Terra Lycos, sobre a união entre gays (CMI Brasil, 2002):

- "Ajude a humanidade, mate um veado!"
- "Bichinha agora quer casar? Sai fora putada de merda! Vira homem primeiro e depois arruma uma gata, é o único caminho. Satã te espera no inferno! Esqueci que veado é ateu e não acredita em Deus, nem no céu e no inferno, senão não estariam dando o rabinho por aí. Temos que fazer o que os pais destas merdas não fizeram, descer o sarrafo e ensinar a virar gente novamente, e caso não adiantar, chumbo neles!"
- "Só matando! Bicha não presta para nada! Devemos eliminá-los da face da Terra o mais rápido possível, ou ganharão mais espaço a cada dia e nossos filhos e netos pagarão caro. Chumbo nestas merdas!"

Pretendo, ao transcrever tais declarações, atingir um objetivo específico. Não desejo absolutamente que este livro seja um trabalho acadêmico "asséptico" e que as discussões aqui levantadas fiquem circunscritas a uma fria e distante teoria. Ao contrário, quero que estas páginas, aparentemente leves, coloridas por ilustrações de livros infantis, e que toda esta teoria sejam impregnadas por uma realidade desconfortável, para a qual muitos teimam em fechar os olhos.

Todas essas discussões têm uma contrapartida real, viva. Homossexuais assassinados e jovens que sofrem discriminação são pessoas, têm nome. É preciso compreender que

> Opressão é uma coisa real, e não uma palavra ou ideia abstrata que pode ser usada/manipulada para significar qualquer coisa. Opressão são pessoas que, ao ocuparem posições de poder institucionalizado, utilizam-se da polícia, das escrituras sagradas e do poder judicial do Estado para regularem o comportamento social e punir aquelas que questionam a norma. Apesar de uma infinita multiplicidade de formas, o corpo *queer* não é uma abstração ideológica (ou zoológica) que pode ser estudada, classificada e objetificada por uma elite intelectual. Ao contrário de pesquisadores pós-modernos que "esbarram" com a transgressão sexual em plenárias, conferências e outros espaços abstratos e seguros, a maioria dos sujeitos *queers* (veados, sapatões, bichas loucas, travestis, transexuais e outros ditos anormais) vivem na pele a "trAns-GRESSÃO" pela coragem de ser e viVER diferente. Não somente os nossos sonhos e ideais, mas também os nossos corpos são moldados, maltratados, gozados, mutilados e exilados por recusarem-se a refletir a norma e a reproduzir o padrão da ideologia vigente.
>
> (Santos, 2001, pp. 106-7)

Por mais que a sociedade se recuse a ver o problema, várias pesquisas são realizadas com o intuito de obter dados sobre a discriminação.

Em pesquisa realizada por três organizações latino-americanas – já citada no capítulo 1 –, os dois grupos apontados como vítimas de discriminação pelos estudantes entrevistados foram o dos negros e dos homossexuais (Candau, 2003).

Curiosamente, em um grupo de dezesseis professores de ensino fundamental e ensino médio, "Apenas uma pessoa referiu-se à discriminação contra homossexuais" (*op. cit.*, p. 55).

Em relação à questão "Quais os tipos mais frequentes de discriminação no Brasil?", foi possível estabelecer várias categorias: racial, social, religiosa, sexual, física, cultural, regional, política, entre outras.

As formas mais frequentes de discriminação apontadas pelos professores foram a de etnia e de classe social, "cada uma delas com 92% das indicações, o que evidencia a importância que se lhes atribui entre os(as) professores(as) entrevistados(as), assim como a provável articulação que é feita entre esses dois tipos de discriminação" (p. 56).

Como já vimos, o preconceito contra homossexuais é muito grande; portanto, considero muito significativo o fato de não surgir uma categoria específica para a orientação sexual, que ficou diluída em um escorregadio item "outros", que engloba a questão do emprego, idoso, aidético etc. Essa negação mostra como o sujeito homossexual ainda é condenado à invisibilidade, inclusive discursiva.

Segundo Luiz Mott (2003), os *gays*, lésbicas e transgêneros representam cerca de 10% da população brasileira e estão presentes em todas as outras minorias sociais. Contudo, apesar dessa onipresença, a maioria dos homossexuais ainda prefere permanecer "no armário"[4], devido ao medo e/ou vergonha, pois "introjetaram a homofobia dominante em nossa ideologia heterossexista, tornando-se homossexuais egodistônicos, não assumidos" (p. 30), o que faz que os resultados dessa pesquisa e de outras mais não representem a realidade. Além disso, a invisibilidade deixa de fornecer modelos de identificação positivos para os jovens homossexuais.

No ano de 2004, o Grupo Arco-Íris de Conscientização Homossexual, o Centro de Estudos de Segurança e Cidadania (Cesec) e o Centro Latino-Americano em Sexualidades e Direitos Humanos (Clam) realizaram uma pesquisa na Nona Parada do Orgulho GLBT do Rio de Janeiro. Ao contrário da pesquisa citada anteriormente, esta recolheu dados específicos sobre os homossexuais. Não podemos deixar de considerar, no entanto, que os entrevistados são pessoas que têm, ao menos, coragem de comparecer à Parada, diferentemente de muitos que preferem não fazê-lo, por medo da exposição.

---

[4] A expressão "permanecer no armário" significa não assumir a homossexualidade publicamente.

Em relação à mesma pesquisa realizada no ano de 2003, foi reforçada a complexidade de revelar a orientação sexual minoritária. "Os círculos de visibilidade continuam [...] hierarquizando-se do mesmo modo: para amigos (89,9%); para familiares (78%); para colegas de trabalho (62,5%); para colegas de escola (60%) e para profissionais de saúde (59,9%)" (Carrara, 2005, p. 43). Baseados nas respostas, podemos perceber que a escola ainda é um dos locais onde é mais difícil revelar uma orientação sexual vista como "desviante".

O grupo de pesquisa formulou sete situações de discriminação, buscando compreender suas dinâmicas e incidências em ambientes distintos de sociabilidade.

A maior ocorrência desse tipo de situação foi no círculo de amigos e vizinhos (33,5%), em seguida no ambiente familiar (27%), e a discriminação nas escolas e universidades, por parte de professores e colegas, teve uma incidência de 26,8%. "Os ambientes religiosos (20,6%) e de lazer (18%) vêm num segundo bloco, seguidos, finalmente, pelas discriminações no ambiente de trabalho e emprego (11,7%) e no atendimento na área de saúde (11,1%)" (p. 76).

Podemos observar que os espaços em que a homossexualidade é mais discriminada são justamente os mesmos onde ela é mais comumente assumida. A conclusão a que podemos chegar é a de que, nas situações de maior intimidade, os comportamentos (mesmo os mais sutis) de discriminação são mais percebidos. Logo, "a incidência de discriminação nos círculos mais distantes (emprego, lazer, saúde) não seria necessariamente menor, apenas mais difícil de ser percebida" (p. 76).

Não posso deixar de citar os dados impressionantes recolhidos por uma terceira pesquisa, realizada pela Unesco Brasil. Trata-se de uma investigação sobre juventude e sexualidade em que centenas de pais, professores e alunos foram ouvidos em catorze capitais brasileiras: "Em relação à afirmação: *o homossexualismo é uma doença*, entre 18% (Goiânia) e 11,9% (Porto Alegre) concordam. Este percentual corresponde, em números absolutos, a 35.153 (Goiânia) e 19.162 (Porto Alegre)" (Abramovay *et al.*, 2004, p. 293), o que é incrível, se levarmos em consideração o fato de que, desde

1973, "a homossexualidade deixou de ser classificada como doença pela Associação Americana de Psiquiatria" (Fry e MacRae, 1983, p. 76).

Novamente percebemos que muitas pessoas formam opiniões sobre a homossexualidade baseadas em preconceitos, desconsiderando, inclusive, evidências científicas.

Dois meses após a agressão sofrida pela empregada doméstica Sirley, por rapazes de classe média da Barra da Tijuca, dois rapazes *gays* cariocas foram espancados em Niterói, quando se dirigiam para a Parada do Orgulho GLBT, realizada no dia 26 de agosto de 2007. Um deles teve a perna engessada, o nariz machucado e permaneceu por certo tempo respirando com dificuldade. O outro teve os dentes quebrados e sofreu deslocamento da mandíbula. Além disso, ficou com hematomas nos olhos e teve de colocar pinos em um dos braços (Thamsten, 2007).

Podemos verificar diferenças significativas entre a repercussão deste caso e o de Sirley. Esta é mulher, pobre, empregada doméstica. Muitos se indignaram quando um dos agressores tentou justificar o espancamento ao dizer que eles pensaram que Sirley era uma prostituta.

Apesar de algumas pessoas considerarem tal justificativa válida (começando pelo próprio agressor, já que lançou mão dela), a sociedade, de maneira geral, indignou-se e o caso foi muito divulgado pela imprensa, tendo grande repercussão na internet (foram criadas várias comunidades de apoio à moça no Orkut). Em *O Globo Online*, vários leitores, revoltados com a covardia, enviaram milhares de comentários.

Quanto ao caso dos *gays*, como experiência, mencionei-o a vários conhecidos. Ninguém ouvira nada sobre o assunto. O posicionamento da imprensa foi praticamente nulo. Foi publicada apenas uma notinha nos jornais e o caso morreu. Mas o que mais me chocou foram os comentários desses mesmos leitores de *O Globo Online* que haviam se chocado tanto com o caso de Sirley.

Escolhi alguns deles para exemplificar:

Francisco – 28/08/2007 – 10h04
Você dizer que não gosta de "gay" é decriminação [sic]? Eu não gosto da cor lilás, do roxo e outras cores. Não gosto de preto safado, branco

ladrão, indio [sic] que desmata a amazônia [sic], estrangeiros que fazem do Brasil seu Porto Seguro [sic] para traficar. Tenho o direito de gostar ou não do que eu quero, não sou obrigado a estar em bar (publico [sic]), com esposa e filhas e ficar sendo alvo de "gay" mandando beijinhos, com total falta de respeito. Não querem ser decriminados [sic]? Respeitem os outros primeiro.

Marcilio – 28/08/2007 – 10h04
Naty_RJ, concordo com você que todos os casos que você apresentou são doénças sim, e te apoio nesse sentido, mas a meu ver, uma pessoa que para sentir prazer tem que sentir algo sendo introduzido pelo anus [sic] (para mim o anus [sic] só serve para defecar) com certeza tem algum problema, de ordem psicológica ou física, não sei. Isso para mim se chama doença, e que deve ser tratada, imagina se só existissem gays no mundo? Estaríamos fadados a [sic] extinção. Pensem bem nisso, é minha opinião.

Pensando no objeto de interesse desta obra, diante de discursos como esses, impregnados de ignorância, só me ocorre uma pergunta: como os jovens homossexuais sentem a discriminação?

A pesquisa sobre sexualidade e juventude (Abramovay *et al.*, *op. cit.*) constatou que, na escola, a discriminação contra homossexuais é abertamente assumida e até valorizada, já que confere aos que discriminam a certeza da masculinidade.

Quando se pergunta aos alunos sobre quais pessoas eles não gostariam de ter como seu colega de classe, aproximadamente ¼ dos alunos indicam que não gostariam de ter um colega homossexual [...]. São mais altas que no caso de alunos as proporções de pais que mencionam que não gostariam que homossexuais fossem colegas de escola do seu filho. [...] Já comparativamente a alunos e pais, são mais baixas as proporções de membros do corpo técnico-pedagógico que selecionam a opção que indica que *não gostariam de ter homossexuais como seus alunos*: 5,9% no Distrito Federal a 1,9% em Porto Alegre.

(Abramovay *et al.*, *op. cit.*, p. 280)

É muito comum ouvir as pessoas dizerem que não têm preconceito, contanto que o homossexual não chegue perto. Há, entre os jovens, o medo de ser "confundido" com um homossexual por se relacionar com eles. Muitas vezes, ao ser "cantado" por um homossexual, um rapaz pode reagir com violência, para deixar claro para todos que não "topa essa".

Os jovens ainda estão em formação e a grande maioria não conta com um número nem uma diversidades suficientes de experiências que os preparassem para enfrentar tais dificuldades. Como a sociedade se posiciona a respeito dessa questão? O que está fazendo (se é que está fazendo algo) para ajudá-los a lidar com tanto ódio e preconceito?

Jovens homossexuais

Para os indivíduos pertencentes aos grupos minoritários, a família se constitui no principal núcleo de apoio e enfrentamento da discriminação social. É o grupo que lhes oferece relativa proteção e segurança.

> A mãe negra, o pai judeu, a família indígena reforçam a autoestima étnica ou racial de seus filhos, estimulando a afirmação dos traços culturais diacríticos que auxiliarão vitalmente a estas crianças e adolescentes a desenvolverem sua autoestima, identidade, orgulho e afirmação enquanto grupo étnico, racial ou religioso diferenciado.
> (Mott, 2003, p. 24)

No livro *Minha família é colorida*, de Georgina Martins (2005a), Ângelo, um menino que está intrigado porque o seu cabelo não "vua" e o de seu irmão "vua", resolve saber mais sobre as diferenças físicas entre as pessoas de sua família. Ao perguntar a mãe se ele é negro, está procurando estabelecer uma identidade para si. A mãe, então, percebe que melhor do que dizer "É negro" ou "Não é negro!" é contar toda a história da família, desde que a bisavó negra e o bisavô branco de olhos azuis se casaram.

As referências são sempre muito positivas:

> Dizem que o pai do pai do pai do Ângelo se apaixonou pela cor da pele da mãe do pai do pai do Ângelo, que era negra como a noite. Dizem, ainda, que ele também se apaixonou pelos olhos dela, que eram pretinhos como duas jabuticabas maduras. [...] E a avó Marli conta que

se apaixonou pelos cabelos do avô Agostinho, que eram, como os seus, todos enroladinhos. Pareciam os pelos dos carneirinhos que havia na fazenda do avô dela.

(Martins, 2005a, p. 23)

Ao final da história, o menino conclui que seu cabelo não "vua" e sua pele é escura porque a família é toda colorida. Ele diz: "E eu acho que ela é muito bonita, igualzinha à minha caixa de lápis de cor!" (p. 38).

Neste livro, há uma abordagem bem positiva da mistura racial.

FIGURA 4: Capa de Maria Eugênia, em Martins, 2005a.

No livro *O menino marrom*, de Ziraldo (2005), do qual falarei mais adiante, não aparecem, em nenhum momento, problemas por parte da família em relação à cor do menino.

Contudo, algumas famílias reforçam a inferiorização dos filhos, estimulando-os a se adequarem aos padrões dominantes. No livro *Uma maré de desejos* (Martins, 2005b), a questão dos padrões de beleza é muito bem colocada. Sergiana, a protagonista, é uma menina de 12 anos que mora na Favela da Maré, no Rio de Janeiro, e passou a ser criada pela tia desde que a mãe a abandonou. A tia, sempre que penteia Sergiana, diz que os seus cabelos são "ruins":

> E eu, que não tive menina, agora tenho que pentear esse seu cabelo duro. Fica quieta, não chora que é pior. Se eu tivesse dinheiro sobrando pagava a Diana pra fazer chapinha em você. Acho que vou mandar cortar feito menino homem, assim não dá trabalho!
>
> Nessas horas Sergiana ficava triste, não queria cortar curtinho, e chapinha queimava a cabeça. Um dia ela fez. Foi a mãe quem pagou. [...] Ela não achava que seus cabelos fossem ruins, às vezes até que gostava deles, mas só às vezes, porque a tia não deixava que ela gostasse deles.
>
> (Martins, 2005b, p. 8)

O livro denuncia o ranço cultural preconceituoso que faz que mãe e tia tentem convencer Sergiana de que seus cabelos são "ruins" e, por isso, ela deve fazer sacrifícios para alisá-los e deixá-los parecidos com os cabelos das brancas. Podemos observar como é comum que tanto os negros quanto os brancos de cabelos cacheados recorram a técnicas até perigosas (como a tal escova progressiva que é feita com formol) para deixá-los bem lisos, de acordo com o modelo europeu.

No entanto, por mais prejudiciais que tais atitudes possam ser, para os jovens homossexuais a realidade costuma ser bem pior. A própria família é a primeira a discriminá-los e repudiá-los. Não são raros os pais e mães que "repetem o refrão popular – 'prefiro um filho morto do que veado!', ou 'antes uma filha puta do que sapatão!'" (Mott, 2003, p. 24). Muitos jovens sofrem, dentro de casa, as mais diversas formas de violência física e/ou psicológica. É comum ouvir casos de famílias que tentam "curar" o filho com remédios e tratamentos psiquiátricos. Muitas famílias expulsam os jovens de casa e, em casos extremos, podem chegar a matá-los.

Luiz Mott cita dois casos ocorridos há alguns anos, na Bahia: "Um avô espancou seu neto negro até a morte quando descobriu que era gay, e um pai baiano de classe média, ao ser informado que seu filho era homossexual, deu-lhe um revólver determinando: 'Se mate! Pois na nossa família nunca teve veado!'" (Mott, 2003, p. 24).

Nos livros *Menino brinca com menina?* (Drummond, *op. cit.*) e *O menino que brincava de ser* (Martins, 2000), os pais dos protagonistas, ao sentirem a virilidade dos filhos ameaçada, batem neles ou ameaçam-nos de levar uma surra. Xingam-nos de "mulherzinha" e "maricas".

A rejeição por parte da família tem uma influência profunda e indelével sobre a maneira como o jovem vivenciará a própria homossexualidade.

Há muitos casos como o citado no livro *Sempre por perto*, de Anna Claudia Ramos (2006), em que Clara, a protagonista, sente grande dificuldade de contar à mãe que está apaixonada por outra garota. Apesar de sempre ter tido uma relação aberta com os pais, já tendo, inclusive, contado aos dois que perdera a virgindade com um namorado, desta vez ela fica com medo. Lidar com a homossexualidade é sempre mais difícil para os adolescentes, justamente pela grande carga de preconceito relativa a orientações sexuais consideradas "anormais". Ela quer contar para a mãe, mas não sabe como: "Uma coisa era contar que tinha perdido a virgindade com o Nando, outra era contar que estava apaixonada pela Luna, sua amiga. Mas não contar seria trair a confiança da mãe" (p. 23).

Finalmente ela cria coragem de contar e a mãe leva um susto, mas compreende e encoraja a filha: "Não deixe nunca de lutar pelos seus sonhos. Mas é claro que essa história não é leve e me pegou de surpresa" (p. 27). Por mais que a mãe tenha aceitado a orientação sexual de Clara, sente um baque diante da notícia, mostrando que, definitivamente, a homossexualidade ainda não é encarada como uma coisa "normal". E Clara pensa da mesma maneira, tanto que só conta ao pai e ao irmão muitos anos mais tarde.

As famílias reprimiram a homossexualidade em seus filhos durante muitos séculos, pois em algumas sociedades elas perdiam "os direitos civis por três gerações seguidas, caso um seu membro fosse condenado pelo crime de sodomia" (Green *apud* Mott, 2003, p. 23). Bem mais tarde, até a década de 1970, pudemos ver a preocupação de vários médicos em entender e definir a homossexualidade, que "passa de 'crime', 'sem-vergonhice' e 'pecado' para 'doença'. [...] O crime merece punição, a doença exige a 'cura' e a 'correção'" (Fry e MacRae, *op. cit.*, p. 61).

As famílias aflitas com o "problema" de seus filhos buscam ajuda na medicina. Várias técnicas são desenvolvidas no intuito de "curar" essa "doença", como a "terapia de aversão" e um primor de tratamento (publicado no periódico *Medical World News* de – pasmem – 25 de setembro de 1970) que consistia em "queimar, através de choques elétricos, uma pequena seção do hipotálamo" (p. 71). O fato de que os pacientes submetidos a esse tratamento tinham perdido a capacidade de sentir prazer sexual (um tipo sofisticado de castração) não foi considerado pelos médicos nem, provavelmente, pelas famílias.

Dudu, de *O menino que brincava de ser* (Martins, 2000), é levado pela família ao psicólogo, ao psiquiatra e ao endocrinologista, em busca de uma "cura" para a sua mania de se vestir de personagens femininos nas brincadeiras e por ter declarado que desejava ser menina.

Preocupação semelhante leva a família do gatinho Gulliver, de *O gato que gostava de cenoura* (Alves, 2001), que preferia comer cenouras e não gostava de caçar e comer ratos, passarinhos e peixes, a encaminhá-lo a um padre e depois a um analista, obrigando-o a fazer análise por vários anos.

No entanto, desde Freud foi comprovada uma "forte presença da bissexualidade em nossa libido. Kinsey descobriu já em 1948 que 37% dos homens ocidentais tinham experimentado, na idade adulta, ao menos dois orgasmos com o mesmo sexo" (Mott, 2003, p. 23). Tal comprovação é muito grave para uma sociedade tão marcada pela homofobia. É uma contradição que acaba por provocar "um ódio doentio contra o próprio desejo homoerótico e, sobretudo, contra aqueles que ousam transgredir a ditadura heterossexista" (p. 23).

Segundo Abramovay *et. al.*, "a juventude é o momento em que a experimentação da sexualidade vai possibilitar uma estruturação de sua identidade. Assim, preconceitos e crenças organizam as possibilidades sexual-afetivas dos jovens" (*op. cit.*, p. 33). Nessa fase, o indivíduo demarca as diferenças de gênero no campo da identidade, podendo assumir uma posição diferenciada ou simplesmente reproduzir as divisões binárias consideradas como "corretas" pela sociedade.

Muitas vezes, o jovem percebe que possui uma identidade considerada "desviante" por meio do olhar social, que é baseado nos comportamentos de gênero considerados masculinos ou femininos, como relata Rick Santos (2003, p. 106):

> Há muito, para ser mais preciso, desde as minhas primeiras memórias, lembro-me de ser identificado como gay por outras pessoas mesmo antes que eu tivesse a noção da existência de tal categoria. Tal identificação, ou acusação, era sempre feita com a intenção de me intimidar a aceitar os costumes e regras de gênero padronizados pelo sistema dominante machista. Desde os 6 anos de idade, quando ainda no jardim de infância, eu era constantemente chamado de "fresquinho", "mulherzinha", "bichinha" etc. Esses tormentos nem tanto ocasionais se davam não porque eu me engajei precocemente em atos homossexuais com outros meninos e, sim, porque me recusava a "ser leal" aos códigos éticos de conduta masculina [...]. Desde pequeno eu resistia com todo o meu poder ao processo compulsório de iniciação à instituição da masculinidade preferindo aliar-me politicamente ao sexo "oposto"; ou seja, me recusava a desempenhar o papel do jovem discípulo que estava sendo preparado para mais tarde assumir meu local privilegiado e predestinado (divina e biologicamente) de superioridade masculina. Eu era mesmo uma "mulherzinha".

Como se pode constatar, essa identidade sexual "desviante" muitas vezes pode começar a ser formada desde muito cedo. Mesmo antes de o próprio sujeito se dar conta.

Em *Menino brinca com menina?* (Drummond, *op. cit.*), Carlão só brinca quando as brincadeiras são consideradas "de menino", pois seus pais são muito preconceituosos e o proíbem de brincar com as meninas para que ele não "vire maricas". Brincar com bonecas, então, nem pensar! E ele acredita nos pais sem sequer saber o que significava isso, como podemos perceber no seguinte trecho:

Muitas vezes, Carlão ficava reparando nas meninas. E nos meninos que conversavam a brincavam com elas. "Vai ver que é depois de grandes que eles ficam maricas...", pensava ele. "O que será, mesmo, *virar maricas*?" Logo, porém, reagia: "Não posso correr riscos! O que meu pai iria pensar de mim?"

(Drummond, *op. cit.*, p. 3)

Ou seja, a possibilidade de um "desvio sexual" foi apontada muito cedo pelo olhar dos pais, pois o menino ainda não tinha sequer compreendido a questão. Por isso, não é de estranhar que a escola, como formadora de crianças e jovens, seja colocada em lugar de destaque durante a discussão da sexualidade.

No Brasil do início do século XX, na tentativa de controlar a sexualidade de crianças e jovens, a sociedade copia o modelo europeu baseado nas correntes médico-higienistas e começa a pensar em um modelo de educação sexual. Este visava combater a masturbação e as doenças venéreas, e preparar as meninas para a futura condição (compulsória) de esposa e mãe.

Nos anos 1920, o objetivo da educação sexual muda e passa a ser a proteção à infância e à maternidade. "Em 1928, o Congresso Nacional aprova de educação sexual nas escolas. Mas desse período até os anos 1950 houve retrocessos, perseguições pela mídia e até judiciais contra defensores da educação sexual nas escolas, principalmente por influência da Igreja" (Abramovay *et al.*, *op. cit.*, p. 35).

Nos anos 1960, houve experiências em algumas escolas do Rio de Janeiro, Minas Gerais e São Paulo. Contudo, os diretores de tais escolas também foram perseguidos. Na década de 1970, o movimento feminista tem grande influência no reaquecimento dos debates e projetos legislativos voltados para a educação sexual. Nos anos 1980, surgem várias iniciativas, especialmente na rede particular de ensino, para se discutir assuntos como a Aids e a gravidez na adolescência.

Em 1995, com os Parâmetros Curriculares para o Ensino Fundamental (PCNs), orientação sexual é assumida pelo Governo Federal como um dos "temas transversais" integrantes da programação pedagógica, de forma articulada com diversas disciplinas e outros temas, tais como ética, saúde, gênero, meio ambiente e pluralidade cultural.

(Abramovay, 2004, p. 35)

Como se pode notar, os modelos propostos de "educação sexual" sempre se preocuparam (sendo assim até hoje) em formar os jovens para a vida em coletividade, deixando de lado os interesses individuais e desconsiderando a maneira como cada um se sente em relação ao seu sexo, sua libido, sua identidade sexual. Isso fica bem claro na maneira como a grande maioria dos educadores encara os jovens homossexuais.

Discute-se, sim, a educação sexual, mas apenas segundo um viés considerado "normal" pela sociedade. Se, na escola, um jovem apresenta anseios diferentes dos esperados, estes provocarão nos colegas e professores uma sensação de desconforto e estranheza, já que se dará uma quebra nos "padrões hegemônicos de feminilidade e masculinidade" (Miskolci, *op. cit.*, p. 13), que, como já vimos, não passam de produtos socialmente criados.

Segundo esses padrões, existe um modelo binário que somente consegue se manter diante do silenciamento das sexualidades alternativas. Em outras palavras, a escola só obterá êxito na formação das identidades de gênero tradicionais se mantiver os homossexuais na condição de marginais. Já que ela não pode simplesmente fingir que esses jovens não existem, não se priva de desvalorizá-los, para que os outros se convençam de que as formas alternativas de sexualidade não serão aceitas como se fossem "normais".

Uma das táticas de desvalorização dos jovens homossexuais é o reforço dos comportamentos de gênero. Os que não correspondem a esses comportamentos são discriminados e não são reconhecidos como homens e mulheres "de verdade".

A simples existência de *gays* e lésbicas é transgressora, pois prova que os "comportamentos-padrão" não são os únicos possíveis. Se as atitudes desses transgressores "incomodam, é sinal de que surgiu a oportunidade de quebrar o silêncio e trazer à luz um assunto que pode contribuir para repensar a diversidade sexual e afetiva dos seres humanos" (p. 17).

É preciso que, antes de tudo, haja a compreensão de que jovens *gays* e lésbicas são homens e mulheres perfeitamente "normais", apesar de não agirem de acordo com os comportamentos de gênero considerados como "masculinos" e "femininos", e merecem respeito como qualquer outro jovem.

No entanto, já vimos que não são essas noções que os educadores ensinam aos jovens estudantes. Ao deparar com uma sexualidade alternativa, a maioria deles prefere manter o silêncio que os torna "cúmplices da ridicularização e do insulto público" (p. 18) voltados aos estudantes homossexuais. Esses educadores podem até acreditar que o seu silêncio os mantenha numa posição neutra, mas, na verdade, ficar "de fora" da discussão nada tem de neutro. Calar-se diante de situações de discriminação é compactuar com a existência dos padrões hegemônicos de comportamento. Miskolci (*op. cit.*, pp. 18-9) afirma que

> na verdade, o que se estabelece no espaço escolar é algo mais complexo e violento do que pode parecer à primeira vista. A identificação e a classificação dos corpos estranhos revelam a certeza de que as crianças e os jovens aprenderão a ser "normais" não apenas por meio de bons exemplos, mas também pelo reconhecimento e pela rejeição daqueles que constituem "maus exemplos". A escola ensina a estranhar aqueles que manifestam interesses sexuais por colegas do mesmo sexo, portanto tem papel ativo na transformação de sua diferença em algo que espera que os outros estudantes venham a identificar como incorreto, inaceitável e até mesmo desprezível.

O silenciamento quanto ao jovem homossexual remete-o à não-existência, pois, se não for nomeado, não pode/deve existir. Se, nas salas de aula, esse sujeito fica no ostracismo, numa espécie de limbo, fora delas o caso muda de figura. Os colegas muitas vezes o xingarão, acusando sua existência, mas de uma maneira pejorativa. Se antes ele não existia, agora existe como objeto de insultos e discriminação que o colocam em um novo lugar: o de "ser inferior".

Em muitos casos, esse sujeito ganha uma existência na sala dos professores, onde é discutido, ironizado, ridicularizado por alguns "educadores" menos éticos, algo que, infelizmente, já tive a oportunidade de presenciar.

Na entrevista que realizei com professores, perguntei: "Em escolas do interior, especialmente nas regiões Norte e Nordeste, é comum acontecerem problemas sérios de discriminação por parte dos professores? Você já presenciou ou ouviu falar de algum caso de discriminação (ligado à orientação sexual) de aluno por um professor, em alguma escola do Rio de Janeiro ou São Paulo?" Todas as respostas confirmam a existência desse tipo de discriminação. Foram elas:

- "Não, embora eu tenha ouvido algumas manifestações homofóbicas na sala dos professores" – professora de instituição federal de ensino fundamental e médio na região Sudeste;
- "É claro que sim, no Rio de Janeiro, onde eu trabalho e trabalhei" – professora de instituição estadual de ensino fundamental e médio na região Sudeste;
- "Especificamente não, embora saiba que isso ocorra" – professora de instituição estadual de ensino fundamental e médio na região Sudeste;
- "Já ouvi falar de casos em todo o Brasil" – professor de instituição militar de ensino fundamental e médio na região Sudeste;
- "Nunca li nada, nem sei de nada abertamente. Mas acredito que exista veladamente, pois às vezes ouvimos comentários inadequados nas salas de professores, que denotam um preconceito" – professora de instituição federal de ensino fundamental e médio na região Sudeste;
- "Não presenciei casos de discriminação, mas infelizmente ainda existem pessoas que fazem comentários maldosos sobre isso" – professora de pré-escola particular na região Sudeste;
- "Não explicitamente, mas pelas ideias que constantemente ouvimos de muitos alunos e profissionais, [a tendência] aponta para ideias preconceituosas a respeito do assunto. Vejo muito desconhecimento de muitos profissionais ao lidar com o assunto... na hora que tá 'quente', quando o(a) aluno(a), dentro da sala de aula, sofre a zombaria do 'huuuummmmm', 'coisinha'... frases do tipo. Nesta hora, pelo que sondei, é comum falar 'Você tá desrespeitando o seu colega' e continuar o assunto... Então, tanto a escola e o alunado desconhecem como lidar e não veem a importância de refletir sobre isto. [...] Daí, é aluno(a) zombando de professor *gay* por desconhecimento também, fato que vem desde a casa, família desse(a) aluno(a)... isto vai se repetindo com os próprios alunos, a constante é a violência psicológica" – professora de colégio estadual na região Norte.

Segundo a já mencionada pesquisa sobre juventude e sexualidade, vários professores afirmam que alguns alunos discriminam os colegas homossexuais. Uma professora de Goiânia fez um relato sobre a questão: "Eles [os alunos] têm alguma reserva com um aluno [homossexual] que nós temos aqui. Então, às vezes, eles falam alguma coisinha, mas não para o aluno. Então a gente tenta chamar a atenção, mas não é nada tão grave não" (Abramovay et al., op. cit., p. 288).

Nessa afirmação, podemos perceber uma prática muito comum por parte dos professores: há uma tentativa de minimizar casos como o relatado, e considerar a discriminação como uma brincadeira sem importância. O que esses professores, infelizmente, não percebem é que ao agirem assim tornam-se coniventes com os estudantes preconceituosos. Certamente, preferem fingir que "não é nada tão grave" a ter de se posicionar e tomar alguma atitude, o que poderia, de certa forma, comprometê-los diante da turma, da escola e da sociedade de modo geral.

De qualquer maneira, a escola está ensinando o indivíduo discriminado a silenciar seus sentimentos e desejos para não atrair para si os insultos e o desprezo. Alguns tentam desesperadamente "se tornar" heterossexuais, passando a agir da "maneira correta" que lhes é ensinada, a cada dia, na instituição escolar.

Miskolci (op. cit.) comenta que o educador que desejar abandonar seu silêncio e interferir na questão da sexualidade deve optar por fazê-lo de maneira indireta, sem solicitar ao estudante um pronunciamento direto, que pode colocá-lo em situação desconfortável diante da turma. A questão pode ser discutida a partir de um assunto em pauta na mídia, da exibição de um filme ou da leitura de um livro.

Segundo Sérgio Carrara (op. cit.), a Unesco realizou recentemente estudos que acusaram a existência de muitas imagens e ideias homofóbicas e de intolerância em relação às sexualidades alternativas nas escolas. No entanto, a incidência desse tipo de discriminação foi medida pela primeira vez na pesquisa realizada na Parada do Orgulho GLBT (já citada). Para Carrara (op. cit., pp. 81-2), a escola e a universidade caracterizam-se por serem supostamente espaços sociais de respeito e cooperação. A liderança de professores e autoridades pedagógicas deveria ser suficiente para conter manifestações de racismo, misoginia e homofobia e estimular um ambiente de valorização das diferenças. Não é o que está acontecendo. Se muito se avançou, nos últimos anos, em relação à valorização das diferenças raciais, é certo que quanto à homofobia os esforços nem mesmo começaram. Os resultados obtidos nesta pesquisa são suficientemente eloquentes para que se perceba a urgência da tarefa.

Entre os entrevistados na Parada do Rio de Janeiro (Carrara, *op. cit.*), 26,8% declararam ter sido marginalizados por professores ou colegas na escola ou faculdade, percentual considerado muito alto.

A discriminação na escola é grave, pois as vítimas são muito jovens. Dos adolescentes entre 15 e 18 anos, 40,4% sofreram esse tipo de discriminação. Já entre os jovens de 19 a 21 anos, 31,3% relataram ter sido discriminados na escola ou na faculdade. Os dados demonstram que a discriminação diminui à medida que a faixa etária aumenta, o que nos leva a concluir que a discriminação é realmente um ato de covardia, já que os mais novos são as vítimas preferenciais, por terem uma capacidade de defesa menor.

Apesar de os resultados da pesquisa demonstrarem que os principais autores dos atos de discriminação são os colegas (atos dirigidos a adolescentes entre 15 e 18 anos: 14,8%, e a jovens entre 19 e 21 anos: 11,1%), é alarmante deparar com os números referentes à discriminação praticada por professores: contra adolescentes entre 15 e 18 anos, 3,7%, e contra jovens entre 19 e 21 anos, 1,9% (Carrara, *op. cit.*).

A sexualidade na escola ainda é um assunto polêmico, pois há inúmeras visões e valores por parte dos diversos envolvidos na discussão: estudantes, educadores, pais, funcionários. Se, por um lado, a pesquisa sobre juventude e sexualidade (Abramovay *et. al.*, *op. cit.*) relata que para alguns pais *"escola não é lugar para ensinar saliências"* (p. 33), por outro, a mesma pesquisa documenta que "a maioria dos pais, e em maior proporção professores e alunos, são favoráveis à discussão sobre sexualidade nas escolas" (p. 33).

Alguns estudiosos do assunto creem que a sexualidade estudada na escola seja uma questão muito complexa, pois trata-se de uma instituição voltada para o disciplinamento e controle, formando os estudantes para que vivam em sociedade. "Já a sexualidade pede observação de desejos, individuação e atenção para as tênues fronteiras entre prazer, libido e pulsões e o fixar limites para que tais orientações individuais não ponham em risco projetos civilizatórios, a convivência e o direito do outro" (p. 34).

Foucault (1993) estabeleceu duas vias de saberes sobre a sexualidade: a *scientia sexualis*, que é o discurso científico preocupado com a reprodução e o disciplinamento do corpo, e a *ars erotica*, que se preocupa com o prazer e a subjetividade. Como podemos perceber, a via utilizada pela escola é a primeira, substituindo o discurso médico pelo discurso pedagógico para realizar o disciplinamento.

Há uma cena do filme *Monty Python – O sentido da vida*, que ironiza a maneira tradicional utilizada pela escola para tratar sobre a sexualidade. O professor anuncia que a aula será sobre esse assunto. Então, chama a sua mulher e eles começam a fazer sexo diante dos estudantes, enquanto o professor explica cada procedimento do ato sexual. A mulher pede que ele dispense "as preliminares", pois tem um compromisso e não pode se atrasar. Os estudantes permanecem apáticos e desinteressados, como se fosse uma aula absolutamente comum e enfadonha. Alguns jogam bolinhas de papel e um deles olha pela janela distraído. O professor fica, durante o tempo todo, brigando com os estudantes para que prestem atenção à aula. É uma cena totalmente *nonsense*, mas que retrata a "chatice" das reais aulas sobre educação sexual, que não oferecem nenhum ponto de interesse verdadeiro para os estudantes, tornando-se mais uma disciplina teórica e desinteressante.

Estudiosos no campo da sexualidade alertam sobre o perigo de que a focalização em temas relacionados à sexualidade na escola, nos meios de comunicação e por outras agências, assim como por adultos em suas interações com crianças, adolescentes e jovens, se distancie de tal forma de questões que interessam a estes que não necessariamente contribuiria para pedagogias sobre o prazer e um diálogo agradável. Adverte-se que tais saberes podem contribuir para a reprodução de estereótipos ou desencantar os jovens sobre tal dimensão tão importante em suas vidas e que se entrelaça tanto com formas de viver como de evitar riscos à vida.

(Barroso *apud* Abramovay, *op. cit.*, p. 105)

No livro *500 perguntas sobre sexo do adolescente: um guia para jovens, educadores e pais* (Muller, 2005), a autora apresenta quinhentas dúvidas de adolescentes levantadas em palestras e oficinas com estudantes do ensino fundamental e médio das redes particular e pública brasileiras, além de perguntas obtidas em *chats*, artigos e reportagens realizados por ela com e para jovens, nos últimos cinco anos.

Relaciono a seguir as perguntas e declarações que se referem à homossexualidade. Elas foram organizadas em um capítulo (pp. 169-77) dividido em duas partes: "As angústias das meninas" e "As angústias dos meninos".

Meninas:

Morro de medo de ser homossexual! / E se eu for mesmo? / Conto ou não conto para os meus pais? / Será que eles vão aceitar? / E as minhas amigas? Elas vão fugir de mim? / Beijei minha melhor amiga na boca! A gente estava rindo bastante e falando dos meninos quando pintou vontade de beijar. Demos um amasso. Virei lésbica? / Tive uma transa gay. Sou gay? / Sonhei que transei com minha amiga. Será que estou virando lésbica? / Meu namorado disse que está na moda menina beijar menina. Será que eu devo? Ele quer me ver fazendo isso numa balada. / Meu namorado quer fazer sexo a três depois de uma balada: eu, minha melhor amiga e ele. Não sei se quero... Devo topar?

Meninos:

Tudo bem eu ter tido uma experiência (ou duas) homossexual? Posso ter só experimentado? / Em que momento vou ter certeza se sou ou não gay? Vivo na dúvida. Como eu falo com meus colegas sobre essas coisas?/ Eu sou gay. Mas tenho vergonha disso... / Minha religião me trata como se eu fosse uma aberração por ser gay. O que eu faço? / Parece que está na moda dizer que é gay. Ando com um grupo de amigos que acha isso supermoderno... Será que eu devo experimentar? / Tenho amigos gays, mas fico com vergonha de me confundirem com eles. O que eu faço? / Queria saber mais questões sobre homossexualidade... E aí?/ E se eu quiser ajuda para me perceber melhor?

Com toda a certeza, as escolas (que nem sequer costumam tocar no assunto "homossexualidade") não fornecem respostas para a maioria dessas perguntas, que, no final das contas, representam o que os jovens realmente gostariam de saber sobre sua sexualidade.

É interessante notar que os outros capítulos são assim divididos: "A vez das(os) meninas(os) (primeira vez)", "As preocupações das(os) meninas(os) (gravidez)", "As perguntas das(os) meninas(os) (DST)", "As dicas para as(os) meninas(os) (uso de camisinha)", "As curiosidades das(os) meninas(os) (orgasmo)", "As encanações das(os) meninas(os) (ereção e ejaculação)", "As curiosidades das(os) meninas(os) (masturbação e outras práticas)", "As perguntas das(os) meninas(os) (o corpo da garota)", "As perguntas das(os) meninas(os) (o corpo do rapaz)".

Apenas no capítulo que trata da homossexualidade a palavra relativa às questões dos adolescentes é "angústias". O que não é de estranhar, já que os outros assuntos não são totalmente interditados em conversas com a família e os colegas. Alguns deles são até discutidos em salas de aula. Embora alguns possam dizer que a escolha do termo "angústias" pela autora denote o reforço do preconceito, ela está absolutamente certa ao deixar claro que os jovens homossexuais sentem angústia diante de todas as dificuldades com as quais deparam no dia a dia.

Em muitas escolas, cabe exclusivamente aos professores de biologia a preocupação com o estudo da sexualidade, o que a coloca no mesmo patamar da função digestiva e de todas as outras funções biológicas. Ou seja, além de os outros professores se eximirem totalmente da responsabilidade em questão, a sexualidade é tratada como uma simples função voltada exclusivamente para a reprodução. Essa visão desconsidera totalmente as sexualidades alternativas, mais uma vez reforçando a sua não-existência.

No entanto, curiosamente os professores costumam emitir opiniões informais sobre práticas sexualizadas, ou mantêm o silêncio diante delas, o que, na verdade, embora eles não percebam, não passa de uma maneira de ensinar ou reproduzir a ideologia vigente.

"De fato, independente da intenção ou não da escola, nesta se demarcam conhecimentos e formas de viver e pensar sobre a sexualidade, já que é o lugar por excelência de os jovens estarem juntos, além de ser um espaço integrante e integrador da sociedade" (Abramovay et al., op. cit., p. 39). Sendo assim, a escola deveria considerar que esse não é apenas mais um tema curricular de alguns, e sim uma preocupação dos professores e de todos os que trabalham no espaço escolar, pois todos têm um papel relevante na formação dos jovens. Um comentário homofóbico emitido por um inspetor, mesmo que "de brincadeira", pode influenciar a opinião de vários estudantes.

Não se pode esquecer que a nossa cultura é extremamente sexualizada; portanto, o assunto está imbricado com todos os campos de conhecimento, não apenas os relacionados com o corpo biológico.

Certamente, a sexualidade sempre será um assunto muito delicado, pois cada um, pai, mãe, professor, psicólogo, entre outros, carrega dentro de si (pré)conceitos adquiridos em sua formação, que tornam muito difícil tratar a questão de maneira "isenta".

Contudo, tal quadro não justifica que os educadores finjam não perceber a situação de conflito e sofrimento enfrentada por jovens com sexualidades alternativas. Por isso mesmo, penso que cabe aos professores buscar o apoio dos pais, levando-os a refletir sobre como lidam com a sexualidade de seus filhos. Assim, juntos, talvez possam encontrar maneiras de superarem as próprias dificuldades, no intuito de ajudar esses jovens, bem como os que vivem a sexualidade dita "normal".

Tal medida é urgente e necessária, pois os jovens, devido à sua imaturidade, são vítimas mais frágeis e incapazes de enfrentar a discriminação que os violenta, inclusive nos locais onde deveriam se sentir protegidos: a casa e a escola.

Uma pesquisa feita pela McCreary Center Society, em 2003, com trinta mil estudantes entre 7 e 12 anos em escolas no Canadá, revelou que as meninas lésbicas têm mais chances de tentar o suicídio do que *gays* ou heterossexuais da mesma faixa etária [...] a conclusão dos pesquisadores é de que 38% das lésbicas e 30,4% das bissexuais tentaram o suicídio no ano anterior à entrevista, [resultado] comparado a 8,2% das heterossexuais. Quanto aos rapazes, 8,8% dos *gays*, 2,8% dos bissexuais *teens* e 3,3% dos heterossexuais tentaram se suicidar.

("Pesquisa escolar...", 2006)

As meninas apresentam números mais elevados, provavelmente por se sentirem ainda mais reprimidas, pois não apenas a homossexualidade, mas a sexualidade, de maneira mais ampla, sempre foi e ainda é mais controlada entre as mulheres.

Contudo, os dados nos mostram que os jovens homossexuais, independentemente do sexo, apresentam taxas de suicídio consideravelmente mais elevadas. A diretora do instituto de pesquisa afirmou que "a depressão provocada pela impossibilidade de assumir e as ameaças devido a sua orientação sexual são as principais razões deste quadro" ("Pesquisa escolar...", 2006).

No livro *Matei porque odeio gay* (Mott, 2003), há um relato de homofobia infantil ocorrida na Bahia, em 3 de maio de 2002, que me impressionou bastante. Lance Arney. doutorando em Antropologia da Emory University, Atlanta, conta que um grupo de crianças aproximadamente entre 7 e 10 anos escreveu nos portões de um colégio: "viado professor".

A declaração homofóbica das crianças foi escrita e publicada, feita visível de modo que todas as outras pessoas pudessem familiarizar-se com ela. [...] Mas a mensagem de giz nos portões do Colégio Ypiranga foi mais do que somente pichação. Foi uma pequena paródia do ato de ensinar. Ao imitar um professor numa sala de aula escrevendo lições no quadro, elas escreveram lições nos portões, ensinando aos transeuntes algo poderoso que elas haviam aprendido: a homofobia.

(Arney, *op. cit.*, p. 209)

Arney (*op. cit.*) se pergunta onde crianças tão novinhas aprenderam a odiar tanto os *gays*? Segundo ele, o ódio não nasce com o indivíduo, e "se crianças tão jovens [...] são capazes de tal entendimento maduro de sexo e preconceito sexual, então não é tão cedo para se iniciar sua educação sexual" (p. 210). É preciso que elas sejam ensinadas a respeitar as diversas orientações sexuais, caso contrário a sociedade se encarregará de ensinar-lhes o ódio e a intolerância. Elas, por sua vez, passarão tais noções adiante, o que contribuirá para a perpetuação das redes de preconceito social.

Nos nossos tempos de mídia, globalização e internet, não é mais possível negar o problema. Não é admissível que os educadores insistam em não se envolver na questão. É preciso que todos compreendam que a sexualidade é uma construção social, assim como suas práticas e desejos. Desse modo, deve-se perceber que, em países como o Brasil, onde há uma mistura de diversos povos, cada qual com seus costumes e crenças, se faz necessário um questionamento das ideias tidas como majoritárias e das práticas idealizadas pela sociedade para todos os grupos sociais, independentemente das origens de cada um. Com essa compreensão, os jovens começarão a rever os conceitos que levam à intolerância, à violência, ao desrespeito e à falta de solidariedade.

O movimento homossexual e a formação da identidade *gay*/lésbica

A ideia de uma identidade homossexual tomou corpo após a Rebelião de Stonewall, em junho de 1969, quando os *gays* nova-iorquinos, frequentadores do bar Stonewall In, localizado dentro de um gueto homossexual, reagiram à violência policial e começaram uma verdadeira "batalha" na qual podiam ser ouvidas palavras de ordem que falavam do "poder *gay*", do "orgulho *gay*". A partir daí, o movimento homossexual se firmou, espalhando-se pela Europa Ocidental e outros lugares do mundo.

No Brasil, os seus ecos foram ouvidos em plena ditadura militar, quando as pessoas eram impedidas de falar sobre política de maneira aberta. Pode-se dizer que o movimento homossexual surgiu, no Brasil, no final da década de 1970, com um projeto que visava politizar a questão da homossexualidade, diferentemente de algumas associações, como o jornal *Snob* (1963-1969) e a Associação Brasileira de Imprensa *Gay* (1967-1968), que reuniam homossexuais com interesses mais voltados para a socialização.

Foram criados vários grupos de militância homossexual. Em 1979, "foi organizado no Rio de Janeiro o I Encontro de Homossexuais Militantes, que se realizou na ABI (Associação Brasileira de Imprensa)" (Facchini, 2005, p. 96). Os grupos presentes eram: "Somos (RJ), Auê (RJ), Somos (SP), Eros (SP), Somos (Sorocaba), Beijo Livre (Brasília), Grupo Lésbico Feminista (SP), Libertos (Guarulhos), Grupo de Afirmação *Gay* (Caxias) e um representante de Belo Horizonte, futuro fundador do Grupo 3º Ato" (Boletim do Grupo *Gay* da Bahia, 1993, *apud* Facchini, *op. cit.*, p. 97).

Antes disso, em abril de 1978, era lançado o número zero do jornal *Lampião da Esquina*, que era uma "versão politizada de mídia alternativa" (p. 89).

A partir de 1974, diante da "abertura política", o movimento homossexual se expandiu e representou um importante papel na quebra de preconceitos da sociedade brasileira. Se, na esfera religiosa, tal processo pouco caminhou, representando um forte impedimento para a luta pelos direitos civis dos homossexuais, nas outras esferas a situação foi diferente:

> Em 1985, a homossexualidade deixa de ser considerada doença pelo Conselho Federal de Medicina. Em 1999, o Conselho Federal de Psicologia estabelece normas para coibir a promessa de "cura" para homossexualidade por alguns profissionais. Quanto ao ponto de vista jurídico, começa a haver um movimento em vários municípios e estados para incluir leis que proíbam a discriminação por orientação sexual.
> (Lopes, 2002c, pp. 25-6)

Na década de 1970, as discussões sobre a homossexualidade também avançaram em um campo muito importante: o acadêmico. Elas começaram a encontrar lugar dentro das universidades, por meio da antropologia, o que ajudou muito a libertá-la dos discursos médicos, religiosos e jurídicos, baseados em preconceitos. Foi lançado sobre a questão um olhar mais crítico e menos impregnado de conceitos arcaicos e ultrapassados.

O movimento homossexual, dentre as várias estratégias de enfrentamento contra a discriminação, realizava o que Foucault (2001) chamou de "movimento de ultrapassagem". Desde 1870, os psiquiatras tornaram a homossexualidade um objeto de análise. Ela deixava de ser considerada como sem-vergonhice e passava a ser vista como uma doença. "A partir de então, *todos* serão percebidos no interior de um parentesco global com os loucos, como doentes do instinto sexual" (p. 234).

Contra tais discursos, manifestou-se a voz do homossexual, que respondeu em desafio: "Está certo, nós somos o que vocês dizem, por natureza, perversão ou doença, como quiserem. E, se somos assim, sejamos assim e se vocês quiserem saber o que nós somos, nós mesmos diremos, melhor que vocês" (p. 234). É o "movimento de ultrapassagem", de Foucault, que faz que o próprio homossexual se encarregue de dizer o que/quem é.

Ao falar de si, o homossexual quebrou o silêncio ao qual foi condenado por tanto tempo e com isso ganhou visibilidade. Essa palavra dominou o movimento de militância homossexual na década de 1990. Era percebida a vantagem política de se "assumir", ou seja, se mostrar publicamente como homossexual. Contudo, essa não era (e ainda não é) uma estratégia de luta unânime.

Para Jurandir Freire Costa, a compreensão de que as identidades homossexual/heterossexual não são universais, que não passam de "artefatos identitários" criados pela cultura, não deveria permitir que se utilizasse nenhuma delas para identificar o sujeito inteiro, já que apenas representam determinados modos de ser, estando longe de ser o principal constituinte do indivíduo.

Nas palavras de Costa (*apud* Trevisan, 2000, p. 36), essa "identificação" transforma o adjetivo qualificativo em substantivo, opondo "o homossexual" àquele que se relaciona com pessoas do sexo oposto, ou seja, uma pessoa "normal". Além disso, Costa propõe que se substitua o termo "homossexualidade" por "homoerotismo", por estar o primeiro carregado de significados pejorativos.

Contudo, João Silvério Trevisan (*op. cit.*, p. 37) discorda de Costa, pois "no dia a dia precisamos de um termo para nos referenciarmos. Por mais provisórios que possam ser, esses 'artefatos identitários' instauram a possibilidade de comunicação".

Concordo com Trevisan, pois, se a sociedade se baseia em definições e em discursos, é necessário que os homossexuais tenham um termo que os designe, para que possam falar de si, para que façam parte do discurso, enfim, para que possam existir. Negar-se a falar de si, sob o pretexto de não utilizar termos pejorativos, não vai contribuir de modo algum para mudar a visão que a sociedade tem dos homossexuais. Pelo contrário, tal recusa acabaria por obrigar o homossexual a retroceder para dentro de seus muros de silêncio. Não são os termos que precisam mudar, e sim o pensamento social.

No Brasil, segundo Rick Santos (2001), uma grande parte dos adeptos do movimento *queer* tem seguido uma tendência despolitizada, por vê-lo de maneira pouco crítica, o que tem grandes implicações no contexto sociopolítico.

Santos cita como exemplo um ensaio de Leila Míccolis, escrito na década de 1980, intitulado "Eram as lésbicas marcianas?" A autora assume uma posição "rudimentar" de negação de uma raça ou corpo específico de homossexuais. Ela afirma que "as pessoas são pessoas e homossexuais ou heterossexuais são atos que praticam, não elas em si" (*apud* Santos, 2001, p. 105).

Segundo o autor, essa é uma posição liberal e apolítica muito popular entre pesquisadores pós-modernos, que pretendem afirmar a igualdade entre todos os indivíduos, independentemente de serem hetero ou homossexuais. A diferença sexual é, assim, reduzida ao corpo humano. No entanto, nas palavras de Santos, com as quais concordo inteiramente, esse corpo não se reduz a um manequim oco. Ele é um ser humano, cujas escolhas e atos influenciam de forma direta seus relacionamentos com os outros indivíduos, com o mundo e com ele mesmo.

> Nossos corpos são sempre corpos no mundo, e no mundo em que vivemos nossos corpos estão sempre expostos a alguma espécie de leitura que os divide em termos de gênero. Por isso, sempre se materializam

como corpos sexualizados. Ao rejeitar a materialidade do corpo lésbico (ou *queer*), em favor de um outro corpo, supostamente primário e genérico, Míccolis ignora o papel da experiência no processo formativo das identidades e apaga as relações de poder que formam esses corpos.

(Santos, 2001, p. 106)

Vê-se que Míccolis, da mesma maneira que os pós-modernos, nega uma identidade homossexual, incorporando involuntariamente o processo que divide os seres de modo binário. Segundo a autora, somos apenas homens ou mulheres, pois a diferença biológica não pode ser contestada. Essa ideia acaba por reforçar a heterossexualidade compulsória, pois a sexualidade é vista como algo natural, e não político, e, aí sim, há uma cooptação em relação ao sistema.

A homossexualidade não deve ser reduzida aos atos sexuais. Ser homossexual "assumido" é um posicionamento político, pois é, na realidade, "um processo de rejeição às regras de um jogo com o final predeterminado pelos 'juízes' do sistema. Ao assumirmos a responsabilidade por nossas escolhas e processos de identificação, tornamos possível a criação de novos valores" (Santos, 2003, p. 106). Portanto, a identidade homossexual é, acima de tudo, uma forma de questionar o poder hegemônico, ultrapassar os interesses particulares e assumir uma dimensão social.

Ao tentarem afirmar uma identidade sexual "desviante", os indivíduos precisam enfrentar a negação de sua existência. Esse é um dos principais instrumentos de opressão da sociedade homofóbica, segundo a qual "o corpo *queer* é fragmentado e nossas vidas reduzidas a atos sexuais. Um veado nada mais é do que um cu, uma via escatológica que se dá, come, vende barato" (Santos, 2001, p. 107).

Ao assumir essa identidade, o corpo *queer* passa a ser visto como "*site* de resistência materializada [...] à classificação, homogeneização e normalização da vida. Através dessa leitura, o corpo *queer* ganha matéria humana e deixa de ser um simples buraco secundário de consumação sexual" (p. 108).

A proposta pós-moderna de colocar em xeque as noções de identidade e hierarquia permite que as vozes antes inexistentes se façam ouvir.

Paralelamente, contudo, há um descentramento que esfacela a identidade do sujeito. Nesse sentido, Jorge Larrain pergunta: "Como podem os sujeitos falar por si mesmos sem uma compreensão mais ou menos clara de quem eles são?" (Larrain *apud* Mendes, 2002, p. 77). Ao negar o autoconhecimento, o pensamento pós-moderno está impedindo os sujeitos de desempenharem um papel social e político no mundo.

Ao negarem a identidade os sujeitos negam a si mesmos. Segundo Mendes (*op. cit.*), há um paradoxo no projeto teórico da pós-modernidade. A rejeição das identidades implica a impossibilidade de identificação, que une contextos ou experiências de vida, e o risco de cooptação em relação ao projeto homofóbico.

Diante disso, se há a adoção de uma identidade homossexual, esta não é definitiva, pois se baseia no conceito de que o sujeito está em constante mudança (devir). O sujeito, assim, afirma "estar homossexual" em vez de "ser homossexual". Portanto, tal "identidade" só tem alcance em um determinado e restrito círculo familiar e de amizades. "É como se o indivíduo não pertencesse a uma sociedade que lhe definisse um repertório de modelos identitários. [...] Em outras palavras, a identidade homossexual no Brasil é vivida por muitos como algo 'emocional', 'psicológico' e não político-social" (Leal, 2001, p. 100).

O sujeito se percebe mediante um sentimento de alteridade, o que faz que a *femme* (lésbica com comportamentos considerados "femininos") não se identifique com a *butch* (lésbica "masculinizada"), por exemplo. O seu "estar homossexual" é estritamente individual, depende unicamente de sua personalidade, sem uma marca identitária que lhe dê uma noção de solidariedade e que possa fornecer um ponto de vista agregador.

Não é incomum a existência de preconceito dentro do próprio segmento homossexual. Os *gays* "mais discretos" muitas vezes juntam-se aos heterossexuais para ironizar um *gay* mais "exibido". Não há identificação nem solidariedade. Quando muito, há "tolerância". Essa palavrinha, que pode até ser aparentemente positiva, denota um sentido de hierarquização. Quem é "mais", o "dono do poder", tolera aqueles que são "menos" como demonstração de condescendência. É preciso muito mais do que isso. Os homossexuais não podem assumir o papel de vítimas que necessitam de compaixão e tolerância.

Segundo Richard Rorty (*apud* Mendes, *op. cit.*, p. 82), a "tolerância" precisa "evoluir" para a solidariedade. Ele identifica um ponto em comum entre todos os homens de todas as culturas: a capacidade de sentir dor e ser humilhado. A solidariedade pode se desenvolver por meio da capacidade do homem de ver a similaridade acima das diferenças tradicionais. Essa percepção devolverá à identidade pós-moderna o sentido político, já que cada um reconhecerá no outro, por mais diferente que seja, essa similaridade.

Como já vimos, parte do movimento *queer* tem como seu fundamento básico o conceito de esfacelamento identitário, concordando com a noção de que todos os conceitos devem ser desconstruídos. De fato, o *queer* instiga a discussão e o olhar crítico sobre os conceitos de maneira geral. No entanto, não se deve perder de vista que essa também (e acima de tudo) é uma proposta política, visando questionar o que está estabelecido para abrir espaço para o novo.

A diferença fundamental entre o movimento *gay* e o movimento *queer* é que, enquanto o primeiro se mantém em guetos simbólicos, o segundo se infiltra na sociedade, ajudando a evidenciar a sua heterogeneidade. O primeiro busca forçar a inserção na sociedade por meio de uma identidade *gay* quase monolítica. O segundo também deseja a inserção na sociedade, porém prevê, antes, uma revisão dos conceitos básicos nos quais esta se apoia.

Além disso, se os movimentos de libertação GLBT, durante o século XX, "lutaram pela criação de uma identidade pública com direitos civis de igualdade, a conquista do próximo século tem que ir além da inclusão e enfocar as necessidades específicas e diversas das comunidades GLBT [...] precisamos dar início a uma revolução de valores" (Santos, 2003, p. 109) que nos liberte do sistema falocrático e permita a construção de um mundo apoiado não em novas "verdades definitivas", mas em um pensamento crítico que dê ao ser humano a capacidade de tomar decisões e realizar escolhas.

Esse é, obviamente, um caminho menos cômodo, já que a vida é mais fácil quando tomam decisões por nós e nos dizem o que é certo, o que devemos fazer. Eu mesma, às vezes, digo à minha companheira que gostaria de ter 5 anos, para não ter de decidir nada.

Segundo Sartre (*apud* Jesus, s.d.), "o homem é angústia" em razão da responsabilidade por suas escolhas. Estas afetam não apenas o indivíduo, mas reverberam, influenciando toda a humanidade. O indivíduo pode, por vezes, como é recorrente em nossa sociedade, recusar essa liberdade de escolha, deixando que o outro decida por ele. No entanto, tal atitude, mais cedo ou mais tarde, terá consequências, que podem encerrar algum tipo de prejuízo.

Escolher pode causar angústia, mas pautar nossa vida por escolhas que não são nossas pode ser um bocado frustrante e enfatizar nossa covardia. O que não é, de modo algum, algo de que se orgulhar.

O currículo acomodado (?)

> POR NATUREZA, OS HOMENS SÃO
> PRÓXIMOS; A EDUCAÇÃO É QUE OS AFASTA.
>
> Confúcio

A escola como formadora de cidadãos

Os anos 1960 foram marcados por grandes agitações e transformações culturais. "Não por coincidência, foi também nessa década que surgiram livros, ensaios, teorizações que colocavam em xeque o pensamento e a estrutura educacional tradicionais" (Silva, 2005, p. 29). No Brasil, Paulo Freire foi de grande importância para essa discussão.

Nessa época, passou-se a não apenas discutir essa estrutura; educadores e filósofos autopsiavam todo o processo, colocando à mostra mecanismos calculados que tinham objetivos concretos. Um desses filósofos foi Althusser, citado por Tomaz Tadeu da Silva em seu livro *Documentos de identidade: uma introdução às teorias do currículo* (2005). Segundo o filósofo francês, "a permanência da sociedade capitalista depende da reprodução de seus componentes propriamente econômicos [...] e da reprodução de seus componentes ideológicos" (p. 31).

Althusser diz ainda que a sociedade capitalista não conseguiria se sustentar sem mecanismos e instituições que garantissem essa reprodução, seja por meio da força e da repressão, a cargo de aparelhos de Estado como a polícia e o judiciário, seja por meio do convencimento e da ideologia, a cargo da religião, da escola, da família, da mídia.

No ensaio "A ideologia e os aparelhos ideológicos de estado", Althusser (segundo Silva, 2005, p. 31) afirma que a ideologia é constituída por aquelas crenças que nos levam a aceitar as estruturas sociais (capitalistas) existentes como boas e desejáveis. [...] A produção e a disseminação da ideologia é feita, como vimos, pelos aparelhos ideológicos de estado, entre os quais se situa, de modo privilegiado, na argumentação de Althusser, justamente a escola. A escola constitui-se num aparelho ideológico central porque, afirma Althusser, atinge praticamente toda a população por um período prolongado de tempo.

Já para Bourdieu e Passeron (segundo Silva, 2005, p. 34), a dinâmica da reprodução social estaria centrada no processo de reprodução cultural. A única cultura que teria prestígio seria a cultura das classes dominantes, com seus valores, seus gostos, seus hábitos.

Enquanto os valores da classe dominante são considerados constituintes da cultura, os valores das outras classes não são vistos como tal. Mediante o mecanismo do domínio simbólico, tudo que não estiver ligado à cultura dominante é desprestigiado, indigno de ser reproduzido, especialmente em órgãos considerados "formadores" de cidadãos, como a escola.

Para Tomaz Tadeu da Silva (2005, p. 35):

> o currículo da escola está baseado na cultura dominante: ele se expressa na linguagem dominante, ele é transmitido através do código cultural dominante. As crianças das classes dominantes podem facilmente compreender esse código, pois durante toda sua vida elas estiveram imersas, o tempo todo, nesse código. [...] Em contraste, para as crianças e jovens das classes dominadas, esse código é simplesmente indecifrável. Eles não sabem do que se trata. Esse código funciona como uma linguagem estrangeira: é incompreensível. [...] O resultado é que as crianças e jovens das classes dominantes são bem-sucedidos na escola, o que lhes permite o acesso aos graus superiores do sistema educacional. As crianças e jovens das classes dominadas, em troca, só podem encarar o fracasso, ficando pelo caminho.

Quando Bourdieu e Passeron (segundo Silva, 2005, p. 35) se referem ao processo de dominação cultural, usam a expressão "dupla violência". Dupla porque o processo atuaria de duas maneiras: por um lado, haveria a imposição de determinado tipo de cultura como o único tipo válido; por outro, essa imposição seria velada. Dessa forma, as pessoas acabam pensando que não se trata de uma imposição, e sim de algo natural.

A análise de Bourdieu e Passeron, contudo, "não nos diz que a cultura dominante é indesejável e que a cultura dominada seria, em troca, desejável. Dizer que a classe dominante define arbitrariamente sua cultura como desejável não é a mesma coisa que dizer que a cultura dominada é que é desejável" (Silva, 2005, p. 36).

Ao ler isso, não pude deixar de pensar que, nos processos de formação social, no que diz respeito à sexualidade, algo semelhante acontece. A heterossexualidade seria compulsória, já que a sociedade a vê como a única forma de orientação sexual legítima. Todo o resto seria desvio ou, antes, uma deformação "antinatural".

Mas, quando surgiram os primeiros questionamentos a respeito da tendenciosidade habilmente (ou nem tanto) oculta por trás dos processos educacionais, grupos considerados minorias – portanto, culturalmente subordinados – começaram a criticar o "cânon literário, estético e científico do currículo universitário tradicional" (p. 88). Tais grupos consideravam esse cânon como representante dos ideais da cultura hegemônica (branca, heterossexual, masculina, judaico-cristã). O cânon desse currículo transmitia a ideia de que a cultura hegemônica era a cultura comum, a cultura "verdadeira".

É interessante prestarmos atenção no fato de que esse movimento crítico parte exatamente dos grupos considerados "minorias", isto é, os grupos que teriam a sua cultura desmerecida. Afinal, segundo Paulo Freire, "quem, melhor que os oprimidos, se encontrará preparado para entender o significado terrível de uma sociedade opressora? Quem sentirá, melhor que eles, os efeitos da opressão? Quem, mais que eles, para ir compreendendo a necessidade da libertação?" (Freire, 1987, p. 17).

A palavra "aluno" tem origem latina, sendo que *a* corresponde a "ausente" ou "sem" e *luno*, que deriva da palavra *lumni*, significa "luz". Ou seja, aluno seria aquele que não possui luz, ou conhecimento. Caberia ao educador preencher esse vazio.

Quando Paulo Freire critica o currículo escolar, usa o conceito de "educação bancária". Esta compreende o conhecimento como um conjunto de dados e informações que são transferidos do professor para o aluno, como um depósito bancário. Aquele que não tem luz é gradualmente iluminado pela sabedoria do mestre. O conhecimento que será transmitido não tem relação direta com os reais interesses existenciais dos estudantes, o que provoca, em muitos casos, um desinteresse por parte destes. "Na concepção bancária da educação, o educador exerce sempre um papel ativo, enquanto o educando está limitado a uma recepção passiva" (Silva, 2005, pp. 58-9).

Em pesquisa realizada por três organizações latino-americanas – citada no capítulo 1 –, encontramos o seguinte relato de um dos pesquisadores, que deixa esse problema bem evidente:

> Eu estava olhando as interpretações de texto e a professora deu um texto e a seguir uma interpretação; o texto falava de preservar o mundo, a natureza e que a violência era uma forma de acabar com o planeta, e aí perguntou quais as formas de preservar o planeta e uma criança colocou em linhas gerais alguma coisa no sentido de "proteger as crianças para que elas não ganhem tiro", e a professora deu errado [...] quando se refere ao planeta, a professora estava pensando em uma coisa maior – "a redação não fala de tiro" – mas a violência para a criança está ligada a tiro, então existe uma compreensão do que foi passado, na verdade é o mundo dela.
>
> (Candau, 2003, p. 66)

Para Paulo Freire, o conteúdo programático deveria ser escolhido "em conjunto pelo educador e pelos educandos" (Silva, 2005, p. 61). Ele elaborou essa concepção há muitos anos, mas hoje em dia podemos observar que pouca coisa mudou no currículo escolar, que insiste em se aferrar ao modelo tradicional, obviamente com algumas exceções.

No livro *Uma maré de desejos* (Martins, 2005b), a história gira em torno de uma redação que a professora de Sergiana mandou a turma fazer, com o tema: "O meu maior desejo..." A menina tinha desejos muito simples para algumas pessoas, porém, para ela eram as coisas mais difíceis do mundo e se encontravam no campo dos sonhos: ir à praia, molhar os cabelos na água do mar (já que a tia brigava quando ela molhava os cabelos, pois era muito trabalhoso penteá-los), deixar os cabelos secarem ao vento (pelo mesmo motivo: ficariam embaraçados), comer goiabada em lata, tomar banho de chuveiro, não haver mais tiros. Este desejo "a tia não poderia saber de jeito nenhum" (p. 16), porque, se isso acontecesse, não haveria mais balas para vender ao ferro-velho, logo, a tia brigaria com ela por ter tal vontade.

Ao se dar conta de que tem muitos desejos, Sergiana pergunta se na redação ela pode incluir todos. A professora responde, irredutível, que não pode. Tem de ser um desejo só. Ela não permite que a criança ao menos escreva sobre as coisas que provavelmente nunca realizará, por mais simples que pareçam ser.

Sergiana também desejava que a mãe, que a abandonara, voltasse, mas a menina nem cogita escrever esse desejo, pois "como explicar à professora que, desde que a mãe sumira, ela a esperava nos pontos das Kombis?" (p. 13). Ela não sente que a professora poderá compreendê-la, pois as duas vivem em mundos distantes, realidades diferentes, e na da professora não cabem mães sumidas e pontos de Kombis, assim como não cabem três ou quatro desejos, quando a regra diz que só cabe um. É um exemplo da falta de afinidade e compreensão que provoca desinteresse entre alunos e professores.

No momento em que os conteúdos programáticos são selecionados, ainda é muito pequena a preocupação em se trabalhar, dentro das salas de aula, os preconceitos em relação ao considerado "diferente", ou "minoria". Prefere-se ficar numa posição aparentemente confortável e segura, transmitindo os conhecimentos "universais", seja lá o que se entenda por isso.

Na pesquisa realizada por três organizações latino-americanas, citada anteriormente, chegou-se à conclusão de que

> a instituição escolar representa um microuniverso social que se caracteriza pela diversidade social e cultural e, por muitas vezes, reproduzir padrões de conduta que permeiam as relações sociais fora da escola.

Desse modo, as formas de se relacionar com *o outro*, na escola, refletem as práticas sociais mais amplas. Podemos dizer que, ainda que valores como igualdade e solidariedade, respeito ao próximo e às diferenças estejam presentes no discurso da escola, outros mecanismos, talvez mais sutis, revelam que preconceitos e estereótipos também integram o cotidiano escolar. Os veículos de discriminação vão desde o currículo formal, que exclui múltiplas e variadas maneiras de expressão cultural, passando pela linguagem não-verbal, até chegarem, frequentemente, ao nível dos comportamentos e das práticas explícitas [...] o ambiente escolar pode tornar-se um local de reprodução do preconceito, sem que haja problematização ou tentativas de desnaturalização do mesmo.

(Candau, *op. cit.*, pp. 24-5)

Ao falarmos na discriminação dentro da escola, precisamos atentar para o fato de que, a partir do momento em que o currículo omite elementos que formam a diversidade cultural e apresenta estereótipos, ele acaba por reforçar cada vez mais diversos tipos de preconceito.

No Brasil, "Gonçalves e Silva (1998) afirmam que a resistência a uma educação multicultural, que possa ampliar a construção de conhecimento, tem sua origem em uma das vertentes da teoria crítica, com um acentuado valor conteudista, nascida em um contexto de democratização do país" (Candau, *op. cit.*, p. 28), na década de 1980. Essa teoria compreende como o único tipo legítimo de conhecimento crítico aquele "socialmente acumulado, dominante e universal" (p. 28).

Fica difícil compreender essa posição, entender o que seria, na verdade, esse "conhecimento universal", em um país onde o povo é resultado de um cadinho cultural.

Durante a pesquisa (p. 41) vários professores foram entrevistados. O depoimento de um grupo específico impressiona ao se referir à tendência da escola de desvalorizar as diferenças, tentando tornar-se um espaço onde as ideologias seriam camufladas (como se isso fosse possível), na vã esperança de, com esse posicionamento "neutro", evitar qualquer tipo de conflito.

O depoimento é o seguinte:

> Há um respeito, quase uma neutralização da escola diante da diversidade social, cultural. Há um culto a isso, os professores não podem ser muito políticos, não podem ser muito religiosos, muito qualquer coisa. Como se nós estivéssemos ali para reproduzir o livro, para reproduzir determinados valores. [...] Aqueles que buscam implementar ou se posicionar diante de sua própria ideologia, seja política, religiosa, são lembrados que aquilo ali é uma escola. Como se a escola pairasse fora de tudo isso, como se não fosse um lugar de representação da religião, da política.
>
> (Candau, *op. cit.*, p. 41)

Um aspecto importante, destacado pelos professores, é que os livros didáticos reforçam o ponto de vista da ideologia dominante, a partir do momento em que os "personagens" que ali aparecem nada têm a ver com a diversidade cultural existente na sociedade. As imagens dos livros são quase sempre de pessoas brancas e louras. Os negros que aparecem geralmente são escravos, ou ocupam posições subalternas, o que acentua mais ainda uma imagem de inferioridade que muitos estudantes negros têm de si.

O reforço do estereótipo do modelo tradicional de família também é frequente. Na mídia, como nas propagandas de margarina, xarope ou de comida congelada, essa prática é usual. A mulher (branca) chega do trabalho, vestida de executiva, e, com um sorriso com dentes perfeitos, esquenta, no micro-ondas, a lasanha congelada, enquanto a família (geralmente um homem bonito, branco, ainda de gravata, e um casal de crianças brancas, lindas e quietinhas) aguarda sentada à mesa.

Poderíamos esperar dos livros didáticos, que teriam, em tese, o objetivo de formar cidadãos – ao contrário das citadas propagandas, cujo único objetivo é vender seus produtos –, a preocupação de mostrar a imensa diversidade de modelos familiares. Mas não é isso o que se vê. Os professores entrevistados afirmam que, nos livros didáticos:

> aparece em geral a família-modelo, composta pelo pai, pela mãe e pelos filhos, em torno da mesa. A invisibilidade da realidade das classes populares e das diferenças étnicas nos conteúdos curriculares faz

com que, aos poucos, estes se tornem gradativamente desinteressantes e irrelevantes para os(as) alunos(as) que neles não se encontram reconhecidos.

(Candau, *op. cit.*, p. 44)

Se os professores veem os livros didáticos como reforçadores das discriminações, em relação aos livros paradidáticos eles se posicionam de maneira diferente, sugerindo que os primeiros sejam substituídos pelos últimos.

Ainda no livro *Uma maré de desejos* (Martins, 2005b), Luciano, amigo de Sergiana, de 13 anos, não precisa escrever uma redação sobre desejos, mas, ao saber da redação de Sergiana, começa a pensar em seus próprios. O tema da redação de Luciano é outro e nos leva a mais uma questão essencial quando falamos em diferenças: a família. A família do menino está totalmente devastada pela ausência do pai e pela doença da mãe, tanto que é preciso mandar os irmãos gêmeos, de 3 anos, para a casa de parentes. Então Luciano

> se lembrou de um livro de estudos sociais da quarta série, e aí se lembrou das fotos de famílias que havia no livro. No livro de português também havia várias fotos de família, e as famílias dos livros eram sempre muito bonitas, principalmente aquela sentada à mesa na hora do jantar: o pai, a mãe e os três filhos – dois meninos e uma menina. A mãe era linda, e o pai parecia muito legal. A mãe estava servindo o jantar: frango, arroz, feijão, farofa e salada. A mesa era bonita, e a casa também. Casa de dois andares. Todos pareciam felizes na fotografia. [...] Na televisão ele sempre via as famílias das novelas jantando juntas, à mesa. Ele achava muito bonito a família assim reunida. Sempre tinha suco de laranja em copos bonitos, e todo mundo bem-arrumado.
>
> (Martins, 2005b, pp. 37-8)

O menino, assim, ficou em dúvida: como poderia fazer uma redação bonita se a família dele era muito diferente das que ele via nos livros?

Ele pensou, então, que sua família poderia ser igual às dos livros se o pai voltasse e se a mãe ficasse boa, comprasse um vestido bem bonito e servisse o jantar para a família. Mas depois ele lembrou que ainda faltavam o suco de laranja e os copos bonitos: "Mas lá em casa não tem mesa de jantar, e a casa é muito feia, não tem dois andares, só a laje, mas lá mora a dona Zeni" (p. 39).

O reforço de uma família-padrão totalmente idealizada e impossível para a maioria das crianças brasileiras não permite a identificação e, muito menos, a discussão dos problemas sociais que as afligem, ao mesmo tempo que faz que essas crianças se sintam inferiores, já que não têm uma família como a mostrada nos livros escolares. A mensagem subentendida é: se são mostradas nos livros escolares, é porque devem ser as famílias "certas".

Ainda segundo a pesquisa *Somos tod@s iguais?* (Candau, *op. cit.*), todos os entrevistados disseram que nas suas escolas não se trabalha, com os estudantes e com os próprios professores, a questão da discriminação. Um deles afirma:

> não discutir, não colocar na mesa com os alunos, não fazer nada. Eu acho que a ausência de projeto nas escolas, de debates, é que vai ajudando muito a manter a discriminação. [...] Isso seria fundamental, porque você falando já é um grande avanço. Você faz as crianças, os jovens, inclusive os professores pensarem, a coisa velada favorece muito.
>
> (Candau, *op. cit.*, p. 49)

Vários professores deram sugestões sobre a maneira como a temática da discriminação poderia ser trabalhada nas escolas (pp. 49-50). Listei algumas delas, envolvendo:

- a promoção da inclusão do tema no currículo das diferentes áreas, com o desenvolvimento de projetos que abordem o assunto;
- o incentivo das relações entre estudantes diferentes, sejam as diferenças de classe social, etnia, sexo etc.;
- o reforço da autoestima dos estudantes de diferentes etnias;
- a utilização de recursos didáticos distintos (filmes, músicas, livros, palestras);
- o trabalho de valorização das diferenças no dia a dia, e não apenas em dias específicos (Dia da Mulher, Dia do Índio, Dia de Zumbi).

Uma das sugestões, contudo, pareceu-me uma das mais importantes, se não a mais: estabelecer um horário para a discussão do tema entre os professores, quando seriam pensadas estratégias para abordá-lo dentro da escola.

Muitos professores afirmam "não saber lidar com as situações de discriminação" (p. 93). A inclusão desse tema nos processos de formação continuada dos educadores minimizaria o problema.

Não podemos esperar uma reforma curricular enquanto encontrarmos educadores se posicionando da maneira como vemos no seguinte relato de um dos professores entrevistados:

> um professor branco, ao promover atividades relativas à questão do negro na sociedade brasileira, por ocasião da celebração de Zumbi, enfrentou a seguinte reação por parte do diretor da escola: "Não entendo por que você tem de se misturar com esta discussão"; quer dizer: "Para que você vai se meter nisso, cara? O que você tem a ver com isso? Você não é negro"; [...] é como se esta questão só interessasse para quem é negro; aquilo para mim foi uma discriminação horrorosa.
>
> (Candau, 2003, p. 63)

Essa pesquisa deixou bem claro que o tema da discriminação geralmente não é trabalhado na escola, como instituição. "O caráter monocultural da cultura escolar torna invisível sua problemática e, portanto, para que possa ser trabalhada, é necessário um processo de desvelamento e desnaturalização da lógica da cultura escolar" (p. 50).

No entanto, alguns professores, mediante iniciativas individuais, procuram desenvolver estratégias de enfrentamento das diversas formas de discriminação, dentro de suas salas de aula. Embora essas iniciativas sejam louváveis, ainda estão muito distantes do ideal, que seria um trabalho coletivo.

Quando perguntei, em minha entrevista: "Você conhece alguma escola que tenha apresentado interesse em desenvolver algum trabalho de estímulo ao respeito pelas diferenças, especialmente quanto à orientação sexual?", quatro professores responderam "Não". As outras respostas foram:

- "Na rede municipal de Angra dos Reis, nos idos de 1993/94, houve um trabalho coordenado pela Secretaria de Educação, em várias escolas. Na verdade era um trabalho mais amplo, com prevenção de Aids, mas entrava um pouco nisso também" – professora de instituição estadual de ensino fundamental e médio na região Sudeste [essa resposta mostra que, geralmente, quando alguma escola decide abordar essa questão, o faz pelo viés da Aids, da doença; se, por um lado, é preferível discutir o assunto a não fazê-lo, por outro lado, é preciso tomar muito cuidado para que não se reforce ainda mais a associação entre Aids e homossexualidade];
- "Tomei conhecimento do trabalho realizado em alguns colégios de aplicação do Rio de Janeiro" – professor de instituição militar de ensino fundamental e médio na região Sudeste;
- "Não conheço nenhuma escola pública, ao menos aqui na cidade, que abra espaços ou que fale sobre orientação sexual. O assunto 'orientação sexual' aqui é tratado em reunião extra com a turma, ou algum professor resolve falar sobre este tema esporadicamente, mas vejo que se entende por 'orientação sexual' quando a menina ou o menino começam a interessar-se pelo namoro; aos olhos da escola, esses alunos e alunas se interessam de forma precoce pelo sexo; desta forma, isto é que é tratado como assunto para orientação sexual" – professora de colégio estadual na região Norte.

Podemos perceber que a homossexualidade não é absolutamente considerada na região do Tocantins (Norte), tendo o termo "orientação sexual" um significado diferente do que temos no Rio de Janeiro, por exemplo.

Quanto à pergunta seguinte: "Essa questão faz parte do projeto político-pedagógico de alguma escola em que você lecione?", três professores responderam apenas "Não", e as outras respostas foram:

- "Não. Pelo que percebo não existe disposição para inserir 'orientação sexual', como deve ser pensada, no PPP da escola" – professora de colégio estadual na região Norte;

※ "Não. Na escola onde leciono há uma preocupação grande em relação ao respeito pelas diferenças. Anualmente procuramos incluir em nossos projetos de trabalho discussões sobre diferenças de gênero, raça e classe social. Em 2007 trabalhamos também as necessidades especiais, utilizando o Parapan[5] como ilustrador desta temática. Entretanto, a questão de orientação sexual ainda não fez parte de nossos trabalhos" – professora de pré-escola particular na região Sudeste [fiquei esperançosa com essa resposta, pois a professora diz que "ainda não fez parte", o que pode significar uma futura inclusão do tema na pré-escola];

※ "Creio que, na única escola em que leciono, algumas equipes e serviços procuram trazer a questão à discussão, com maior ou menor grau de sucesso, conforme o momento e o tipo de trabalho" – professora de instituição estadual de ensino fundamental e médio na região Sudeste;

※ "Formalmente sim, mas materialmente não" – professor de instituição militar de ensino fundamental e médio na região Sudeste.

Todas as respostas nos mostram que, na verdade, se existe alguma iniciativa, é algo individual. Não há nada no nível institucional. As escolas muitas vezes impedem os professores de levar projetos relativos a assuntos polêmicos adiante, como no caso do professor da instituição militar de ensino, que afirma que, quando escolhe textos que apresentam, de forma construtiva, a questão das diferenças, o colégio nem sempre aceita sua proposta. Além disso, ele afirma que as instituições limitam as oportunidades de os educadores trabalharem esse assunto com os alunos. Completa dizendo que é necessário que as instituições mudem.

Na última questão, em que os professores entrevistados têm a oportunidade de fazer qualquer tipo de comentário, este último professor diz o seguinte: "Acredito que falta vontade política para enfrentar a questão

---

[5] Jogos Pan-americanos para Paraplégicos. O Parapan-americano Rio 2007 foi a terceira edição do evento.

na maioria das escolas públicas e particulares, e tenho notado inatividade dos sindicatos ligados à educação sobre esse tema".

Enquanto as escolas relutam em se engajar nessa difícil "briga" e mantêm o silêncio quanto à discriminação, só vemos aumentarem os casos de *bullying*[6]. Segundo o médico Aramis Lopes Neto, que coordenou o primeiro estudo feito pela Associação Brasileira Multiprofissional de Proteção à Infância e à Adolescência (Abrapia) sobre a prática do *bullying*,

> para os alvos de *bullying*, as consequências podem ser depressão, angústia, baixa autoestima, estresse, absentismo ou evasão escolar, atitudes de autoflagelação e suicídio, enquanto os autores dessa prática podem adotar comportamentos de risco, atitudes delinquentes ou criminosas e acabar tornando-se adultos violentos.
>
> (Dreyer, 2004, p. 1)

Em minha pesquisa, encontrei alguns relatos de casos de *bullying* que tiveram desfechos graves, tanto no Brasil quanto em outros países. No entanto, na grande maioria das vezes, os dramas se desenrolam silenciosamente, e as crianças e adolescentes que sofrem esse tipo de violência se calam por medo ou vergonha.

Apesar de os educadores presenciarem atitudes de discriminação e estarem conscientes de que essas práticas aumentam a cada dia, eles se sentem desconfortáveis em trabalhar o tema com seus alunos, devido à sua imensa complexidade e às dificuldades que possivelmente surgiriam em decorrência da "disposição" em fazê-lo.

Quando, em minha entrevista, perguntei se havia mais dificuldade em trabalhar a temática da orientação sexual com crianças/adolescentes e se havia resistência por parte de pais/responsáveis ou dos próprios estudantes em relação a isso, obtive as seguintes respostas:

- "Sim. Não me sinto preparada para lidar com a questão da orientação sexual na escola e não sei qual seria a reação dos pais a respeito disso" – professora de instituição federal de ensino fundamental e médio na região Sudeste;

---

[6] Atitudes agressivas praticadas por um ou vários alunos contra outro.

※ "Com certeza, sexo é tabu na escola. Cada vez mais, aliás. Com a progressão e o avanço das igrejas pentecostais evangélicas e a censura imposta por conselhos tutelares etc. e tal, às vezes esses temas são difíceis. Mas devem aparecer, sim" – professora de instituição federal de ensino fundamental e médio na região Sudeste;

※ "A única resistência que já encontrei foi por parte dos próprios alunos que em diversos momentos escamotearam a discussão" – professora de instituição estadual de ensino fundamental e médio na região Sudeste;

※ "Sim. Há dificuldade e resistência" – professor de instituição militar de ensino fundamental e médio na região Sudeste.

※ "Sobre a orientação sexual, vejo indisposição e preconceito por parte das famílias, da instituição escolar e de muitos formadores. Vejo que a disposição ou indisposição de alguém em respeitar ou reconhecer o assunto 'orientação sexual' está atrelada muito profundamente ao comportamento das pessoas, mais que uma boa formação que elas têm ou possam vir a ter. É questão de intolerância. E como está cheio de gente intolerante! Há pessoas que são instruídas, formadas, mas que por uma posição religiosa não aceitam e ponto. É o caso de uma colega professora. Então como esses profissionais vão discutir isso? Pensam assim: 'Eu não concordo, portanto, nem trabalharei...' e sem falar nas famílias: para a escola trabalhar este assunto, vai ter que trabalhar primeiro com elas. É trágico, não?!" – professora de colégio estadual na região Norte;

※ "Não há problema em trabalhar isso com as turmas; o difícil é parar tudo diante das pequenas situações cotidianas de opressão, o que eles acham um tanto exagerado e me respondem sempre com algo do gênero: 'Poxa [...] desculpe, eu só estava zoando'. Em todas as situações pergunto a eles se o fato de um colega ser homem, heterossexual e branco seria também motivo para alguém ser zoado ou se eles não estariam reproduzindo sem querer um preconceito. Lembro sempre que, um dia, o preconceito pode atingi-los também (a circunstância da dificuldade do primeiro emprego, pelo preconceito de que ao jovem falta experiência, o que se traduz como despreparo e irresponsabilidade, geralmente cumpre bem o papel de paralelo, porque todos eles já pensam um pouco nisso)" – professora de instituição estadual de ensino fundamental e médio na região Sudeste.

Quanto à pergunta: "Você acha que, a médio e longo prazo, o desenvolvimento de trabalhos de leitura que abordem essa temática (da orientação sexual) pode contribuir de maneira positiva para a diminuição do *bullying*?", eles responderam:

- "Com certeza. De uma forma sutil e literária podemos sim contribuir na formação das crianças, mostrando a elas a importância do respeito ao próximo. Atualmente muitas crianças e adolescentes sofrem por diferentes tipos de discriminação. Para minimizar esse problema precisamos mexer com a consciência das pessoas (responsáveis e educadores) para que levem essas questões para as crianças desde cedo" – professora de pré-escola particular na região Sudeste;
- "Sim, eu mesma já trabalhei essa questão com alunos de sexta série no ano passado através da leitura de textos em inglês, produção de cartazes e discussão sobre o tema em sala de aula" – professora de instituição federal de ensino fundamental e médio na região Sudeste;
- "Acho que sim, pois a preferência sexual é um dos motivos de discriminação, que, ao meu ver, é a origem do *bullying*" – professora de instituição federal de ensino fundamental e médio na região Sudeste;
- "Sim, pois o preconceito só começa a ser vencido quando o assunto é discutido" – professora de instituição estadual de ensino fundamental e médio na região Sudeste;
- "Penso que sim. Mas sinceramente também acho que a instituição às vezes reproduz lugares-comuns do preconceito sem perceber, o que é grave" – professora de instituição estadual de ensino fundamental e médio na região Sudeste;

≈ "Certamente... pensar, refletir... tratar das situações provocadoras de *bullying*, tanto do constrangimento relacionado com a orientação sexual quanto dos outros constrangimentos que aqui vejo, muito mesmo, sobre o negro e classe social. Tem demais" – professora de colégio estadual na região Norte [ela não cita a orientação sexual, o que pode ser interpretado como uma invisibilidade do homossexual; não se mostra, portanto não é discriminado];

≈ "A leitura ajuda se houver uma mudança política e cultural da instituição escolar que deve fazer valer o inciso III do artigo 5º da Constituição ('ninguém será submetido à tortura nem a tratamento desumano ou degradante'). Os pais precisam ser educados juntamente com os agentes da escola" – professor de instituição militar de ensino fundamental e médio na região Sudeste.

No entanto, não é isso que se vê, sendo que a escola se impõe certos "limites". Até que ponto seria sua função, e, não da família, discutir com as crianças e adolescentes certos assuntos tão delicados?

Em pesquisa, já comentada, feita por três organizações latino-americanas, os estudantes também foram entrevistados e, quando foram estimulados a identificar práticas educativas realizadas dentro da escola para combater o preconceito e a discriminação, todas as respostas coincidiram: afirmam que "nenhum evento é favorável a isso, nada estimula isso [...] a não ser quando acontece a discriminação. Aí as pessoas tomam atitudes para poder amenizar, mas antes não" (Candau, *op. cit.*, p. 80).

Alguns ainda afirmaram que "combater a discriminação é muito difícil. [...] Não adianta, sempre vai ter discriminação, em qualquer lugar que você for" (p. 81). É uma posição derrotista e desesperançada de estudantes que não conseguem vislumbrar nenhuma vontade política de solucionar essa questão.

A escola, às vezes, utiliza um discurso equivocado que afirma que todos são iguais, tratados de maneira igual. Neste ponto está o grande nó. Não são todos iguais, pelo contrário. Todos são diferentes, e cada um, individualmente, deveria ter a sua particularidade reconhecida e ser tratado de forma diferenciada. A escola, por lidar mal com as diferenças, espera de todos atitudes e reações iguais. Os que fogem do "padrão de estudante", ou antes, "padrão de criança ou de adolescente", são vistos como estranhos, esquisitos, estrangeiros pelos estudantes "enquadrados" e, o que é mais grave, por muitos docentes e pela instituição escolar.

> Se admitimos que a escola não apenas transmite conhecimentos, nem mesmo apenas os produz, mas que ela também *fabrica* sujeitos, produz identidades étnicas, de gênero, de classe; se reconhecemos que essas identidades estão sendo produzidas através de relações de desigualdade; se admitimos que a escola está intrinsecamente comprometida com a manutenção de uma sociedade dividida e que faz isso cotidianamente, com nossa participação ou omissão; se acreditamos que a prática escolar é historicamente contingente e que é uma prática política, isto é, que se transforma e pode ser subvertida; e, por fim, se não nos sentimos conformes com essas divisões sociais, então, certamente, encontramos justificativas não apenas para observar, mas, especialmente, para tentar interferir na continuidade dessas desigualdades.
>
> (Louro, 1997, pp. 85-6)

Corpos docilizados

Segundo Guacira Lopes Louro (1997, p. 57), a escola não apenas entende de diferenças e desigualdades como as produz. Desde o início da escola como instituição, ela separou os sujeitos em duas categorias: os que nela entravam, logo, tinham acesso ao conhecimento ali transmitido, e os que ficavam de fora, condenados a uma existência sem cultura, "sem luz".

Além disso, os que entravam na escola eram, por sua vez, submetidos a várias formas de classificação, hierarquização. Dentro da instituição escolar, o objetivo era e ainda é estabelecer as condições necessárias para que os estudantes aprendam não apenas os conteúdos programáticos estabelecidos, mas a disciplina. Busca-se a formação como um todo:

> Gestos, movimentos, sentidos são produzidos no espaço escolar e *incorporados* por meninos e meninas, tornam-se parte de seus corpos. Ali se aprende a olhar e a se olhar, se aprende a ouvir, a falar e a

calar; se aprende a *preferir*. Todos os sentidos são treinados, fazendo com que cada um e cada uma conheça os sons, os cheiros e os sabores "bons" e decentes e rejeite os indecentes; aprenda o que, a quem e como tocar (ou, na maior parte das vezes, não tocar). [...] E todas essas lições são atravessadas pelas diferenças, elas confirmam e também produzem diferença.

(Louro, 1997, p. 61)

Como já citei anteriormente, os livros didáticos, e, segundo Guacira Lopes Louro (1997), também os paradidáticos, reproduzem as representações estereotipadas dos grupos étnicos, das classes sociais, dos modelos familiares. A diversidade e o cruzamento das fronteiras estabelecidas são ignorados, o que equivale a serem negados.

Já falamos sobre a resistência que os educadores têm a abordar o tema das diferenças, do preconceito em relação às questões de classe social, gênero, etnia, por considerarem tais assuntos muito delicados. Imaginemos, então, quão maior se torna essa resistência, quando o objeto de discriminação é a orientação sexual do estudante numa sociedades como a nossa, em que a heterossexualidade é a única forma legitimada de sexualidade:

> Não há dúvidas de que o que está sendo proposto, objetiva e explicitamente, pela instituição escolar, é a constituição de sujeitos masculinos e femininos heterossexuais – nos padrões da sociedade em que a escola se inscreve. Mas, a própria *ênfase* no caráter heterossexual poderia nos levar a questionar a sua pretendida "naturalidade". Ora, se a identidade heterossexual fosse, efetivamente, natural (e, em contrapartida, a identidade homossexual fosse ilegítima, artificial, não natural), por que haveria a necessidade de tanto empenho para garanti-la?

(Louro, 1997, p. 81)

A escola possui aquele "modelo" de estudante idealizado que corresponde, com perfeição, ao que se espera dele. Ao não saber lidar com os estudantes que não correspondem a esse modelo, a escola contribui para introjetar em todos, cada vez mais, o pensamento discriminatório. Os preconceitos estão de tal forma arraigados no pensamento social que, muitas vezes, os professores reproduzem os discursos de discriminação sem perceber.

No momento em que aparece na sala de aula, no meio de um grupo aparentemente homogêneo, um estudante com atitudes totalmente destoantes do resto, "um corpo estranho na sala de aula. Um corpo porque o que lhe confere distinção é algo físico e visível" (Miskolci, 2005, p. 13), geralmente surge uma espécie de desconforto entre todos, inclusive o professor. Ninguém sabe muito bem o que fazer diante daquele corpo que, ao desafiar o padrão, o modelo reprodutivo de sexualidade imposto pela sociedade, coloca em xeque essa normatividade, e faz que alguns a questionem.

Nesse momento, caberia ao professor aproveitar a oportunidade para discutir a heterossexualidade compulsória e explorar as diversas formas de afetividade e sexualidade.

Mas a questão é muito complexa. A necessidade que os educadores têm de obter de seus alunos comportamentos que correspondam às suas expectativas é muito forte. O conceito de educação bancária de Paulo Freire está ainda em voga, tantos anos depois, pois o educador que espera dos estudantes um comportamento-padrão imagina que estes não passam de bonecos ocos, sem personalidade (ou espera que sejam assim), que devem ser preenchidos com todos os conhecimentos constantes no conteúdo programático. Esperam-se atitudes "certas" desses "estudantes comportados".

Segundo Pelbart (2005, pp. 9-10), Deleuze tinha uma interessante ideia sobre o ensino:

> numa aula não se trata de transmitir uma informação, ou uma técnica de análise, mas de trabalhar uma *matéria em movimento* – a matéria-pensamento. É bem verdade que nem todos os alunos querem toda essa matéria que lhes é oferecida, e cada um tem pleno direito de só querer um fragmento, de só se interessar por aquilo de que necessita, segundo o seu desejo ou sua singularidade. No limite, até o sono pode fazer parte desse dispositivo aula: há alunos que dormem por anos a fio, e despertam apenas quando chega o conceito que os afeta. Magnífico desprendimento do mestre, que não exige do aluno a atenção continuada e exaustiva, porém uma atenção "flutuante". Há, pois, uma confiança no encontro,

na afetação, na necessidade do aluno. Afinal, como diz Deleuze em outro contexto, não lhe importa a cultura, muito menos a erudição, mas estar à espreita dos encontros, com uma ideia, com uma obra, com uma cor...

No entanto, para que tais encontros se tornem possíveis, é preciso que o aluno seja reconciliado com sua solidão. Não se trata, pois, de capturar, suscitar a adesão, persuadir, fazer discípulos ou escola, mas do inverso: trata-se de reconciliar o aluno com sua solidão. A tarefa do professor (de filosofia, ao menos) é fazer com que o aluno não sinta necessidade de uma escola, no sentido doutrinário da palavra, isto é, de uma "escola de pensamento" – só assim pode ele estar aberto aos encontros, ao movimento do pensamento. Pois uma *escola* é todo o contrário de um *movimento*. Uma escola tem chefes, gerentes, administradores, juízes, tribunal, exclusões etc. Um movimento tem derivas, bifurcações, linhas de fuga.

Imagino que a grande maioria dos professores ficaria de cabelos em pé se fosse instada a ter essa "compreensão" com os estudantes.

No texto "Tal infância. Qual criança?" (Abramowicz e Levcovitz, 2005, p. 76), as autoras relatam uma situação que envolvia uma criança de cerca de 4 anos. Ela causou preocupação na professora ao ficar separada do grupo de coleguinhas, apenas observando-os enquanto brincavam no parquinho. A professora, ao detectar esse "comportamento antissocial", tentou imediatamente convencer a menina a juntar-se ao grupo.

"Com o propósito de promover desenvolvimento e socialização, as iniciativas pedagógicas calcadas no gregarismo assujeitam a criança pela uniformização de seus desejos, pela pasteurização de suas singularidades, pelo apassivamento de seus talentos e pela desautorização de seu discurso" (p. 77). Esse processo é a negação da "solidão" a que Deleuze se refere. A individualidade é recusada e ao estudante resta ajustar-se à forma atribuída a ele.

É um processo que "nega a solidão (da criança, do louco, do poeta); recolhe a vida, a memória das minorias em movência – destituídas, portanto, de *status* institucional –, para lhes dar outra configuração; e, ainda, produz valores que consolidam o ideário hegemônico por meio do hipercontrole exercido pelas agências micropolíticas" (p. 82).

O professor sente-se perplexo se instado a compreender e aceitar um comportamento diferente, um espantoso desejo de solidão de alguns de seus alunos. Afinal de contas, em seu processo de formação como educador, quando ele mesmo ocupava a posição de aluno (sem luz), foi-lhe ensinado nas aulas de psicologia, pedagogia e em outras mais que ele deve ajudar no processo de socialização de seus pequenos aprendizes.

Nossa cultura concebe a criança como futuro cidadão que deve saber movimentar-se com desenvoltura entre seus semelhantes. Isso seria "saber viver bem em sociedade". Para que os educadores consigam respeitar as individualidades, precisam antes despir-se de todo o posicionamento teórico que lhes foi inculcado e que lhes garante que "empurrar a criança para a socialização é dar-lhe o formato de cidadão, o direito de viver entre os pares e ter sua proteção assegurada. A escola, assim como a família, a Igreja, o quartel, o hospital, acolhe e ampara na mesma medida que corrige e molda os desviantes potenciais" (p. 78).

Para que os futuros cidadãos possam conviver pacificamente, torna-se necessário que sigam determinadas regras de comportamento estabelecidas e pouco maleáveis. Uma delas seria a regra dos comportamentos de gênero, que são socialmente construídos.

É inegável que a escola teve e ainda tem a preocupação de contribuir exaustivamente para esse processo de construção. Ela

> já chegou a separar meninos e meninas em salas distintas, contribuindo para fabricar sujeitos diferentes. Ainda no presente, durante atividades ou nas aulas de educação física, é possível ver a continuidade da fabricação escolar das diferenças e, infelizmente, por meio delas também, das desigualdades entre os gêneros.
>
> (Miskolci, *op. cit.*, p. 14)

Certa vez, questionei os professores de educação física do meu filho a respeito da impossibilidade de se misturar meninos e meninas nas mesmas atividades, já que ele, que não gosta de futebol, queria jogar handebol e essa atividade era restrita às meninas. Eles me responderam que não misturavam meninos e meninas por uma questão de força e constituição física, ou seja, as meninas poderiam se machucar. Não entendi muito bem, já que há meninos extremamente franzinos que jogam com meninos grandes e fortes, assim como há meninas grandes e fortes que jogam com meninas franzinas.

Essa separação contribui para a manutenção da divisão de sexos que afirma serem as mulheres delicadas e os homens fortes, para a perpetuação da posição de superioridade dos meninos em relação às meninas.

Além do mais, discordei da arbitrariedade da decisão: futebol para os meninos e handebol para as meninas. O "mito" que diz: "Homem que é homem tem de gostar de futebol" está presente no livro *O menino que brincava de ser* (Martins, 2000). Nessa história, o pai de Dudu, ao pensar que ele quer "virar mulherzinha", matricula-o na escolinha de futebol, para resolver o "problema".

Na escola onde o filho de uma amiga minha estuda, nos Estados Unidos, meninos e meninas já participam juntos de jogos de futebol. Os professores formam equipes mistas, o que considero um bom avanço nessa questão.

Certo dia, caminhava no centro da cidade, logo após um jogo de futebol feminino do Pan[7], quando ouvi dois camelôs (homens) comentando: "Aquele gol, nem goleiro homem pegava". Meu filho, de 13 anos, virou-se para mim e disse, rindo: "Que comentário preconceituoso!" Claro que lhe dei um beijo estalado.

Mas não é só nas aulas de educação física que vemos tal reforço da divisão binária de sexos. A escola, de maneira geral, reforça as visões hegemônicas a respeito da masculinidade e feminilidade. Os meninos são estimulados a serem mais agressivos, enquanto as meninas devem ser mais delicadas. Aceitam-se como "naturais" essas características, o que torna incompreensíveis aqueles que não corresponderem a tais expectativas.

Em relação à sexualidade, a escola se dizia e ainda se diz neutra. Cabe aos professores e professoras (especialmente estas) um comportamento aparen-

---

[7] XV Jogos Pan-americanos, realizados no Rio de Janeiro em julho de 2007.

temente assexuado. Em caricaturas, quadrinhos e outros meios de comunicação, a figura da professora é, geralmente, a de uma senhora séria, usando óculos, com cabelos convenientemente presos e roupas sem decote. Pensava-se, inclusive, que os livros não falavam sobre sexo. Contudo, as coisas não são bem assim:

> A instituição escolar tende a invisibilizar a sexualidade em um jogo de pressupostos, inferências não-apresentadas e silêncios. Pressupõe-se, por exemplo, que a sexualidade é assunto privado ou, ao menos, restrito ao lado de fora da escola. Na verdade, a sexualidade está na escola porque faz parte dos sujeitos o tempo todo e não tem como ser alocada no espaço ou em algum período de tempo. Ninguém se despe da sexualidade ou a deixa em casa como um acessório do qual pode se despojar. Na escola, também se infere que todos se interessam ou se interessarão por pessoas do sexo oposto e que suas práticas sexuais seguirão um padrão reprodutivo.
>
> (Miskolci, *op. cit.*, pp. 17-8)

Quando o estudante se apresenta de maneira diferente, com comportamentos ou falas que indiquem desejos diferentes dos considerados "normais", ele não é esquisito em si mesmo. É nomeado estranho pelos colegas e professores, por não corresponder ao modelo que se espera que siga, embora essa concepção de "diferente" seja absolutamente subjetiva, variando de acordo com o ponto de vista de cada um.

Essa nomeação como "estranho" só serve para reforçar o mito da neutralidade da escola em se tratando de sexo, o que serve à manutenção das normas vigentes. "O objetivo aparente seria o de formar a todos para serem como devem ser, ou seja, a escola opera de forma a conformar todos a uma maneira única de viver a sexualidade, a prescrita pela tradição" (p. 18): a heterossexual.

A diferença precisa deixar de ser considerada como algo negativo ou anormal, e os educadores exercem importante papel na tentativa de "absolvê-la".

A insistência em se dizer assexuada faz da escola uma "cúmplice" da heterossexualidade reprodutiva. Seu poder de convencimento é grande, pois essa instituição exerce o papel social de educadora e formadora de cidadãos. Logo, poderíamos dizer que a escola é homofóbica, já que não reconhece o desejo sexual entre pessoas do mesmo sexo e, pior ainda, forma cidadãos homofóbicos, pois transmite a eles a sua ideologia. A escola não é assexuada. Não pode ser assexuada. Apenas diz ser, pois estudantes, professores, funcionários, secretários, faxineiros, enfim, todos os que nela transitam e que dela fazem parte não são seres destituídos de sexo:

> Diante do exposto, o que a escola e, mais especificamente, os educadores podem fazer? Quebrar o silêncio sobre a sexualidade e suas modalidades pode ser um bom começo. Isso pode ser feito por meio da promoção de discursos sobre a forma como as relações afetivas e sexuais são apresentadas em livros didáticos, jornais, revistas e filmes consumidos pelos estudantes. As diferentes formas de afetividade não devem ser ignoradas nem menosprezadas. Com base em situações cotidianas e temas levantados pelos estudantes elas devem ser tratadas como dignas e aceitáveis.
>
> (Miskolci, *op. cit.*, p. 22)

Miskolci aponta ainda o risco que a escola corre de fazer que os estudantes passem a associar sexo a doença ou a problemas. E isso é um fato, pois grande parte das escolas só fala de sexo pelo viés das questões das DST e da gravidez na adolescência:

> A escola é, sem dúvida, um dos espaços mais difíceis para que alguém "assuma" sua condição de homossexual ou bissexual. Com a suposição de que só pode haver um tipo de desejo sexual e que esse tipo – inato a todos – deve ter como alvo um indivíduo do sexo oposto, a escola nega e ignora a homossexualidade (provavelmente nega porque ignora) e, desta forma, oferece muito poucas oportunidades para que adolescentes ou adultos assumam, sem culpa ou vergonha, seus desejos. O lugar do conhecimento mantém-se, com relação à sexualidade, como o lugar do desconhecimento e da ignorância.
>
> (Louro, 2001, p. 30)

Apesar de ser uma questão delicada e extremamente trabalhosa (já ouvi de um professor que falar de sexualidade é "mexer em vespeiro"), os educadores – à medida que percebem os mecanismos de exclusão dos estudantes com orientação sexual "diferente" da maioria – deveriam intervir de maneira incisiva, pois se negar a debater o assunto equivale a compactuar com a situação.

Além do mais, nos dias de hoje, quando a sociedade já percebeu que não há um modelo certo e único a ser seguido, num tempo em que já se fala de identidades múltiplas e cambiantes, não há sentido em insistir na manutenção do modelo tradicional. Essa compreensão e o acirramento das discussões a esse respeito são elementos facilitadores para o educador que ousar "levantar essa lebre".

Uma análise sobre as dificuldades de se discutir as diversas formas de sexualidade nas escolas ajudaria muito os educadores que se dispusessem a tal missão. Eles precisariam de um embasamento concreto e de ações coletivas para viabilizar um projeto que interferiria diretamente em noções tradicionais e firmemente arraigadas no imaginário das famílias, dos estudantes e dos próprios educadores. É preciso contar com coragem e desejo de libertação das normas estabelecidas para entrar nessa "briga".

Um currículo *queer*/desoprimindo o oprimido

Fui "apresentada" aos textos de Guacira Lopes Louro por uma grande amiga, professora de teoria literária. Eles são de uma lucidez impressionante. Suas afirmações parecem simples e óbvias, mas inauguraram, para mim, uma maneira totalmente nova de ver o currículo escolar, considerando toda a sua importância e suas mazelas.

Ao propor um "currículo *queer*", ela me remeteu a Derrida. Por causa do seu método de leitura dos textos filosóficos, Derrida passou a ser conhecido como o "filósofo da desconstrução". Ao nos concentrarmos nesse termo, é preciso que tenhamos muito cuidado para não corrermos o risco de interpretá-lo de maneira equivocada. Para Derrida, o significado de "desconstrução" passa longe da ideia de destruição, ou demolição.

Ele e outros filósofos pós-modernos, pós-estruturalistas, como

Giles Deleuze, Lyotard e Jean Baudrillard desconstruíram o discurso filosófico sobre os valores ocidentais dos princípios e das concepções de Deus, Razão, Sujeito, Verdade, Ordem, Ciência, Ser. Para esses autores desconstruir o discurso não significa destruí-lo, nem mostrar como foi construído, mas refletir sobre o não-dito por trás do que foi dito, buscar o silenciado (reprimido) sob o que foi falado.

(Matos, 2003)

Leyla Perrone-Moisés (2001), em comunicação no IV Congresso Internacional da Associação Portuguesa de Literatura Comparada, chama a atenção para o "mau uso" devido à falta de compreensão real do sentido do desconstrucionismo de Derrida. Segundo ela, muitos dos que lidam com discursos na área dos estudos culturais parecem não compreender bem o significado dessa "desconstrução". "Usam-na no sentido de uma crítica textual, cuja base ideológica estaria assentada em sentidos previamente determinados em termos morais, isto é, de um 'bem' oposto a um 'mal', de 'verdades' opostas a 'mentiras', de posições 'politicamente corretas' opostas a posições 'politicamente incorretas'" (p. 2).

Segundo essa interpretação, o que ocorre é a manutenção do binarismo, no qual haveria apenas uma inversão de valores ideológicos, em que continuariam a existir as "verdades" opostas às "mentiras", o "certo" oposto ao "errado".

Derrida sugere, com sua proposta de desconstrução, não o desmantelamento dos conceitos estabelecidos socialmente e a imposição de novos conceitos, mas o deslocamento do esquema de termos opositivos para um outro sistema, e não a simples inversão desses termos. Propõe que operemos com um discurso diferente daquele que apresenta a sociedade dividida, de forma binária, em pares opositivos.

Penso que os estudos multiculturais não apenas podem como devem se inspirar nos conceitos de Derrida no que diz respeito às críticas às oposições binárias que representam um forte pilar do pensamento ocidental. Contudo, é extremamente importante que esses conceitos sejam compreendidos em profundidade. Não se deve perder de vista que "a desconstrução é uma crítica infinita, um deslocamento, uma abertura de horizonte, um adiamento [...] constante da conclusão, da Verdade" (p. 7). Não se trata de negar uma verdade para abrir a possibilidade da afirmação de uma outra. Trata-se antes de questionar a verdade em si.

Leyla Perrone-Moisés (2001, p. 7) faz uma advertência : "Exercidos sem as devidas precauções, os estudos culturais se tornam tão ideológicos quanto os discursos ideológicos que pretendem criticar, por uma simples inversão de sinal que jamais poderia ocorrer na desconstrução derridiana".

A palavra *queer* tem, "no contexto anglo-saxão, mais de um significado: constitui-se na expressão pejorativa com que são designados homens e mulheres homossexuais (equivalente a bicha, sapatão ou veado) e corresponde, em português, a estranho, esquisito, ridículo, excêntrico etc." (Louro, 2004, p. 64).

Guacira Lopes Louro (2004, p. 64), quando propõe um currículo *queer*, incita-nos a estranhar o currículo tradicional, desconfiar dele, das certezas nas quais é baseado. Só assim poderíamos chegar à conclusão de que ele pode ser mudado sem que nenhuma "verdade absoluta" seja desmantelada.

Além de propor que desconfiemos dos conteúdos que compõem o currículo, ela vai mais longe e sugere que desmascaremos o "saber" como sendo não a representação da "realidade", mas uma construção ideológica, contextual e política. O currículo tradicional é constituído por uma série de "saberes" que se dizem naturais, mas na verdade o que temos é um "saber" hegemônico, exaustivamente inculcado em nós pelo poder constituído. Este filtra o saber e define qual é o seu limite, o que é "verdadeiro", o que é "falso":

> Não há lugar, no currículo, para a ideia da multiplicidade (de sexualidade ou de gênero) – essa é uma ideia insuportável. E o é, entre outras razões, porque aquele(a) que a admite pode ser tomado como particularmente implicado na multiplicidade. Consequentemente, há quem assuma, com certo orgulho, ignorar formas não-hegemônicas de sexualidade. Ao declarar sua ignorância, ele/ela pretende afirmar, implicitamente, que

"não tem nada a ver com isso", ou seja, que não se reconhece envolvido(a) nessa questão, de forma alguma.

(Louro, 2004, pp. 67-8)

Esse é um dos impedimentos que os professores enfrentam quando pensam em trazer para a escola tal discussão.

Outro aspecto que a dificulta ainda mais é que, quando falamos em sexualidade, não podemos nos apoiar no sistema binário homossexualidade/heterossexualidade, mesmo acrescentando a bissexualidade. As fronteiras entre tais posições são constantemente atravessadas e se tornam exatamente o lócus de algumas pessoas, que quase sempre estão no entre-lugar.

Atualmente, tanto o conceito de gênero quanto o corpo biológico são mutáveis, já que, por meio de cirurgias e outras técnicas, é possível proceder à mudança de sexo. Depois de uma série de tratamentos, todos os que fizeram essa mudança podem levar uma vida sexual normal. E, o mais interessante é que, após a transformação, muitas mulheres começam a se interessar sexualmente por homens e vice-versa.

Vê-se que os conceitos de gênero e identidade tidos pelo homem como certos e imutáveis perdem o sentido diante do homem [?] do século XXI. Como os setores conservadores da sociedade não cedem à ideia de uma "pluralidade sexual", insistindo em um modelo único e verdadeiro de sexualidade, quando exemplos concretos e palpáveis atravessam o nosso caminho todos os dias?

Escola, currículos, educadoras e educadores não conseguem se situar fora dessa história. Mostram-se, quase sempre, perplexos, desafiados por questões para as quais pareciam ter, até pouco tempo atrás, respostas seguras e estáveis. Agora, as certezas escapam, os modelos tornam-se inúteis, as fórmulas são inoperantes. Mas é impossível estancar as questões. Não há como ignorar as "novas" práticas, os "novos" sujeitos, suas contestações ao estabelecido. A vocação normalizadora da Educação vê-se ameaçada. O anseio pelo cânone e pelas metas confiáveis é abalado.

(Louro, 2004, pp. 28-9)

Para os teóricos *queer*, o rompimento da estrutura binária traria o rompimento dos seus efeitos, ou seja, a hierarquia, a classificação, a exclusão. Há uma interdependência e convivência de vários integrantes de um mesmo quadro de referências. Determinada identidade apenas existe porque se afirma em relação a outra ou outras. Ela é o que as outras não são. Não há uma hierarquia e muito menos uma identidade única e legítima que se opõe a uma ilegítima e falsa.

"Numa ótica desconstrutiva, seria demonstrada a mútua implicação/constituição dos opostos e se passaria a questionar os processos pelos quais uma forma de sexualidade (a heterossexualidade) acabou por se tornar a norma, ou, mais do que isso, passou a ser concebida como 'natural'" (pp. 45-6)

A pergunta que Guacira Lopes Louro (p. 47) propõe é bem instigante: como seria possível uma instituição como a escola, espaço de normas, de disciplina, de ajustamento, trazer para dentro de si um movimento totalmente descomprometido com qualquer ideia de certo e errado, verdadeiro e falso? Um movimento baseado na transgressão e na contestação?

A proposta de um currículo e uma pedagogia *queer*, segundo ela, se apoiaria em uma estratégia bem diversa da adoção de programas em que os estudantes são estimulados a "tolerar" as diferenças. Essa proposta seria voltada para a análise do processo de produção dessas diferenças. Não bastaria, como pretende a maioria dos projetos multiculturais, mostrar que vivemos em uma sociedade plural; o objetivo seria desmascarar os interesses políticos que estão por trás dessa produção.

Esse currículo discutiria também as formas de constituição do "outro" e sua relação com o "eu". A diferença seria reconhecida como elemento indispensável para a existência do sujeito, constituindo-o.

Nessa perspectiva estaria inscrito o questionamento sobre o par opositivo homossexualidade/heterossexualidade. Sem essa discussão, mantém-se a lógica da subordinação. Os dois polos seriam interdependentes; logo, seria possível desconfiar da superioridade de um sobre o outro. Não basta dizer que os homossexuais existem e devem ser respeitados, ou melhor, "tolerados". Não basta denunciar os processos de humilhação e submissão sofridos por eles. A pedagogia *queer* vai mais fundo. Ela busca desconstruir o processo que coloca alguns sujeitos (os heterossexuais) em uma posição legitimada e outros (os homossexuais) como ilegítimos.

A pedagogia e o currículo *queer* propõem a aplicação do modelo desconstrutivista em todos os pares resultantes do processo binário; logo, também no que opõe o conhecimento à ignorância.

> Admitir que a ignorância pode ser compreendida como sendo produzida por um tipo particular de conhecimento ou produzida por um modo de conhecer. Assim, a ignorância da homossexualidade poderia ser lida como sendo constitutiva de um modo particular de conhecer a sexualidade.
>
> (Louro, 2004, p. 50)

Reporto-me a Vilém Flusser, filósofo tcheco, que propõe que duvidemos de tudo, de todas as certezas. Nos textos de Flusser, ele afirma algo, defende algum ponto de vista, e logo à frente o desconstrói. Para ele, nenhuma realidade é absoluta, incontestável. Pelo contrário.

No livro *Língua e realidade* (1963), Flusser afirma que uma das heranças conceituais que os gregos nos deixaram foi a ideia de que "a filosofia, a religião, a ciência e a arte são os métodos pelos quais o espírito tenta penetrar através das aparências até a realidade e descobrir a verdade" (p. 12). Para Flusser, esse esforço de descobrir a "verdade" está sujeito a três tipos de objeção: o ceticismo que nega a capacidade do espírito de penetrar as aparências, o niilismo que nega a "realidade" e o misticismo, segundo o qual é impossível articular e comunicar essa penetração (pp. 13-4).

A civilização sente-se ameaçada por tais objeções, já que elas anunciam um possível mergulho no caos, tornando-as, portanto, inaceitáveis. Flusser (*op. cit.*, p. 14) contemporiza, afirmando:

> Verificaremos que "o conhecimento", "a realidade" e "a verdade" que essas objeções pretendem negar não são aqueles que buscamos. [...]

Poderemos, a despeito delas, continuar buscando, isto é, vivendo. O conhecimento, embora menos absoluto, continuará sendo conhecimento; a realidade, embora menos fundamental, continuará sendo realidade; e a verdade, embora menos imediata, continuará sendo verdade. Descobriremos mesmo que o conhecimento absoluto, a realidade fundamental e a verdade imediata não passam de conceitos não somente ocos, mas também desnecessários para a construção de um cosmos, e que, neste sentido, as objeções podem ser aceitas.

A pedagogia *queer* não pretende apaziguar os conflitos por meio do fornecimento de respostas para eles. Muito menos fornecer "verdades absolutas" que substituam as "verdades" que o poder constituído deseja impingir à sociedade. Ela quer, antes, pôr em dúvida todos os conceitos que estabelecem o certo e o errado. Pôr em dúvida a própria noção de certo e errado, de verdade e de mentira. A dúvida perde seu caráter negativo e torna-se produtiva, pois é a partir dela que novos conceitos são formulados de maneira contínua. Não há lugar para um modelo ideal, mas para uma constante busca do aperfeiçoamento.

A proposta de um currículo e de uma pedagogia *queer* é bem desconcertante, já que não traz programas de ação concretos. Não está de acordo com os programas "politicamente corretos", pois não promove ações afirmativas para aqueles considerados diferentes, já que não aceita essas diferenças, não se baseia nelas. Se fosse assim, operaria segundo o mesmo sistema opressor. O que ela defende é exatamente o oposto: propõe o desmantelamento de toda uma estrutura binária na qual se baseia a nossa sociedade, um outro modo de conhecermos e pensarmos a cultura.

A teoria *queer* é perturbadora justamente por ser tão simples. Ela implica que não nos conformemos com as verdades estabelecidas, desconfiemos delas, as estranhemos. Incita-nos apenas a pensar a respeito. No entanto, como vimos no capítulo anterior, a teoria *queer* corre o risco de se tornar apolítica, pois a não-aceitação das diferenças (que seria o ideal) não faz que elas deixem de existir para uma sociedade culturalmente preconceituosa. Logo, a insistência em negar as diferenças acaba reforçando-as ainda mais.

Penso que a teoria *queer* seja essencial por sugerir um olhar crítico sobre a sociedade, o que não impede que todas as possibilidades, além da única aceita pelo poder hegemônico, sejam mostradas exatamente como possíveis.

A teoria *queer* opera com o conceito de que todos nós, não apenas os sujeitos *queer* (estranhos), somos oprimidos, estando aprisionados dentro de conceitos formulados para, camufladamente, atender a interesses políticos.

Quando Paulo Freire escreveu o livro *Pedagogia do oprimido*, expôs um conceito parecido: o de que todos, oprimidos e opressores, se encontram aprisionados em um sistema que desumaniza ambos os lados. Todos agiriam da maneira estabelecida por um sistema calcado nos interesses políticos do poder constituído. A pedagogia do oprimido seria, então, a busca pela liberdade. Mas para que essa busca tenha início é preciso, primeiro, que os oprimidos se reconheçam como tal.

Paulo Freire falou sobre o seu receio de que os oprimidos, ao resgatar a humanidade que lhes foi negada quando foram colocados em posição subalterna, desprivilegiada, de inferioridade em relação aos homens de poder (p. 17), tornem-se opressores, já que a opressão é o único modelo de humanidade que eles reconhecem.

Se avaliarmos bem a pedagogia do oprimido, veremos que o objetivo dela e da teoria *queer* é o mesmo: a libertação do sistema opressor que manipula a sociedade.

A diferença se dá a partir do momento em que Paulo Freire defende que, após o desvelamento desse mundo de opressão, seja criada uma estrutura nova. A teoria *queer*, como vimos, não busca nenhuma estrutura, já que não crê em uma estrutura fixa e imutável. De qualquer forma, há uma enorme convergência de ideias no que diz respeito à necessidade de desvelar o processo de manipulação.

Ao falar de "educação bancária", Paulo Freire (*op. cit.*, p. 35) deixa claro que o objetivo do opressor jamais será o de conscientizar os oprimidos, para que estes nunca busquem a liberdade. Portanto, o processo precisa se iniciar pela vontade e coragem de educadores que tenham a ousadia de romper com esse modelo de "educador bancário" e busquem estratégias para formar pensadores críticos, e não receptores passivos e disciplinados. Caso contrário, os educadores estarão compactuando com o sistema, que não deseja transformar, mas adaptar todos ao seu modelo, considerado ideal.

O contexto social e político em que Paulo Freire formulou suas teorias é bem diferente do atual. A ditadura militar mantinha, ou pelo menos procurava manter, os cidadãos subordinados às suas rígidas regras. Freire usa expressões grandiloquentes, como "restaurar a humanidade". Por que, então, estaria eu me valendo de um texto aparentemente tão ultrapassado?

Em primeiro lugar, não podemos considerá-lo tão ultrapassado assim se levarmos em conta a manutenção desse sistema de manipulação. Simplesmente, nos dias de hoje ele se dá de maneira mais sutil, mais elaborada. Os aparelhos de força, como a polícia e os porões de tortura, foram substituídos pelos aparelhos de convencimento. A mídia é fundamental no processo de manutenção dos (pré)conceitos. Os porões da tortura foram desativados, mas aqueles que, de alguma forma, não correspondem ao modelo hegemônico imposto continuam torturados em seu dia a dia pelos olhares, pelas palavras e, muitas vezes, pela violência física não institucionalizada.

Quando vemos empregadas domésticas espancadas em pontos de ônibus por rapazes de classe média, perguntamo-nos perplexos: "Como pode acontecer isso?"

Nelito Fernandes nos fornece uma possível resposta no ensaio "Eu dei um soco na Sirley" (2007), no qual podemos ler:

> Nós deixamos a Sirley com o olho roxo quando fomos grossos com o frentista que errou e pôs mais gasolina do que nós pedimos. Nós derrubamos e chutamos a Sirley quando não respeitamos os mais pobres, os mais fracos, e passamos aos nossos filhos na prática o oposto do nosso discurso politicamente correto.

De qualquer maneira, a relação entre oprimido e opressor se dá sempre de maneira violenta. Quando as revistas nos dizem que as mulheres devem ser magras para que sejam consideradas desejáveis, sofremos violência. Quando o menino é olhado de lado porque não gosta de futebol ou a menina porque quer jogar, eles são inscritos na categoria de "outros". As mais diversas formas de violência e opressão permeiam nosso cotidiano, sem que a maioria sequer se dê conta disso. E os educadores possuem acesso a uma parte significativa de nossa sociedade, que pode fazer enorme diferença na modificação do quadro atual, em que a discriminação está fortemente presente.

Não cabe a eles transmitir suas ideologias pessoais, mas mostrar aos educandos que eles podem e devem desconfiar da existência de uma única ideologia correta, em um mundo onde convivem bilhões de habitantes, cada um diferente dos outros, com suas particularidades, erros e acertos, beleza e feiura. Afinal, o que é o belo? O que é o feio?

Volto ao título deste capítulo, que apresenta uma pergunta: o currículo escolar poderia ser considerado "acomodado"? Sim e não. Por um lado, se a resposta for afirmativa, estaremos conferindo-lhe uma ingenuidade que está longe de possuir, pois o termo "acomodado" indicaria uma inércia diante das questões sociais; por outro, segundo uma perspectiva diferente, pode-se dizer que está acomodado a um sistema hegemônico ao qual não pretende se opor, pelo contrário, reafirma-o todos os dias ao reproduzir conceitos já estabelecidos.

O currículo, no entanto, pode ser contornado, cotidianamente, pelos educadores (os não-acomodados), em suas salas de aula. Estes não podem recusar o seu papel social no processo de humanização durante a constituição dos sujeitos. Mesmo presos às regras e burocracia das instituições, não podem deixar de pensar na sua responsabilidade "pela abertura de novas possibilidades de abordagem de uma questão ainda sem resposta: quem sou eu?!" (Souza Júnior, 2002, p. 121).

Os professores de todas as disciplinas têm a mesma responsabilidade e podem colaborar para o ambicioso projeto de reformulação/questionamento do currículo. Contudo, uma das matérias presta-se a isso de maneira especial: a literatura.

A excessiva ambição de propósitos pode ser reprovada em muitos campos da atividade humana, mas não na literatura. A literatura só pode viver se se propõe a objetivos desmesurados, até mesmo para além de suas possibilidades. Só se poetas e escritores se lançarem a empresas que ninguém mais ousaria imaginar é que a literatura continuará a ter uma função. No momento em que a ciência desconfia das explicações gerais e das soluções que não sejam setoriais e especialísticas, o grande desafio para a literatura é o de saber tecer, em conjunto, os diversos saberes e os diversos códigos numa visão pluralística e multifacetada do mundo.

(Souza Júnior, *op. cit.*, p. 97)

A educação literária tem a capacidade de subverter a situação atual, na qual há uma hierarquia social em que todos aprendem que são iguais em termos da impotência diante dos mestres e, mais tarde, da instituição social. Por estimular a capacidade de pensar, a literatura é perfeita para uma reação ao acomodamento da escola aos interesses da sociedade burguesa, incentivando uma luta em que as armas são apenas os questionamentos que façam cair por terra todas as certezas que nos são impostas.

O livro *Na minha escola todo mundo é igual* foi escrito por Rossana Ramos, uma professora universitária da área de língua portuguesa e diretora de uma escola, em Cotia, São Paulo, na qual implantou um projeto "que visa à formação de crianças e adolescentes capazes de construir conhecimento, independentemente de qualquer rótulo que tenham, ou seja, respeitando as mais diversas formas e tempos de aprendizagem" (2006, p. 20).

Na quarta capa, podemos ler: "Este livro é o resultado poético de uma experiência vivida numa escola em que realmente todo mundo é igual, apesar das diferenças. É o anúncio de uma nova concepção: a educação inclusiva".

Trata-se de um texto escrito em forma de poema, que foi resultado da experiência de uma educadora que trabalha com a inclusão. Logo, podemos deduzir que é um trabalho engajado, como o de Valéria Melki Busin, em relação à literatura de temática lésbica, por exemplo.

É um texto adequado para crianças bem novas, mas interessante também para as mais velhas. Meu filho de 13 anos (o crítico literário a quem recorri diversas vezes durante este trabalho) gostou do livro, mas disse que acha que as crianças de quinto ano gostariam mais do que as da turma dele (oitavo ano).

As ilustrações são muito bonitas e o texto fala de maneira bem clara dos mais variados tipos de pessoas: gordas, surdas, cadeirantes, com síndrome de down, cegas, de diversas etnias. Fala também de um professor velhinho, ou seja, não faz distinção entre estudantes e professores, o que é coerente com o verdadeiro incentivo ao respeito por todos.

Ao ler o livro fiquei com vontade de visitar essa escola onde há tanto respeito e compreensão por parte de educadores e estudantes. Rossana Ramos é uma educadora que, certamente, compreende a importância do uso da ficção para esclarecer a questão da inclusão – já que escreveu um texto com esse objetivo – e que compreende a função da escola na busca da formação de pessoas que se relacionem de maneira respeitosa e solidária.

FIGURA 5: Ilustração de Priscila Sanson, em Rossana Ramos, *op. cit.*, p. 16.

4

Literatura serve para quê?

> NÃO É FÁCIL ESCREVER. É DURO QUEBRAR ROCHAS.
> MAS VOAM FAÍSCAS E LASCAS COMO AÇOS ESPELHADOS.
> Clarice Lispector

Conteúdo e forma

Segundo Susan Sontag, a arte inicialmente era uma espécie de encantamento, "um instrumento de ritual" (1987, p. 11). As pinturas nas cavernas feitas por nossos longínquos ancestrais poderiam comprovar essa ideia. Já os gregos inauguraram uma teoria da arte segundo a qual esta seria mimese, uma imitação da realidade. Temos, então, a questão do "valor da arte".

No mundo ocidental, a consciência e a reflexão sobre arte permaneceram dentro dos limites fixados pela teoria grega da arte como mimese ou representação. É em função dessa teoria que a arte [...] se torna problemática e deve ser defendida. E é a defesa da arte que gera a estranha concepção segundo a qual algo que aprendemos a chamar "forma" é absolutamente distinto de algo que aprendemos a chamar "conteúdo", e a tendência bem-intencionada que torna o conteúdo essencial e a forma acessória.

(Sontag, *op. cit.*, p. 12)

Penso que, se ainda não é, deveria ser consenso geral a ideia de que a literatura não pode ser estudada de maneira compartimentada, separando-se forma de conteúdo. O professor Antenor Gonçalves Filho afirma que "nem o conteúdo nem a forma, vistos de modo isolado, nos levam a uma visão mais segura da arte em geral e da literatura em especial" (2000, p. 33). Ele assevera que a tensão entre forma e conteúdo deve sempre ser sustentada, sem que se privilegie nenhum dos dois elementos.

Por um lado, se o conteúdo fosse privilegiado, a literatura correria o risco de se transformar em pretexto para discutir política, amor, religião, burguesia etc.; por outro, privilegiar a forma, "em nome da preservação estética, não seria sonegar sobre o humano – sobre o demasiado humano –, que faz da literatura sua matéria e seu objetivo interno e primordial?" (Gonçalves Filho, 2000, p. 33).

Para Hauser, "a arte é sempre partidária [...], uma perspectiva da realidade que não reflectisse nenhum ponto de vista especial seria destituída de toda a qualidade artística" (1988, p. 28).

Contudo, Susan Sontag chama nossa atenção para o cuidado que devemos ter com a maneira com que a interpretação desse ponto de vista é feita. Muitos críticos de arte (especialmente os críticos literários) pensam que é sua obrigação "a tradução dos elementos do poema, peça, romance ou conto em alguma outra coisa" (*op. cit.*, p. 16). Ora, essa "interpretação dirigida" retiraria dos leitores a liberdade de realizarem suas próprias interpretações, que garantiriam o prazer da leitura.

Gustavo Bernardo (1999) comenta a ideia de Freud, que compara a brincadeira das crianças à literatura: ambas permitem o devaneio, possibilitam a exteriorização das fantasias. A literatura seria uma "brincadeira de adultos", subterfúgio a que recorrem pelo fato de a sociedade normalmente considerar inapropriado que adultos brinquem.

> O escritor criativo [...] consegue "se pôr para fora", diferenciando-se do homem comum ao encontrar uma maneira de dar forma pública às suas fantasias e devaneios; ele "finge tão completamente que chega a fingir que é dor a dor que deveras sente", o que ajuda os leitores a encontrarem, na dor lida, não aquela que já tinham antes de lerem, mas outra – aquela que ainda não tinham e que, por um efeito de perspectiva, empresta sentido à dor primeira, à dor que não fazia sentido.
>
> (Bernardo, 1999)

No livro *Uma maré de desejos* (Martins, 2005b), tanto Sergiana quanto Luciano encontram uma solução para seus problemas por meio da arte. A menina escreve a redação que a professora havia pedido, dizendo que seu maior desejo é ir à praia, mas que quando crescer será escritora, para poder escrever sobre os outros desejos, enumerando-os e determinando quais deles realizará quando for escritora. Por meio da arte, sua redação, ela consegue burlar a ordem da professora e fala de todos os seus desejos:

> Quando eu crescer, vou ser escritora, aí eu vou poder escrever sobre os outros desejos. E, se a minha mãe ainda não tiver voltado, eu vou escrever sobre o desejo que eu tenho de ela voltar. Mas só quando eu for escritora é que vou escrever sobre isso, e também só se ela ainda não tiver voltado, é claro. Aí, na minha casa de escritora, a minha tia também vai poder morar, só pra ela não precisar mais vender as balas que ficam pelo chão. E também vai ter um monte de latinhas de goiabada, porque eu acho que os escritores têm muito dinheiro para comprar tudo o que eles desejam, e ainda podem escrever sobre os desejos. Acho muito legal ser escritora.
>
> Na minha casa de escritora vai ter um banheiro com chuveiro, porque é lógico que na casa de escritor tem que ter chuveiro, e aí eu vou poder molhar os meus cabelos todos os dias, e o Luciano vai me achar muito bonita. Eu também acho que a minha casa vai ser de praia, porque o meu maior desejo é o de ir à praia.
>
> (Martins, 2005b, p. 29)

Luciano, por sua vez, sabia desenhar muito bem e desenhou a mesa à qual ele gostaria de se sentar, junto com sua família, e jantar. Era uma mesa grande, com pratos e copos muito bonitos, em uma sala ampla. Só não desenhou o suco de laranja, pois ele tinha perdido o lápis amarelo na escola, então fingiu que era uma jarra de água mesmo. Os seus irmãos viram os desenhos e começaram a pedir que Luciano desenhasse a Barbie, um campo de futebol e outras coisas maravilhosas e distantes. Assim, ele também usa a sua arte para proporcionar aos irmãos menores a oportunidade de sonhar.

O menino mostrou os seus desenhos a Sergiana, que os achou muito bonitos e pediu que ele desenhasse o mar. Em seguida, pediu que ele a desenhasse tomando banho de mar: "Você consegue me desenhar? Mas quero com os cabelos soltos" (p. 42). Ela também encontra a realização de seus desejos na arte do amigo. Ele a desenhou na praia, de cabelos soltos. Ela pediu que ele desenhasse a Favela da Maré com uma praia e ele disse que ali não tinha praia. Então ela respondeu: "No desenho a gente pode colocar tudo do jeito que a gente quer, é igual na história que a gente inventa. Você sabia que eu vou ser escritora? Então, vou escrever tudo o que eu quiser, e se você quiser também pode ser desenhista, aí vai poder desenhar tudo do mundo" (pp. 43-4). Luciano desenhou a família sentada à mesa bonita, cheia de comida, e decidiu que o seu maior desejo era ser desenhista.

No final da história, os dois amigos se unem mais ainda, pois, além da amizade, mais um laço os aproximava: seus sonhos, os desejos e a consciência de que a fantasia é a única forma de levá-los para fora do mundo miserável em que vivem e não deixá-los perder a esperança de um dia sair de verdade.

A brincadeira (e a literatura) seria, portanto, ao contrário do significado que a palavra em si adquiriu, uma coisa muito séria.

Ao deparar com esse conceito, reli o livro *Uma vida para seu filho*, do psicólogo Bruno Bettelheim. Eu o li pela primeira vez quando estava grávida, e a ideia do autor a respeito da brincadeira me marcou profundamente. Ele cita a seguinte frase de Montaigne: "As brincadeiras das crianças deveriam ser consideradas suas atividades mais sérias" (*apud* Bettelheim, 1988, p. 164).

Segundo o autor, "Freud via a brincadeira como o meio pelo qual a criança efetua suas primeiras grandes realizações culturais e psicológicas, e dizia que através da brincadeira ela expressa a si própria" (p. 164). Além disso, os psicanalistas

> que tratam de crianças ampliaram os *insights* de Freud, que identificou os múltiplos problemas e emoções que as crianças expressam brincando; outros mostraram como elas usam a brincadeira para elaborar e vencer dificuldades psicológicas bastante complexas do passado e do presente.
>
> (Bettelheim, 1988, p. 165)

Baseando-me na visão de Bettelheim, sempre procurei negociar os horários das brincadeiras do meu filho, jamais exigi que ele as interrompesse repentinamente, respeitei sua necessidade de levá-las até o fim. Da mesma maneira que desejamos que respeitem o nosso trabalho, as nossas atividades "sérias".

O valor da brincadeira (e, analogamente, da literatura) está, em primeiro lugar, no fato de ser uma atividade agradável em si.

> Mas a brincadeira tem outras duas faces: uma dirigida para o passado e outra para o futuro. [...] A brincadeira permite que a criança resolva de forma simbólica problemas não-resolvidos do passado e enfrente direta ou simbolicamente questões do presente. É também a ferramenta mais importante que possui para se preparar para o futuro e suas tarefas.
>
> (Bettelheim, 1988, p. 168)

Voltamos à questão da interpretação. Caso algum crítico fornecesse uma interpretação que teoricamente traduzisse o sentido do texto encontrado em suas entrelinhas, estaria estragando a brincadeira do leitor? Este, no seu ato solitário de leitura, também não seria um escritor?

Quando meu filho fez 3 anos, o pai lhe deu um carro à bateria, daqueles em que a criança senta, dirigindo-o. Contudo, naquele momento ele estava "curtindo" bonecos e naves espaciais. Ao ver o pai retirar o carro da enorme caixa, não disse nada. Foi ao quarto buscar giz de cera, desenhou "janelas" na caixa e entrou na sua "nave espacial nova". O pai, um crítico convencido do "erro de interpretação" e do consequente absurdo da situação, tirou o filho da caixa e o sentou no banco do carro. A criança, obviamente frustrada pela interrupção da brincadeira, fez tudo que lhe mandavam: apertou os pedais, dirigiu para trás e para a frente e, assim que teve a primeira oportunidade, estacionou o carro e voltou à sua nave espacial.

Para Susan Sontag (*op. cit.*, pp. 15-6),

> a interpretação também precisa ser avaliada no âmbito de uma visão histórica da consciência humana. Em alguns contextos culturais, a interpretação é um ato que libera. É uma forma de rever, de transpor valores, de fugir do passado morto. Em outros contextos culturais, é reacionária, impertinente, covarde, asfixiante.

Se na pequena história relatada por mim podemos identificar o segundo caso, em contextos sociais de repressão a interpretação pode ser muito construtiva. Contudo, nunca se pode deixar de lado a forma, especialmente em um contexto social como o nosso, em que "todas as condições da vida moderna – sua plenitude material, sua simples aglomeração – combinam-se para embotar nossas faculdades sensoriais. [...] O que importa agora é recuperarmos nossos sentidos. Devemos aprender a *ver* mais, *ouvir* mais, *sentir* mais" (Sontag, *op. cit.*, p. 23).

Não esqueçamos, no entanto, que a obra de arte sempre se refere ao mundo real, sem, com isso, descambarmos para o outro extremo, em que a literariedade de uma obra seja baseada exclusivamente em sua forma estética. Nesse caso, a tendência dos críticos seria deixar de lado o seu conteúdo, como um elemento "menor".

A criação não é proveniente apenas da imaginação do autor, mas de suas relações com a sociedade, com o mundo que o cerca.

Quando contemplamos um belo ou estranho quadro e dizemos "que belo quadro!" ou "que estranho quadro!", é ao quadro que nos referimos ou ao que ele representa? Se observarmos a representação de um mendigo numa tela, vemos o próprio mendigo ou a expressão plástica da obra? Por qual razão exclamamos "que belo quadro!", no caso do mendigo, quando sabemos que o mendigo real não é bonito, e até nos causa repugnância pelo fato de quase sempre ele estar sujo? A *Pietà*, de Michelangelo, nos causa admiração e espanto e nunca o horror diante da tragédia da mãe em sua angústia por ter perdido seu filho amado. A obra de arte, ao representar a tragédia, acaba por eliminá-la ao entrar no universo das puras formas, cuja consequência é nos alienar da condição humana. Poderia concluir, por esses exemplos, que a arte é um perigo, que existe para nos enganar? É evidente que não. A arte é uma outra realidade dessa realidade primeira que está aí a nos incomodar a todo instante. Ela instaura uma outra paisagem que se sobrepõe à paisagem do nosso cotidiano, mas não se separa dela, porque emerge de seus temas. A leitura "mal feita" dessa paisagem fantástica é que responde por nossas lacunas, gerando sombras e fomentando as ideologias que nos alienam do real. A arte pode até ser puras formas, mas são puras formas criadas em função de um imaginário cujas raízes estão na terra, na luta travada quotidianamente pelo homem para lhe conferir identidade, ser social, sonhos, utopias.

(Gonçalves Filho, *op. cit.*, p. 67)

É possível analisar um quadro como *Guernica*, de Pablo Picasso, apenas em seu aspecto formal. Não se pode negar, porém, que a análise se torna muito mais rica quando a leitura da forma se relaciona com a do conteúdo.

A importância da associação entre forma e conteúdo torna-se especialmente clara em se tratando de livros infantis, nos quais a ilustração serve como complemento do texto escrito. No capítulo 5, essa questão será abordada detalhadamente.

Como exemplo, cito o livro *O menino quadradinho* (Ziraldo, 2006). O trabalho de ilustração e de formatação gráfica é extremamente interessante e criativo.

No princípio, aparecem apenas quadrinhos com desenhos coloridos. O único texto escrito está em um balão de fala, no primeiro quadrinho, e diz: "Era uma vez..." Aos poucos, começam a surgir mais balões que nos contam a história do menino que morava dentro de uma história em quadrinhos. São utilizados vários recursos estilísticos, como as onomatopeias, até que os quadrinhos desaparecem, bem como todo o colorido, e, em seu lugar, surgem apenas palavras.

As letras inicialmente são grandes e diminuem à medida que o texto conta a história do menino que veio parar "do lado de fora dos seus quadrinhos coloridos" (p. 22) e passou a ter contato com um número de palavras cada vez maior. No final, o narrador se dirige ao leitor: "Isto não é um livro para crianças. [...] Este é um livro como a vida. Só é para crianças no começo" (p. 30).

Em *O menino quadradinho*, a parte visual é tão fundamental para a história quanto o texto escrito, em uma integração extraordinária elaborada pelo autor.

Era uma vez um casal diferente · 141

FIGURA 6: Texto e ilustrações de Ziraldo, 2006, pp. 20-1.

ONDE ES
TOU? ONDE?
ONDE ESTÃO MEUS QUA
DRINHOS? SOCORRO! UE!
GRITO SOCORRO E A COR
DAS LETRAS? ONDE ESTÁ? EI!
Onde vim parar? Que faço aqui?
Em que negra floresta me perdi?
Onde estão as cores desses gritos?
Onde estão meus sustos e meus balões?

Não à toa, segundo Hauser (*op. cit.*, p. 37), "Uma obra de arte, considerada um produto puramente formal, um mero jogo de linhas e de tons, uma encarnação de valores eternos sem importância para algo histórico e social, perde a sua relação vital com o artista e a sua significação humana para o indivíduo que a contempla".

Para Ângela Veríssimo (1996), o poder de *Guernica* está em sua carga emotiva. "Picasso não tinha sido muito afectado pela I Guerra Mundial e só com a Guerra Civil Espanhola se interessou por política. [...] As fotografias que aparecem na imprensa, no início de maio de 1937, relativas ao bombardeamento de Guernica, tocam-no profundamente".

Com esse exemplo, podemos perceber que a arte, ao representar determinado fato histórico (o bombardeio), alcançou um significado mais amplo e universal.

Podemos desconfiar de uma análise puramente formal da literatura, considerando-se que que ela seria baseada em conceitos subjetivos, formulados num lugar "fora do texto".

Essas próprias definições são baseadas em juízos de valor estabelecidos em algum momento no contexto social. A obra literária, portanto, é "fabricada" com base em conceitos que o autor busca além de sua "intuição". Conceitos preexistentes à obra.

Portanto, não podemos pensar nos autores de obras literárias como habitantes da "torre de marfim", onde produzem suas obras de arte sem se imiscuírem nos assuntos mundanos.

Gustavo Bernardo, em seu artigo "O conceito de literatura" (1999), trata da criação artística, dando o exemplo do desenho de um centauro feito por Picasso (novamente). Cita também Pelé e Hitchcock, cada qual em sua "arte":

> Picasso, Pelé e Hitchcock constroem, sobre meios e motivos à disposição de todos os atletas e artistas, obras (imagens, jogadas, cenas) completamente únicas, porque descobriram o que nenhum manual, nenhum livro (como este), nenhum técnico, ensina: onde cortar. O que escolher. É o que faz o pintor, que escolheu, para além da técnica em si, como motivo, um ser que, sabemos, não existe, formado por dois seres

que, acreditamos, existem: o cavalo e o homem. Sobre o corpo de um cavalo, emerge o torso de um homem. Este ser, o centauro, representa muito bem outra contradição: o artista, ao inventar, deve respeitar o limite da existência, recorrendo a formas e entes que de fato existem, para recombinar tais formas e entes de tal modo que crie o inexistente.

No entanto, dizer que um centauro "não existe" é uma contradição nos próprios termos: afirmar que algo não existe já confere, a este algo, existência (no mínimo, existência verbal). E este mínimo não é pouco, se lembrarmos quantas coisas que nos são caras (liberdade, vontade, desejo, medo) parecem ter existência exclusivamente verbal (o que não é pouca coisa).

(Bernardo, 1999)

O artista não pode, portanto, desvincular a sua criação do "mundo mortal", pois é neste que ele busca a sua matéria-prima: a linguagem. O escritor e o poeta concretizam a afirmação de Flusser: "Língua constrói a realidade" (1963). Mas a realidade ficcional. Isso seria um paradoxo, não? Não se pensarmos de acordo com a perspectiva de Flusser (que inaugurou para mim um olhar totalmente perturbador sobre a existência da realidade).

Se nos dispomos a ler um texto de ficção, precisamos, antes de tudo, estabelecer com ele um pacto ficcional. Temos de nos dar conta de que precisamos aceitar as regras do jogo para que possamos entrar nele. "O leitor de um romance, o observador de um quadro, o espectador de um filme precisam suspender a descrença, mas também, lado a lado com o artista, precisam desmontar a matéria do real para refazê-la" (Bernardo, 2002, p. 145). Caso contrário, ficaremos como a mulher da história contada por Gustavo Bernardo, em *A dúvida de Flusser* (2002). Visitando o ateliê de Matisse, ao olhar um quadro ela comentou que o braço da mulher estava muito comprido, ao que o pintor respondeu dizendo que aquilo não era uma mulher, e sim um quadro.

Por acaso o centauro não é preexistente ao desenho de Picasso, estando presente na mitologia grega, no zodíaco e nos céus em forma de constelação?

Se na ficção, segundo Flusser, a língua é capaz de construir a realidade, será que poderíamos concluir o mesmo em relação à realidade que aparentemente nos cerca? Nesse ponto, é interessante pensarmos na "sociedade do espetáculo", na qual tudo é ficção, inclusive os telejornais que "informam as verdades" às pessoas.

Há, contudo, uma diferença fundamental entre a mentira dos telejornais e a mentira da ficção. Esta é chamada por Gustavo Bernardo de "mentira honesta", já que avisa que é mentira.

Para o autor,

> a realidade nos é inacessível porque ela engloba tudo o que existe e todas as perspectivas possíveis. Ora, não podemos ver "tudo", mas apenas nesgas de coisas, assim como não podemos ver tudo "todo o tempo", mas apenas em determinado momento. A verdade e a realidade, portanto, só podem ser *não-toda* (na formulação precisa de Alain Badiou). A ficção, a literatura, fazem mais do que ampliar as nossas perspectivas, ao mapearem a realidade, anunciando territórios inexplorados e desconhecidos; a ficção e a literatura nos permitem viver o que de outro modo talvez não fosse possível, ou seja, nos permitem ser outros (os personagens) e adquirir, ainda que momentaneamente, a perspectiva destes outros – para, adiante, termos uma chance de cumprir o primado categórico de todas as éticas, de tão difícil realização: ser o que se é.
>
> (Bernardo, 1999)

A identificação com os personagens ou com os autores dos textos de ficção se dá por meio da catarse, que serve para liberar as emoções reprimidas dos espectadores. "Ao sairmos do teatro (ou do cinema, ou das páginas do livro), retomamos a nossa própria identidade – mas enriquecida pela experiência ficcional, que nos ajuda a conviver com as nossas dores e com os nossos dramas" (Bernardo, 1999).

Na busca de um "sentido utilitário" para a literatura, segundo Gustavo Bernardo (1999), deparamos com uma questão importante: na sociedade capitalista e pragmática, o estudo da literatura não tem nenhuma utilidade, especialmente se confrontada com as outras disciplinas do currículo escolar. Representaria, então, pura perda de tempo, e "tempo é dinheiro". Porém, a literatura tem a "utilidade", muitas vezes não percebida, de permitir que os indivíduos perspectivem "o seu próprio conhecimento, aprendendo, sem parar de aprender, a olharem o mundo, os fenômenos e a si mesmos sob perspectivas inusitadas, superando por instantes os limites da percepção e da história humanas" (Bernardo, 1999).

Essas perspectivas inusitadas são possíveis exatamente pela leitura de cada um, livre e independente das interpretações prontas, fornecidas pelos críticos citados por Susan Sontag.

Em relação às manifestações literárias propriamente ditas, quais sejam os textos, não existe um instrumento adequado, do tipo microscópio semântico, capaz de nos ajudar a ler nas suas entrelinhas, isto é, capaz de nos ajudar a explicitar o que se encontra implícito, ou dizer o "não-dito". A máxima do cientista do século XIX, na verdade a mesma de São Tomé – "só acredito no que se possa ver" –, não funciona em relação à literatura. O texto literário, ao menos como o conhecemos hoje, menos descreve determinado fenômeno que o autor teria observado, porque antes sugere alguma coisa que não está ali nem é dita. Logo, o fundamento da literatura é, paradoxalmente, invisível, advindo de um efeito de sugestão.

(Bernardo, 1999)

Caso o texto literário trouxesse em suas linhas significados óbvios, retiraria do leitor algo muito especial: a liberdade. Assim como o adulto criativo precisa brincar com as ideias, a criança necessita de brinquedos "e de muita tranquilidade e liberdade de ação para brincar com eles como quiser, e não do jeito que os adultos acham apropriado. É por isso que precisamos dar-lhe essa liberdade, para que sua brincadeira seja bem-sucedida e proveitosa" (Bettelheim, 1988, p. 172). Como no caso do meu filho, que só começou a curtir o seu carro quando finalmente se cansou de brincar com a "nave espacial".

Nelly Novaes Coelho (1982, p. 10) faz uma afirmação que define muito bem essa questão; ela diz: "obviamente, Literatura deverá ser sempre, e acima de tudo, 'literatura' [...] e nesse caso, os *valores* [...] estarão participando de seu corpo literário, transformados em sangue, isto é, imperceptíveis à superfície do texto".

Se, como já discutimos, não se pode esperar que uma obra de arte desperte "uma reação puramente estética [...], tampouco seria adequado que tivéssemos uma reação moral a algo contido numa obra de arte, assim como reagimos a um ato na vida real" (Sontag, *op. cit.*, pp. 33-4). Isso porque as obras de arte

> referem-se ao mundo real – ao nosso conhecimento, à nossa experiência, aos nossos valores. [...] sua característica distintiva é que geram não o conhecimento conceitual (que é a característica distintiva do conhecimento discursivo ou científico [...]), mas algo como uma excitação, um fenômeno de compromisso, um julgamento num estado de servidão ou encantamento. O que equivale a dizer que o conhecimento que adquirimos pela arte é uma experiência da forma ou do estilo de conhecer algo, e não o conhecimento de algo (como um fato ou um julgamento moral) em si.
>
> (Sontag, *op. cit.*, pp. 31-2)

Os textos de Cassandra Rios, por exemplo, são considerados por muitas críticas lésbicas como disseminadores de imagens pejorativas das mulheres homossexuais, já que estas são, em sua maioria, personagens atormentadas, usuárias de drogas, sempre problemáticas. Há críticos que ainda torcem o nariz diante das cenas de pedofilia dos livros *Eu sou uma lésbica* (1981) e *As traças* (1982), considerando-as imorais.

Quanto a essa questão, cabe ressaltar que a "pedofilia-tema" de *Lolita*, de Vladimir Nabokov, em que quem deseja a adolescente é um homem, provocou reações antagônicas na época em que foi lançado (1955): alguns consideraram o livro um dos melhores do ano; outros o consideraram pura pornografia. Contudo, "visto hoje, filtrado pelos anos e por uma verdadeira biblioteca de comentário e crítica, *Lolita* parece sobretudo uma apaixonada história de amor, escrita com elegante desespero [...] é uma obra-prima da literatura do século XX" (*Lolita* – Sinopse, 2003).

Há um padrão de moral duplo, certamente o mesmo que fez que Cassandra Rios tenha sido considerada uma escritora de pornografia e de subliteratura e tido muitos livros proibidos pela censura da época. Para ficar claro que a questão maior era a homossexualidade apresentada em seus textos, cito o fato de que, perseguida pela censura, presa e impedida de trabalhar, Cassandra continuou a publicar com outros pseudônimos: Clarence Rivier e Oliver Rivers, e com eles passou a produzir "romances 'fortes', porém com tramas envolvendo casais hetero" (Moraes e Lapeiz, 1984, p. 89). Tais romances, tão "pornográficos" quanto os outros, passaram incólumes pela censura e tiveram grande sucesso de vendagem.

A subjetividade rege esse tipo de avaliação "moral" e o mesmo ocorrerá em relação aos conceitos que classificam os textos como "literários" ou "não literários". Tais conceitos se baseiam, muitas vezes, no gosto estético, que é influenciado pelo cenário social no qual se inscreve.

A plateia da arte se transformou ao longo do tempo. "Alguns séculos atrás, esta plateia se restringia a uma elite aristocrática selecionada. [...] Estes poucos felizardos cultivavam seus gostos estéticos, e sua demanda seletiva deixou uma marca na forma de padrões artísticos, relativamente altos" (Lazarsfeld e Merton, 1969, p. 116). Estes são utilizados por muitos, até hoje, para classificar, de maneira valorativa, os textos como "literários" e "não literários".

No livro *Apocalípticos e integrados*, Umberto Eco ilustra muito bem duas correntes de pensamento crítico que abordam essa classificação com sentido de valoração. Para os "apocalípticos", a cultura é um fato aristocrático, "o cioso cultivo assíduo e solitário, de uma interioridade que se apura e se opõe à vulgaridade da multidão" (p. 8). Uma cultura voltada para todos, a qual, por conseguinte, teria de adaptar-se a um gosto médio, seria uma anticultura. Os seguidores dessa corrente de pensamento são chamados assim pois reconhecem

> ser este um momento histórico irreversível, em que a cultura de massa é o fenômeno mais evidente do atual contexto sociocultural, este seria o momento de uma "queda irrecuperável", ante a qual o homem de cultura [...] pode dar apenas um testemunho extremo, em termos de Apocalipse.
> (Eco, *op. cit.*, p. 8)

Entretanto, temos também a corrente dos "integrados", para quem vivemos em um período de alargamento cultural, em que uma arte e uma cultura popular começam a circular de maneira ampla.

Para o integrado, não existe o problema de essa cultura sair de baixo ou vir confeccionada de cima para consumidores "indefesos". Mesmo porque, se os "apocalípticos" sobrevivem confeccionando teorias sobre a decadência, os integrados raramente teorizam e, assim, mais facilmente operam, produzem, emitem as suas mensagens cotidianamente a todos os níveis.

(Eco, 2001, p. 9)

Para os "apocalípticos", a única literatura "boa" seria aquela compreendida e admirada apenas por leitores treinados. Já os textos adotados por uma multidão de leitores não seriam considerados nem mesmo literatura menor. Seriam alguma outra coisa, batizada de paraliteratura ou subliteratura.

Alguns teóricos classificam os textos em "bons" ou "ruins". O texto literário seria bom, enquanto o "paraliterário", ou "subliterário", seria ruim. Tal critério de classificação, por sua subjetividade, está longe de merecer ser considerado certo ou definitivo.

Os críticos avaliam os textos, muitas vezes, segundo seus gostos pessoais, suas concepções ideológicas etc. Há, por parte de muitos leitores, a preocupação de exibir um juízo estético requintado. Por isso, muitas vezes inseguros a respeito de seu próprio gosto, acabam aceitando a opinião do crítico "qualificado", mesmo não concordando com ela.

Vemos que a questão da interpretação circula neste texto e volta a nós mais uma vez (ou voltamos a ela?). Se os críticos apresentam as suas leituras como "portadoras da verdade", alguns leitores sentem-se intimidados e preferem entregar-se a essas leituras prontas em vez de realizarem as próprias.

A literatura, como as outras manifestações da arte, é um "desafio; não a explicamos, ajustamo-nos a ela. Ao interpretá-la, fazemos uso dos nossos próprios objectivos e esforços, dotamo-la de um significado que tem sua origem nos próprios modos de viver e de pensar" (Hauser, *op. cit.*, p. 11).

Concordo inteiramente com a afirmação de Hauser, para quem a arte, independentemente das classificações que tentamos atribuir a ela, segue inteira, incólume, proporcionando-nos prazer e, não digo desvendando a vida para nós, mas dando-nos a oportunidade de desvendarmos a vida, extraindo dela "um sentido superior, isto é, mais convincente e mais seguro" (p. 12).

Penso que cada leitor tem a capacidade de definir, ele mesmo, se determinado texto literário é bom ou não (para ele, naturalmente). Contudo, para que possa fazê-lo, é necessário que se convença disso, sabendo que não existe uma única maneira correta (geralmente a dos "críticos qualificados") de interpretar um texto. Ele deve libertar-se dos condicionamentos que dizem não apenas o que é bom e o que é ruim, mas indicam uns poucos privilegiados considerados capacitados para formular críticas válidas.

A arte é, antes de tudo, prazer, sensação, subjetividade. Nesse aspecto, a criança é uma crítica mais espontânea, já que ainda não tem medo de ser desconsiderada por gostar do livro A ou B. Sua interpretação flui intuitiva e livremente, como um cachorrinho que nada ao cair na água, pois ninguém lhe disse que não sabia nadar.

Literatura e ideologia

Para poder começar uma discussão sobre literatura e ideologia, preciso, antes de tudo, tentar entender o próprio conceito de ideologia. Marilena Chaui, no livro *O que é ideologia* (1985), traz elucidações importantes. Um dos traços fundamentais da ideologia seria a sua capacidade de parecer representar um conjunto de ideias que explicam a realidade histórica, quando, na verdade, esta realidade é que torna as ideias elaboradas compreensíveis.

Em nossa sociedade capitalista, os indivíduos, às vezes involuntariamente, criam relações sociais e as estabelecem em instituições fixas envolvendo a família, o trabalho, as religiões, as relações políticas etc. Além disso, eles formulam ideias que justifiquem essas relações, ocultando sua verdadeira origem e todos os interesses de exploração da força de trabalho que as regem.

Esse ocultamento da realidade social chama-se ideologia. Por seu intermédio, os homens legitimam as condições sociais de exploração e de dominação, fazendo com que pareçam verdadeiras e justas. Enfim, também é um aspecto fundamental da existência histórica dos homens a ação pela qual podem ou reproduzir as relações sociais existentes, ou transformá-las, seja de maneira radical (quando fazem uma revolução), seja de maneira parcial (quando fazem reformas).

(Chaui, 1985, pp. 20-1)

A ideologia, em outras palavras, serviria para "convencer" e ao mesmo tempo "consolar" aqueles que, por algum momento, se sentissem injustiçados diante da sociedade. Como explicar a um garoto que ele não tem nem poderá ter o brinquedo ou o "Chambinho" que são insistentemente anunciados na televisão? Como explicar à mãe desse garoto que ela não poderá lhe dar tais bens de consumo?

Pela ideologia, certamente. (A ideologia religiosa, por exemplo, me consola de minha pobreza, cobra a minha humildade e declara que devo ser paciente, trabalhar para um dia ter a minha recompensa – o meu doce ou o meu livro. A justiça, com todo o seu universo de leis e normas, dá um recado; não se revolte, não tente quebrar a vitrine da doçaria ou a prateleira da livraria, isso tem um preço, uma severa punição, fundamental para a preservação e segurança do grupo.)

(Gonçalves Filho, *op. cit.*, p. 48)

E quem seriam os "ideólogos"? Os membros da classe dominante, ou da classe aliada à dominante (a classe média), a quem, na divisão do trabalho, caberia o papel de pensadores ou de intelectuais. Eles seriam os responsáveis por sistematizar as ideias de maneira a transformar os interesses da classe dominante (e média), suas expectativas e visões de si mesma e da sociedade em representações coletivas, universais. Em outras palavras, fazer das suas ideias as ideias de todos, entendidas como as "certas" e as "legítimas".

Os textos literários que analisaremos mais à frente estão recheados de exemplos dessa "certeza" em relação a determinadas ideias. Para ilustrar isso, posso citar *Menino brinca com menina?* (Drummond, 2006), história em que a mãe de Carlão (personagem principal) pensa que meninos que brincam com meninas e/ou choram são "maricas". Em O *gato que gostava de cenoura* (Alves, 2001), há um consenso de que todos os gatos são caçadores carnívoros e odeiam cenouras. Os coelhos comem cenouras, portanto devem ser "ruins da cabeça".

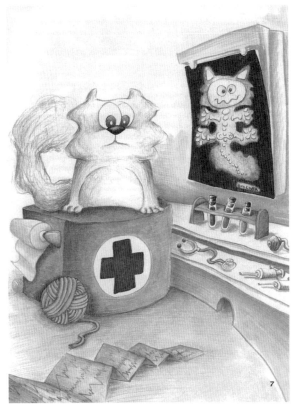

FIGURA 7: Ilustração de André Ianni, em Alves, 2001, p. 7.

Marilena Chaui, no entanto, adverte que não se deve imaginar que os dominantes se reúnem e elaboram, conscientemente, a ideologia, "pois esta seria, então, uma pura maquinação diabólica dos poderosos. E, se assim fosse, seria muito fácil acabar com uma ideologia. A ideologia resulta da prática social, nasce da atividade social dos homens no momento em que estes representam para si mesmos essa atividade" (1985, p. 92).

Chaui (1985) afirma que a ideologia é produzida em três momentos: o primeiro é aquele em que os pensadores de uma classe em ascensão produzem um conjunto de ideias que aparentemente representam os interesses de todos os que não pertencem à classe dominante. O segundo momento é aquele em que essas ideias são aceitas por todos os não--dominantes, que desejam uma nova sociedade, em que os valores novos possam ser de fato adotados, ou seja, que se transformem em *senso comum*. Finalmente o terceiro momento ocorre quando,

> uma vez sedimentada e interiorizada como senso comum, a ideologia se mantém, mesmo após a vitória da classe emergente, que se torna, então, dominante. Isto significa que, mesmo quando os interesses anteriores, que eram interesses de todos os não dominantes, são *negados* pela realidade da nova dominação – isto é, a nova dominação converte os interesses da classe emergente em interesses particulares da classe dominante e, portanto, nega a possibilidade de que se realizem como interesses de toda a sociedade –, tal negação não impede que as ideias e valores anteriores à dominação permaneçam como algo verdadeiro para os dominados. Ou seja, mesmo que a classe dominante seja percebida como tal pelos dominados, mesmo que estes percebam que tal classe defende interesses que são exclusivamente dela, essa percepção não afeta a aceitação das ideias e valores dos dominantes, pois a tarefa da ideologia consiste justamente em separar os indivíduos dominantes e as ideias dominantes, fazendo com que apareçam como independentes uns dos outros.
> (Chaui, 1985, pp. 108-9)

Segundo Chaui, é impossível substituir uma ideologia "falsa" por uma "verdadeira", já que a base de todas as ideologias está justamente no fato de elas não dizerem tudo, apoiarem-se em "vazios" e "brancos", pois seu principal objetivo é mascarar a real construção das relações sociais. Além disso, não existe uma ideologia dos dominados, pois a ideologia é em si um instrumento de dominação.

Enfim, para Chaui, o que se pode fazer é construir um pensamento crítico que questione determinada ideologia – ou, então, contrapor a ideologia ao conhecimento que muitos dominados têm a respeito da realidade da exploração e da repressão a que estão submetidos pelos dominantes (que podem ser tanto a escola e o Exército quanto a própria ideologia difundida e conservada pela escola, pela ciência e pela filosofia).

Para João Ubaldo Ribeiro (*apud* Novaes, 1995, p. 73), "a utilização da palavra ideologia nas novas relações sociais não passa simplesmente de uma descrição de fatos, ou conjunto de fatos, que é parte integrante das nossas vidas, sendo difícil conceber um ser humano que não abrigue alguma forma de pensamento ideológico".

Quando escrevia a minha dissertação de mestrado sobre uma literatura que intentava fornecer modelos de identificação positivos para as lésbicas, ouvi muitas falas que garantiam ser a "verdadeira literatura" aquela isenta de ideologias, pois do contrário não passaria de um texto panfletário, por vezes pernicioso (se voltado para crianças e adolescentes).

Se, por um lado, compreendo toda a manipulação contida por trás da ideologia, por outro, concordo com Cyana Leahy-Dios (2000, p. 273), que afirma: "Não creio que exista o conhecimento puro de textos, de um ponto de vista filológico, porque valores ideológicos traspassam toda ação humana".

Segundo João Ubaldo Ribeiro (*apud* Novaes, *op. cit.*, p. 73), "assim como todos nós somos políticos de uma forma ou de outra, todos nós temos uma ideologia, de uma forma ou de outra". Para ele, a literatura pode suscitar visões ideológicas não apenas diferentes, mas contrárias, o que possibilitaria a percepção da riqueza do signo literário.

Se os leitores treinados conseguem perceber essa riqueza, os menos experientes tendem a detectar "imagens imediatas representativas de uma experiência pitoresca" (Novaes, *op. cit.*, p. 73).

Volto ao exemplo dos textos de Cassandra Rios, que podem ser interpretados como homofóbicos por suas características mais superficiais, ou como positivos em termos da visibilidade lésbica. Fico com a segunda interpretação, considerando o fato de terem sido escritos numa época em que a ditadura militar exercia um grande poder de censura e, independentemente disso, à mulher era vetado o direito ao prazer. Ora, a mulher lésbica, além de contrariar esse veto, ainda ousava ser autônoma em sua sexualidade, exercendo a função de sujeito desejante em vez de ocupar o tradicional papel de objeto do desejo masculino. Portanto, considero os textos dessa autora extremamente corajosos, por afrontarem diretamente as normas sociais e a censura militar da época.

Seria algo ingênuo querer escrever um texto realmente isento de ideologias, pois a própria intenção já seria, em si mesma, uma ideologia. Nunca podemos nos distanciar da ideologia, pois estamos sempre ligados a alguma.

Falas como as que "condenam" as ideologias dos textos (como se fosse possível esvaziá-los delas) dificilmente virão de críticos ou autores pertencentes às chamadas "minorias". E é simples entender o motivo. Os textos que se dizem "isentos" trazem consigo, na verdade, a ideologia do poder constituído. Estamos tão impregnados por essa ideologia, por nela ter sido baseada a nossa formação, que só percebemos que os seus valores, tidos como "universais", não são tão universais assim quando, de alguma maneira, seja por sentirmos na própria pele, seja por observação atenta e uma consequente solidariedade, vemos que suas "verdades absolutas" só servem para alguns.

Aqueles que tentam questionar essa ideologia que compactua, ou melhor, que promove e busca a manutenção da injustiça fazem-no propondo novas ideologias, que, por sua vez, também seriam (se confiarmos na definição de Marilena Chaui) instrumentos de ocultação de uma "realidade" justa. Mas que "realidade" seria essa? Talvez a pergunta que melhor coubesse aqui seria: existiria, por acaso, uma "realidade" autônoma, independente da ideologia?

Estamos num imbróglio. Como começar a desenrolar os fios complexos de informações e dúvidas?

Penso que o primeiro passo seria "plagiarmos" a ideia de Guacira Lopes Louro e proporemos que se "desconfie da ideologia". Seria mais simples, poderiam dizer alguns incautos, descartarmos as ideologias de uma vez. Ora, isso é impossível, já que "para agir e pensar o homem vive em função da ideologia [...]. Sua orientação no mundo se dá a partir de uma rede de sinais que fazem a mediação entre ele e o real desconhecido. Sem a ideologia o homem não se reconhece, não se situa, não se nomeia" (Gonçalves Filho, *op. cit.*, p. 40).

Logo, voltemos à minha proposta e desconfiemos da ideologia. Mas de qual ideologia falamos? Daquela que mantém a sociedade dividida em grupos antagônicos, ao ditar o que é o certo, o errado, o belo, o feio; a que nos impõe normas e comportamentos aceitáveis. Enfim, da ideologia dominante (já que toda ideologia, lembrando a afirmação de Marilena Chaui, é um instrumento de dominação), ponto.

Acontece que questionar a ideologia requer um árduo trabalho, já que ela é reforçada a todo momento, em todos os lugares, na sociedade midiática. Em casa, no trabalho e na escola, que, como vimos no capítulo 3, é um local privilegiado para o sistema de dominação de classe, pois "é nela [...] que o homem aprende a ler – aprende a assimilar pela leitura seus 'valores universais' de dominação" (p. 26).

Zilá Bernd (1999, p. 108) afirma que a literatura, nos momentos de arbítrio e exceção enfrentados pelas sociedades em sua evolução, é o único tipo de discurso que pode, por seu caráter polifônico e pela sua multiplicidade de sentidos, desestruturar a sociedade, pois ela consegue passar pela censura, que não percebe o seu caráter subversivo. Ela compara a literatura ao bobo da corte, que é único que pode rir do rei, já que, por seu caráter ficcional e simbólico, não é levado a sério.

Contudo, acreditamos que

> a característica dominante da ambiguidade dentro da arte não é apenas uma saída para os períodos autoritários, mas, sobretudo, uma característica inalienável desta arte. O discurso conotativo tem a opção de realizar o jogo dialético do saber e do crer; sendo assim, toda estrutura polissêmica tenderá ao universal, ao atemporal e à contracultura, pois estará sempre aberto às leituras críticas sobre o processo social e político ensejado.
>
> (Novaes, *op. cit.*, pp. 77-8)

A afirmação de Bernd nos remete aos períodos de ditadura em que a censura proibia implacavelmente a manifestação de qualquer ideia que contrariasse as normas estabelecidas. Mas, como já mencionei antes, a censura ainda existe, continua implacável, sendo agora (de certa forma) mais cruel, pois fica camuflada sob ideais religiosos, estéticos e comportamentais impostos de maneira imperceptível. A estratégia agora não é a força bruta, mas a manipulação psicológica.

A arte, entre todas as expressões culturais do homem, é a que mais preserva a sua autonomia, e por isso ela consegue se libertar da servidão humana:

> Mas sua autonomia não lhe confere o estatuto da neutralidade absoluta, pelo contrário, ela é a mais comprometida com o humano na medida em que mais se dirige aos seus temas fundamentais: a liberdade, os sentimentos, a imaginação, a beleza – esse vasto universo de jogos ideológicos postos sempre na dianteira de nossos passos, de nossos rumos históricos. Sua autonomia a redime de seus "compromissos" ideológicos, porque sua força está não em apostar em verdades consagradas, de se circunscrever no espaço do verdadeiro e do falso. Sua "lógica" ideológica é revelar o mundo ao homem...
> (Gonçalves Filho, op. cit., p. 68)

E para isso seria necessário mostrar as suas inúmeras possibilidades, em vez de uma única legítima. A literatura se adequaria de maneira especial a tal objetivo, já que sua matéria-prima é a mesma que materializa a ideologia: a palavra.

Há várias referências à força da palavra em inúmeras sociedades. No hinduísmo, uma das religiões mais antigas do mundo, *Om* é "a palavra das palavras", representa o som absoluto, o som do infinito. Ao ser pronunciada, eleva a consciência de quem o faz. Segundo a tradição da cultura ocidental judaico-cristã, a criação do mundo se fez pela palavra: "E Deus disse: 'Faça-se a Luz!' E a luz se fez" (Gênese, I, 1-3). Nos contos orientais, temos o poder do "Abre-te Sésamo"; em as *Mil e uma noites*, Sherazade, pelo poder da palavra, salva a si mesma e à raça feminina, pois devolve à mulher o papel de esposa digna de respeito e de amor. Dentre os contos dos irmãos Grimm, temos o *Rumpelstiltskin*, palavra-título cuja pronúncia salva o filho da rainha.

A língua – e/ou a palavra – é um sistema de signos que exprime ideias, valores, nomeia os homens. Uma vez acionado, esse sistema provoca uma resposta, um comportamento. [...] A língua é um sistema de poder – um poder que estatui um saber – pelo exercício de liberdade e formação humana que ela tende a garantir. É um poder porque auxilia, de modo privilegiado, o domínio de outros saberes: o saber da física, da química, da matemática, da história, entre tantos outros. [...] O domínio da língua significa o ingresso no universo de homens livres, gera resistência à opressão. Ao homem a quem é negado o direito de falar e escrever, tudo lhe é negado. [...] A predominância da divisão do mundo entre oprimidos e opressores, dominados e dominadores, começa pela supressão e usurpação do direito da palavra.

(Gonçalves Filho, pp. 12-3)

Por isso, a literatura tem tamanha força, e, paradoxalmente, ao contrário de outras manifestações artísticas que usam matérias-primas específicas e particulares, ou seja, por trabalhar com a mesma matéria-prima usada em atos de comunicação que nada têm a ver com a arte, ela precisa buscar sua autonomia. Para isso, o escritor se vale da palavra trabalhada, esculpida.

"A palavra do escritor tem força porque brota de uma situação de não força" (Paz, 2007). A ideologia da verdadeira obra literária é diferente da presente no discurso ideológico, pois não deseja convencer o leitor de nada.

Em relação à distinção entre textos literários e não literários, José Carlos Barcellos (2002, p. 34) afirma que, se os primeiros já são, em si mesmos, práticas críticas em relação aos padrões ideológicos de determinada cultura, os outros são a (re)produção desses padrões.

Por isso, há que se policiar para não estimular novas ideologias que apenas ocupariam o lugar da anterior e sempre teriam opositores. Poderíamos afirmar que a literatura não deve pretender fornecer uma orientação moral baseada em uma nova ideologia. Ela seria, antes, uma "instância cultural que facilita a configuração, por parte do usuário, de variados tipos de reação, desde a alienação escandalosa ao engajamento radical" (Gonçalves Filho, *op. cit.*, p. 34).

Na entrevista que realizei, pedi aos professores que opinassem a respeito da "utilidade" da literatura. As opiniões foram as seguintes:

* "Acho que a literatura na escola, além de ajudar a desenvolver o apuro estético na prática da leitura, pode e deve ter um caráter pedagógico (utilitário, talvez...), já que em educação nenhuma escolha é neutra. A própria seleção de material é feita com base em alguns princípios, que podem ser fruto de um entendimento e desejo da equipe da escola ou até impostos por autoridades educacionais às quais a escola está vinculada. Acho também que quando trabalhamos um texto, não devemos fazê-lo superficialmente. O uso da linguagem é um ato social e, portanto, carrega toda a cultura e pensamento de um grupo social. Desta forma, também não acho que literatura seja neutra" – professora de instituição federal de ensino fundamental e médio na região Sudeste;

* "Acho que o interessante é pensar na diferença entre educação, ensino e instrução, que são conceitos diferentes e que determinam o entendimento da função da obra literária dirigida para crianças. Educação, em função de seu étimo, significa "conduzir para fora", ou seja, fazer com que o aprendiz desenvolva, construa algo que ele já traz latente e/ou de forma não sistematizada em si. Já ensino pressupõe um processo de fora para dentro, de internalização, de colocar uma marca, calcar a mente do aprendiz. Além disso, nas sociedades modernas, educação é muitas vezes substituída pela mera instrução, retirando do saber um aperfeiçoamento bem mais fino da educação, produzindo coisas como homens cultos e grosseiros ou letrados estúpidos. Literatura (qualquer que ela seja) é arte, e não consigo dissociá-la de saber, no sentido maior da curiosidade em ler o que nos cerca, de educação, de aquisição de conhecimento de mundo, de aprendizagem com o outro. Dessa forma, não como ensino ou instrução, vejo a função da literatura infantil, juvenil, ou qualquer outra adjetivação que se queira pospor" – professora de instituição federal de ensino fundamental e médio na região Sudeste;

※ "Penso que o conceito de utilidade é que precisa ser redimensionado. Todo e qualquer texto que apresente um trabalho criativo não só em termos de conteúdo, mas também em termos de expressividade, é útil para a formação dos leitores de qualquer faixa etária" – professora de instituição estadual de ensino fundamental e médio na região Sudeste;

※ "Não acredito na separação entre arte e atitude política, ética e existencial. Qualquer composição estética implica selecionar e combinar valores e hierarquizá-los" – professor de instituição militar de ensino fundamental e médio na região Sudeste;

※ "O pêndulo entre a utilidade e a fruição da literatura já foi palco de muitos enganos. Creio que seja possível dizer, sem receio de erro grosseiro, que a utilidade da literatura situa-se em terreno estranho ao pragmatismo do mundo. Afinal, é uma utilidade que circula no terreno da sensibilidade e da consciência. Não há grande proveito pedagógico em um texto ruim, mal construído ou óbvio demais (em se tratando de arte, é claro). Por isso, a busca de quem atua com leitura no ensino é sempre por textos que tragam o melhor do trabalho com linguagem, na expressão de conteúdos que, por sua vez, construam o olhar crítico, ou seja, que possam, de fato, atuar como libertadores em nossa prática pedagógica" – professora de instituição estadual de ensino fundamental e médio na região Sudeste;

※ "Acredito que o gosto pela leitura deve ser algo desvinculado de uma utilidade. A literatura infantil é, indiscutivelmente, útil enquanto recurso pedagógico, principalmente na faixa etária em que atuo (alfabetização). Neste caso sim, existe uma enorme utilidade. No entanto, o gosto pela leitura é individual. Vejo na minha sala de aula que, apesar de um grande incentivo, cada criança desperta o seu interesse de maneira particular. A utilidade da literatura infantil está em trazer para o cotidiano da sala de aula assuntos e conteúdos de uma maneira bonita e agradável. Atualmente existem muitos livros infantis de excelente qualidade que permitem a construção da criatividade, assim como a formação de bons leitores" – professora de pré-escola particular no Rio de Janeiro;

※ "A literatura não existe para ensinar, mas ensina. Em si, ela não tem o utilitarismo pedagógico de ensino, por isso, talvez, seja tão eficiente em passar a mensagem. É arte e arte ensina de outra forma. Talvez o que devemos cuidar é em não levar a literatura forçosamente a servir de instrumento de aprendizagem determinada. Eu trabalho literatura no ensino fundamental e acho muito importante (vejo muitos aqui que não trabalham). Exploro a oralidade nos recontos entre os próprios e outros alunos. [Quanto à] escrita, exploro a própria literatura do texto, procuro fazer com que os alunos percebam o essencial daquela escrita. Certamente, a literatura tem seu papel social também. Em sua literariedade, ela quer fazer com que o sujeito descubra conhecimentos" – professora de colégio estadual na região Norte.

Discordo dessa professora em um ponto: ela diz que a literatura não deve servir de instrumento de aprendizagem determinada. Contudo, é isso que acontece invariavelmente. Quando os professores selecionam os livros que serão lidos pelos estudantes, preocupam-se em escolher textos condizentes com o programa daquele determinado período letivo. De qualquer maneira, há a transmissão de um conteúdo aos estudantes, independentemente da vontade do professor. Só que, se não houver a preocupação de escolher livros que repensem as normas vigentes, estas, na verdade, serão reforçadas. E essa professora sabe disso, tanto que à pergunta seguinte, "No seu trabalho em sala de aula, você tem a preocupação de escolher textos que apresentem, de forma construtiva, a questão das diferenças (sexo, raça, religião, classe social, deficiências físicas etc.)?", ela responde: "No ensino fundamental público de minha realidade atual é angustiante [...] não dá para fazer o que gostaria. Professor de ensino fundamental – parece-me que raríssimos são os pesquisadores, os outros são reprodutores ou repetidores de livros didáticos etc. e tal".

As respostas dos outros professores a essa questão foram:

※ "É claro. Creio que ninguém vai responder outra coisa nesta questão. O problema é saber se, de fato, todo mundo enxerga o conteúdo discriminatório nas situações a princípio mais inocentes, ou ainda se a leitura atualizada pela juventude recebe determinada coisa como preconceito; textos que trazem como fundo o pobre, porém honesto, por exemplo, são cheios de boas intenções, mas reforçam estereótipos de expectativas sociais historicamente construídas" – professora de instituição estadual de ensino fundamental e médio na região Sudeste;

※ Sim. Esta é uma de minhas preocupações, pois entendo que é um dos temas mais importantes na formação dos alunos" – professora de instituição estadual de ensino fundamental e médio na região Sudeste;

※ "Tenho, mas sem caráter doutrinário, e sim como literatura na acepção acima. Nada desses paradidáticos chatos" – professora de instituição federal de Ensino Fundamental e médio na região Sudeste;

※ "Como professora de língua estrangeira no ensino fundamental, a escolha dos textos depende muito do assunto que estou trabalhando, do conteúdo gramatical e lexical e do nível de dificuldade para o aluno. Devido à falta de textos adequados, crio alguns deles ou adapto outros. Diante de tais exigências peculiares da disciplina, confesso que não tenho me preocupado com a questão das diferenças" – professora de instituição federal de ensino fundamental e médio na região Sudeste;

※ "Sim. Trabalhamos com o objetivo de formar cidadãos mais conscientes e seres humanos mais solidários. Nós, professores, somos formadores de opinião e temos como responsabilidade levar para a sala de aula assuntos polêmicos e levantar questões importantes para um mundo melhor" – professora de pré-escola particular na região Sudeste.

Todos os professores entrevistados reconhecem a importância da literatura para a discussão das diferenças e percebem que não devem impor novas ideias, mas mudanças de pensamento em nível muito mais profundo.

Chego à conclusão de que o texto literário não pode ser um sistema fechado, unívoco, e que precisa manter-se fiel aos seus princípios de democracia e abertura. Ele será sempre o espaço da ambiguidade, da indeterminação, da multiplicidade que espera "do leitor um trabalho mais refinado de reflexão sobre o mundo" (Pereira, 2000). A função da literatura não deve ser a de criar uma nova "verdade", mas a de reagir à verdade estabelecida.

Munido de uma percepção aguçada, treinada pela literatura, o leitor poderá tirar as suas próprias conclusões ou, simplesmente, não chegar a conclusão nenhuma, satisfatoriamente.

A literatura como educadora

Já notamos que não é possível esvaziar os textos de seus significados para estudá-los, nem encontrar uma literatura isenta de ideologias. Já pudemos perceber também a força da literatura. Já que falamos de preconceitos, de ideologias, de currículo, as perguntas que me ocorrem agora são: como a literatura é estudada nas escolas? A situação é favorável? Se não for, como fazer para mudá-la?

Segundo Nelly Novaes Coelho (1982), o ser humano se desenvolve e se realiza integralmente por meio da consciência cultural. E, nesse caso, precisamos compreender a relevância da literatura para os seres em formação, já que ela é, entre as diversas manifestações da arte, a que age de maneira mais profunda e duradoura para divulgar e dar forma aos valores culturais de uma sociedade ou civilização.

Ao estudarmos a história das culturas, podemos perceber que tanto a literatura oral quanto a escrita foram os principais meios de transmissão da tradição, de geração para geração. Essa tradição, segundo Coelho (1982, p. 4):

> nos cabe transformar, tal qual outros o fizeram antes de nós, com os valores herdados e por sua vez renovados. E é no sentido dessa transformação necessária e essencial [...] que apontamos na Literatura Infantil (e na Literatura em geral...) a "abertura" ideal para que a nova mentalidade, que se faz urgente conquistar, possa ser descoberta.

Alfredo Bosi disse, em uma entrevista ("Entrevista com Alfredo Bosi", 2005), que a cultura está num permanente *in progress* e apenas as culturas decadentes se congelam no tempo. Penso que a literatura, como parte integrante da cultura, não pode se limitar a ser um meio de transmissão dos valores da tradição, mas deve investir também nos projetos de futuro, nas mudanças que possam acompanhar a evolução de uma sociedade cada vez mais plural.

Se concluo que a literatura não é desvinculada do ato de formação, de educação, devo agora perguntar: como ela é ensinada nas escolas, local de formação por excelência?

Recorro a Cyana Leahy-Dios, cujo livro *Educação literária como metáfora social*, baseado em sua tese de doutorado, defendida na Universidade de Londres, influenciou fortemente a escolha do tema de minha obra.

Suas perguntas iniciais me instigaram a buscar uma aproximação entre a educação literária e a literatura homoerótica que analisei na dissertação de mestrado. Fiquei francamente aliviada ao perceber que não fui incoerente ao imaginar que, por meio do ensino da disciplina "literatura", poderíamos mostrar aos estudantes novos caminhos, estimulá-los a permitir que novas mentalidades aflorem. Não que essa ideia seja uma novidade, o que fica claro após a leitura do texto citado de Nelly Novaes Coelho, publicado há mais de vinte anos. A questão é que eu nunca havia me debruçado com um olhar crítico sobre a literatura infanto-juvenil.

Em meus anos de graduação, não deparei com esses textos, algo difícil de compreender, já que o curso de letras (português-literatura) pressupõe a formação de professores de língua ou literatura que deparação com turmas de crianças e adolescentes e deverão ter um referencial teórico que lhes dê suporte para esse trabalho.

Entre os possíveis motivos para a ausência de disciplinas sobre literatura infanto-juvenil em várias universidades provavelmente está o fato de que ela é considerada, por muitos, uma literatura "menor"; aprofundarei essa questão no próximo capítulo. Por enquanto, limito-me a tentar entender o processo de educação literária nas escolas brasileiras.

As perguntas iniciais de Leahy-Dios, às quais me referi anteriormente, são: "O que significa educação literária? [...] para que temos literatura no currículo escolar de segundo grau? Qual sua importância no contexto educacional de nosso tempo? Qual o papel da literatura na sociedade que temos e que queremos ter?" (Leahy-Dios, *op. cit.*, p. 13).

Para a autora,

> estudar literatura na escola deveria ultrapassar a visão da disciplina como uma expressão de pura arte contemplativa; seu papel educacional é tão importante quanto seu caráter recreativo e artístico, pelo fato de a educação literária se situar em uma interseção interdisciplinar, se apoiar em um *triângulo multidisciplinar*, lidando com formas, meios e objetos variados. Por envolver a linguagem escrita e falada, a disciplina se aproxima da história e da economia, se liga a questões sociais e políticas, referindo-se a fontes psicológicas, esbarrando em emoções, sentimentos e sensações. Embora sua abrangência seja quase ilimitada, seus efeitos como disciplina de estudos na escola não são esclarecidos, tendo escasso efeito real as propostas para um modo crítico e criativo de ensinar e aprender literatura.
>
> (Leahy-Dios, *op. cit.*, pp. 41-2)

Ela usa a expressão "triângulo multidisciplinar" porque a literatura é uma disciplina sustentada pelos estudos da língua, estudos culturais e estudos sociais. Por isso, ela é chamada de disciplina *fronteiriça* por Giroux, e pode ter "um papel central na criação de uma consciência sociopolítica nos futuros cidadãos de qualquer sociedade" (Leahy-Dios, *op. cit.*, p. 16).

Segundo Leahy-Dios, por ser uma "disciplina", a literatura compõe um currículo educacional determinado por ideologias, papéis e expectativas político-culturais. A finalidade com que a literatura é "ensinada" é, antes de tudo, didática, voltada para o bom desempenho dos estudantes em provas.

Por ter o seu poder reconhecido, a disciplina "literatura" corresponde a uma forma de se "promover o estilo da elite acadêmica através de atitudes, do discurso e da aparência, servindo para impor aos estudantes as ideologias socioeconômicas das classes hegemônicas, apesar da pátina estática e asséptica com que os estudos literários se apresentam academicamente" (pp. 21-2).

A educação literária seria, portanto, uma seleção e organização de textos "corretamente peneirados e corretamente estudados" (Batsleer apud Leahy-Dios, op. cit., p. 31), de acordo com os interesses sociais hegemônicos.

O que presenciamos, na maioria das vezes, é um quadro imutável, em que as demandas dos estudantes não são atendidas e as aulas de literatura passam longe do incentivo necessário para que os alunos sejam capazes de formular críticas relevantes à

literatura como expressão artística através da língua, como mediadora de encontros sociais e culturais, mas também à educação como uma instituição sociopolítica aparentemente anacrônica, delimitada por ideologias políticas que exigem uma luta pedagógica entre os papéis tradicionais e um mundo em acelerada mudança.

(Leahy-Dios, op. cit., p. 30)

Ao pensarmos em educação literária, devemos questionar quais aspectos poderiam ter prioridade no contexto dos estudos literários. Que contribuição esses estudos poderiam trazer para as sociedades em que coexistem indivíduos de diversas etnias, crenças, orientações sexuais etc.?

Ao ler um texto literário, o leitor formula uma rede de símbolos em sua mente. A educação literária deveria colaborar para que ele tivesse uma visão crítica desses símbolos. "Fazendo uso de diferentes teorias críticas, diferentes significados podem surgir e se desenvolver nas salas de aula onde se permitam e se ouçam as variadas vozes" (Leahy-Dios, p. 279).

No ensino de literatura usual, as ordens estéticas e políticas seguem o modelo hegemônico hétero-patriarcal-falocêntrico, e as chamadas "minorias" (claro está que essa palavra, nesse caso, tem um sentido mais de valoração que de quantidade) não se encontram representadas, sendo difícil, portanto, que consigam se reconhecer. Todos precisam se identificar com princípios teóricos patriarcais.

Nos livros escritos para crianças e adolescentes, quando aparece uma história de amor, invariavelmente o casal é heterossexual. Com qual dos dois personagens, o masculino ou o feminino, o *gay* poderá se identificar? E a lésbica?

No livro *Grrrls: garotas iradas* (Leonel, 2001), a autora fala de um artifício usado por Kimberly Pierce, diretora do filme *Meninos não choram*, para minorar esse problema:

> Desde a primeira vez que viu a cena do filme *To have or have not*, em que Humphrey Bogart emprestava uma caixa de fósforos a Lauren Bacall, sedutor como sempre, ela, Pierce, sempre se imaginou no lugar de Bogart. A diretora quis, com isso, ilustrar um dos artifícios mais usados por gays e lésbicas durante séculos para identificarem-se com as histórias que liam e viam nos palcos ou nas telas de cinema.
> (Leonel, *op. cit.*, p. 105)

No entanto, o artifício não satisfaz os homossexuais, pois estes sempre se sentem em desvantagem em relação aos heterossexuais, que não precisam de técnicas mirabolantes que lhes permitam a identificação.

Como a maioria das formas de manifestação cultural, os currículos de literatura não fazem referência a questões ligadas às "minorias". Não há a preocupação de atender a individualidades e subjetividades multiculturais. Os professores pincelam alguns conceitos básicos da teoria da comunicação antes de partir para o programa em si. "Outros tipos de análise histórica não são considerados, visto que seus cenários não canônicos podem comprometer a imutabilidade dos conteúdos literários impostos a alunos e professores" (Leahy-Dios, *op. cit.*, p. 192).

> Caberá, então, a educadores, a tarefa de selecionar textos de qualidade literária, ou seja, que cumpram a função de provocar reflexões, ao invés de serem textos de simples entretenimento, dos quais nos esquecemos alguns minutos após fecharmos suas páginas. Textos que tenham a capacidade de "arejar" o imaginário social, trazendo à luz toda a imensa gama de pensamentos, ideias e comportamentos, ensinando as crianças e jovens a "serem cidadãos críticos ao invés de comportados".
> (Giroux *apud* Santos, 1997, p. 187)

A educação literária não pode ter a pretensão de manter-se alheia às realidades sociais. Ela constitui um espaço privilegiado para a análise dos discursos das sociedades emergentes, e precisa reconhecer isso. Agora, como ela vai utilizar esse poder é a questão de fato.

Se os professores começarem a falar de um outro discurso como o correto, não contribuirão de verdade para que o leitor tenha capacidade de discernir. Funciona mais ou menos como aquela história que diz que não adianta dar um peixe a uma pessoa com fome, mas ensiná-la a pescar. Se o professor se arvorar em "detentor da verdade", agirá como o sistema, que sempre deseja mostrar o caminho a seguir, como sendo o certo. Afinal de contas, a verdade (se existir uma verdade) dele não é necessariamente a minha, ou a de ninguém mais. O ideal, portanto, sempre será fornecer material crítico e literário variado para que o leitor se dê conta da multiplicidade de opções e de pontos de vista.

Os professores, antes de tudo, precisam se dar conta de que

os silêncios docentes podem ser entendidos através dos vácuos cognitivos e conceituais existentes em seu aprendizado e formação, que carecem de ênfase nas teorias críticas sobre leitura literária, objetivos pedagógicos e processos educacionais. À frente de turmas caracterizadas pela diversidade, professores frequentemente se acham munidos apenas de métodos acríticos dirigidos a uma clientela homogênea e irreal. Entender essa inadequação é o primeiro passo para práticas mais coerentes e avaliações mais sensíveis de si próprios e de seus alunos.

(Leahy-Dios, *op. cit.*, p. 269)

Para que tal quadro mude, seria de considerável ajuda que os docentes mostrassem aos estudantes que não há apenas uma maneira de ler uma obra literária, dando a oportunidade para que estes fizessem um *link* com a multiplicidade de modos de encarar as questões sociais. Tanto uns como outros devem se libertar de seus valores pessoais, ou, ao menos, estar atentos e abertos aos outros valores que os cercam, para que possam efetivamente realizar uma análise crítica.

Com a educação literária, o leitor desenvolverá melhor esse olhar crítico, que se estenderá para diversos campos de sua vida, se for levado a perceber os possíveis valores contidos no texto por meio da observação sensível e arguta do material. "É nas entrelinhas, naquilo que escamoteia e na sua inesgotável capacidade de trapacear com a linguagem que a literatura produz efeitos de verdade, que atingem e modificam o leitor, levando-o a reavaliar sua relação com o outro e com o Diverso" (Bernd, op. cit., p. 109).

A obviedade de um texto literário atrapalharia o processo, já que haveria uma "verdade" explícita. Nesse caso, a leitura já seria direcionada, o que eliminaria a sua melhor parte, que é justamente a descoberta. Da mesma maneira, o professor, em sala de aula, deve evitar um "direcionamento tendencioso" da leitura, a fim de que seus alunos não se sintam tolhidos.

Há professores que trabalham os textos com seus estudantes das mais diversas formas, como aponta Márcia Lisboa (2006): há os *impressionistas*, que se deixam levar pelo gosto pessoal e consideram a experiência estética como algo totalmente desvinculado de qualquer pragmatismo e marcado pela satisfação desinteressada; há os *puristas metafísicos*, para quem a civilização corrompe o homem, cuja comunicação essencial é pura, pré-linguística, por isso, a teoria só serviria para afastar o leitor de sua essência, manifesta na interpretação pessoal do mundo; há os *hedonistas*, que se prendem exclusivamente ao prazer pessoal; os *herméticos*, que encontram significado nos menores detalhes; há os *eruditos*, que se afastam do texto, já que valorizam apenas dados extrínsecos a ele, como a biografia do autor, nomes que o influenciaram e assim por diante; há os *tecnocratas*, que reduzem a leitura a fórmulas ou códigos específicos; finalmente, há os *dogmáticos*, que enxergam "na literatura exclusivamente o viés social, tratando a obra como um sintoma da sociedade em que foi criada".

Após apresentar tantos perfis de professores, a autora não destaca um que seria considerado "ideal". Em vez disso, afirma que o único perfil válido seria aquele marcado por uma mobilidade baseada na combinação entre teoria e sensibilidade. Para ela, o professor deverá "criar um modo de ler junto com os alunos que os ajude a mirar a beleza presente no texto literário. Uma atitude que demonstre que, para mergulhar no mar da linguagem, é preciso desnudar-se de pré-conceitos e entregar-se ao diálogo" (2006).

É preciso que o professor se dedique a "ensinar" seus estudantes a formarem, eles próprios, suas opiniões. Gustavo Bernardo (2007, p. 33) afirma que "'ter uma opinião' é muito mais difícil do que se supõe. [...]

Opiniões são raras, logo, precisam ser construídas com muito cuidado e com muito trabalho".

Uma das maneiras de fazer dos estudantes seres críticos é incentivá-los a duvidarem. De seus livros, de seus professores, dos currículos e até de si mesmos e de suas interpretações apressadas. O estudante "não aprenderá, e, portanto, não será capaz de argumentar com o mínimo de qualidade, se não exercitar a dúvida sobre o que lê, sobre o que vê, sobre o que escuta e, principalmente, sobre o que pensa" (Bernardo, 2007, p. 34). O autor completa:

> Se queremos um mundo com indivíduos intelectualmente autônomos, capazes de duvidar, investigar, concluir, demonstrar e, principalmente, dialogar, todas as nossas formas de avaliação (e, obviamente, todas as nossas aulas) devem refletir, não como um desejo abstrato, mas como condição estrutural, esse objetivo.
>
> (Bernado, 2007, p. 42)

O poder de transformação que a literatura pode ter para os leitores que se debrucem sobre os textos com verdadeiro olhar crítico é exemplificado pelo seguinte relato de Bell Hooks, o qual, confesso, me emocionou:

> Foi durante os anos em que ensinei no departamento de Estudos Afro-Americanos em Yale (um curso sobre escritoras negras) que eu percebi como a educação para a conscientização crítica pode fundamentalmente alterar nossas percepções da realidade e nossas ações. Durante um desses cursos, nós, coletivamente, exploramos o poder do racismo internalizado na ficção, vendo como ele era descrito na literatura e também questionando criticamente as nossas experiências. Uma das estudantes negras que sempre tinha alisado seu cabelo [...] sofreu uma importante mudança. Ela voltou à aula após um período de feriados e contou a todos que essa disciplina a tinha afetado profundamente, tanto que quando ela foi fazer seu alisamento usual alguma força dentro dela disse "não". Lembro ainda o medo que senti quando ela testemunhou que a disciplina a havia transformado. Embora eu acreditasse profundamente que a filosofia da educação para conscientização crítica fortalece nosso poder,

eu ainda não havia unido [...] teoria e prática. Uma pequena parte de mim ainda queria que nós permanecêssemos como espíritos descorporificados. E o seu corpo, a sua presença, seu novo visual eram um desafio direto que eu tinha que enfrentar e confirmar. Ela estava me ensinando.

(Hooks, 1999, p. 119)

Talvez alguns professores não enfrentem essas questões em suas salas de aula não apenas porque, como diz Leahy-Dios, tenham "vácuos cognitivos" (*op. cit.*, p. 269), mas porque é algo assustador perceberem que podem "transformar a cabeça" de seus alunos, tornando-os verdadeiramente conscientes e capazes de determinar não a diferença entre o bem e o mal (já que tais conceitos são absolutamente subjetivos e artificiais), mas o que desejam e o que não desejam para si; enfim, torná-los seres pensantes, com todos os ônus e bônus que possam advir dessa "transformação".

Da mesma maneira, eu, como mãe, por muitas vezes fiquei angustiada ao perceber algumas consequências que meu filho sofre por ter sido estimulado a se tornar um "ser pensante". O fato de ter ideias, gostos e comportamentos diferentes do *mainstream* faz que ele se relacione com pouquíssimos colegas. Ele se percebe diferente por preferir música clássica a *rock*, por praticar ioga em vez de futebol ou vôlei etc.

Contudo, penso que se ele vier a gostar de *rock* ou futebol, será por escolha pessoal, e não por imposição social. E sei que se ele afirmasse gostar de *rock* apenas para se integrar, ocultando sua preferência pelos clássicos, conseguiria essa integração por fingir ser o que não é.

Portanto, acredito que sempre é melhor tentarmos nos descobrir e ser o que somos, mesmo que tal escolha seja, invariavelmente, mais difícil.

(Questionando o cânone

Penso que cabe aqui abrir um parêntese sobre a questão do cânone. Desde o século IV, para a Igreja Católica, o termo "cânone" significa a lista de livros sagrados que transmitem a palavra de Deus; portanto, representam a verdade e a lei "que deve alicerçar a fé e reger o comportamento da comunidade de crentes" (Ceia, 2005).

O conceito de cânone se expandiu para outros campos, além do religioso, e pode ser definido como uma seleção de obras e/ou indivíduos capazes de transmitir os valores considerados universais. De acordo com sua ausência ou presença no cânone, as obras são consideradas legítimas ou marginais, heterodoxas ou proibidas. Fica claro, portanto, que o cânone veicula o discurso normativo e dominante em determinado contexto.

Por discutirmos a necessidade de darmos ouvidos às diversas vozes, é preciso que investiguemos a presença destas no cânone literário.

Segundo Kothe (1997), o cânone da literatura de um país é o conjunto dos seus textos consagrados, considerados clássicos e ensinados em todas as suas escolas. O termo "cânone", por sua origem religiosa, conota a natureza "sagrada" atribuída a certos textos e autores.

A pretensão implícita em todo cânone é ser indubitável e absoluto [...] ele é o poder em forma de texto. O cânone é formado por textos elevados à categoria de discurso, no sentido de que nele se tem a palavra institucionalizada pelo poder. O cânone não pretende ter uma estrutura, mas ser simplesmente a condensação dos textos selecionados da tradição e pela tradição, por causa de sua qualidade artística superior: o fundamento de sua poética é, no entanto, política.

(Kothe, 1997, p. 108)

O cânone, de maneira semelhante à ideologia, não é percebido por aqueles que estão envolvidos por ele. Os interesses de dominação presentes na formação de sua estrutura só são visíveis "ao olhar distanciado do 'herege', daquele que vê suas limitações e características, sem estar envolvido pelo objeto" (Kothe, 1997, p. 108).

O cânone é limitado e crê ser a parte mais importante e de maior valor da produção literária nacional, representando todas as classes sociais. No entanto,

no Brasil, a literatura escrita é privilégio de minorias, tendendo a silenciar problemas das camadas inferiores da sociedade, ainda que falando em seu nome. Ocasionalmente se manifesta a tendência contrária, de relatar e de expor pontos nevrálgicos da sociedade, desde que já estejam resolvidos ou sejam considerados catástrofes naturais.

Uma vez expostos, a interpretação tende novamente a neutralizá-los, seja fazendo de conta que pertencem ao passado, seja supondo que o próprio discurso é a solução. Ao invés de o sistema escolar ampliar a consciência dos problemas acumulados na história, tende a calá-los mediante a fala. É uma forma de conservadorismo, em que justamente os problemas são conservados, empurrados adiante com a barriga, sem que se cultive a consciência da tradição de luta no sentido de resolvê-los.

(Kothe, 1997, pp. 129-30)

Como no processo de formação da ideologia, o cânone, por sua repetição e seu reforço, acaba por se tornar, no imaginário social, a legítima produção literária de valor. As obras selecionadas para figurarem no cânone são privilegiadas de acordo com a visão hegemônica. Uma obra escrita segundo uma perspectiva diferente desta, na maioria das vezes, é ignorada e discriminada a *priori*. E, "caso consiga vencer a barreira do silêncio, tende a ser desclassificada como deformação ou até difamada como falsa. Consegue às vezes tornar-se um *curiosum*, a ser esquecido depois de surrado em público, que é, porém, incapaz de 'arranhar' o cânone instituído: faz-se ideologia em nome da ciência para reafirmar o já vigente" (p. 11).

As forças dominantes alegam buscar, na construção do cânone, a "qualidade literária" dos textos. No entanto, a verdade é que, acima de tudo, a entrada no cânone é garantida apenas para textos que legitimem os interesses políticos das autoridades constituídas.

Nesse contexto, se essa estratégia funciona para impedir a inclusão de textos que se oponham, de alguma forma, à estrutura social vigente, paradoxalmente, garante a inclusão dos que não têm efetivamente a proclamada "qualidade literária". Segundo Kothe, há muita banalidade, bobagem e elementos *kitsch* em altas prateleiras. "Do cânone é preciso fazer um reexame, para diferenciar aquilo que ingressou nele devido à necessidade de ocupar um espaço estratégico, e aquilo que, eventualmente, ainda é capaz de se manter após uma releitura crítica" (p. 13).

A voz feminina, por exemplo, na literatura estudada por crianças, adolescentes e jovens, é, segundo a pesquisa de Leahy-Dios, inexistente. E não é a única voz que se faz ausente.

Neste país de mulatos, com histórica miscigenação, há apenas um autor negro a ser estudado, Cruz e Souza, incluído em todos os programas por ser o maior poeta Simbolista da nossa literatura. Nem há, tampouco, na seletividade do cânone de educação literária, autores não-brancos que tratem da questão racial. O número elevado de escritores contemporâneos de prosa e poesia não encontra espaço na educação literária, que igualmente ignora textos literários que tratem da ditadura militar dos anos 60 a 80, com os contrastes e características multiculturais do país, entre gêneros, classes sociais, etnias e suas culturas.

(Leahy-Dios, *op.cit.*, p. 194)

As vozes homossexuais tampouco são citadas. E cabe a pergunta: como posso saber se o cânone não abriga textos de autores homossexuais? Bem, a voz homossexual ocupa um lugar diferente nessa questão. Certa vez, uma amiga disse que ela possui três estigmas que a caracterizam como minoria, mas apenas um ela pode omitir. Ela é mulher, negra e homossexual.

Se o fato de ser mulher ou negro é óbvio, o mesmo não acontece com os homossexuais, que precisam explicitar as suas práticas, já que não há uma marca aparente que os identifique, o que torna as suas vozes muito mais apagadas.

Daí a tendência que a literatura homoerótica feminina mostrou, no momento em que sua produção foi incentivada: explodiu em textos carregados de erotismo, muitas vezes pornográficos, com a exacerbação de uma sexualidade que não deixasse a menor sombra de dúvida quanto a se tratar do amor entre mulheres.

A negação das forças dominantes em ouvir a voz do "outro" impede que a diferença se torne parte da contradição inerente a toda identidade. Como afirmar uma identidade sem que haja outra à qual ela possa se opor? Logo, essa negação excludente acaba por enfraquecer a própria identidade dominante.

Para João de Mancelos (s.d.), as instituições constroem e controlam o cânone literário. Os professores e críticos selecionam as obras que serão estudadas, produzem um *corpus* crítico sobre autores específicos e centram sua investigações em algumas áreas.

O processo de inclusão e exclusão de autores e textos literários privilegia, como já vimos, os interesses da ideologia vigente e, por isso, assimila os autores que correspondem aos critérios que os inserem na classe dominante: autores brancos, heterossexuais, do sexo masculino, de formação judaico-cristã. Às vozes dos que não atendem a tais "pré-requisitos" básicos restou a exclusão.

No entanto, alguns estudiosos afirmam que a voz dos excluídos não deveria tentar encontrar um lugar para si no cânone, o que acabaria por transformá-la em "farinha do mesmo saco", ou seja, seria conivente com o sistema de exclusão e de implantação de uma "verdade absoluta". Antes, essa voz deveria levantar-se para questionar o cânone e suas "verdades". Melhor ainda, deveria aproveitar o ensejo e questionar a verdade em si.

Deparamos com o problema das duas vertentes que sempre se enfrentam, para tentar definir qual seria o melhor caminho para as minorias: a inclusão, no sentido de buscarem a sua inserção na sociedade, ou a tentativa de desmascaramento desta, com a recusa de curva-se a ela.

Se por um lado alguns, como Harold Bloom, defendem que a escolha dos textos deve ser baseada exclusivamente em critérios estéticos, por outro,

> os defensores do multiculturalismo contrapõem que o cânone tradicional e os correspondentes programas de literatura também reflectem posições políticas: racismo, nacionalismo e sexismo. Afirmam, ainda, que um ensino apontado para outras direcções facultará aos estudantes novas realidades e experiências.
>
> (Hunter *apud* Mancelos, *op. cit.*, p. 9)

De qualquer modo, podemos perceber que é urgente a revisão do cânone dentro das escolas, que fazem da educação literária uma disciplina enfadonha para a maior parte dos estudantes. A distância entre os interesses destes e os textos que fazem parte do currículo é imensa.

> O pedido de reconhecimento dos valores culturais contemporâneos, a serem estudados no currículo de educação literária, é uma questão de validação dos problemas recentes e atuais ligados à história da luta pela democracia no país. Alguns alunos já perceberam que impor a literatura europeia medieval e textos semi-históricos a adolescentes de todas as classes sociais, como se essas fossem as únicas e perenes representações artísticas da cultura nacional, é uma tentativa de silenciar através de intimidação sociopolítica e monotonia pedagógica.
>
> (Leahy-Dios, *op. cit.*, p. 216)

A manutenção desse currículo garante o tédio dos alunos e o alívio de uma sociedade conservadora que, embora alardeie aos quatro ventos a sua busca pela democracia, no fundo deseja manter todos confortavelmente instalados em um mundo de desigualdades sociais. É uma pena que, talvez tarde demais, diante de crianças atirando em cidadãos de classe média em sinais de trânsito, só agora comece a surgir a consciência de que apenas a verdadeira educação dos estudantes como cidadãos críticos pode transformá-los em agentes capazes de reverter esse caminho aparentemente sem retorno.

Outra questão que talvez ajude a justificar a insistente exclusão das vozes diferentes em relação à voz do "pai" é que os códigos que permitem a sua leitura também são diferentes dos códigos do "pai".

Segundo a pesquisadora Ivia Alves (2002), os discursos femininos, por exemplo, devem ser analisados segundo valores estéticos diferentes daqueles consagrados pelo cânone, já que foram escritos em circunstâncias culturais distintas, em contextos e relações de poder específicos. Podemos perceber, então, que a inclusão de outras vozes no cânone, inclusive a homossexual, fará que os pesquisadores valorizem outras categorias estéticas bem diferentes das hegemônicas, o que não seria nada mau.

Fecho o parêntese.)

Literatura homossexual e/ou literatura *gay*

O nosso sistema social só aceita como positiva a categoria hetero-masculina. A heterossexualidade é compulsória, por ser a única legítima, e todos os que não se adequarem a ela são necessariamente excluídos se forem percebidos, o que não ocorre em muitos casos.

Os não-heterossexuais são uma categoria negativa/opositiva em relação àquela legitimada socialmente. O heterossexual não precisa se explicar nem sequer se identificar, pois se parte do pressuposto de que um indivíduo que não fale nada sobre a sua sexualidade seja naturalmente heterossexual.

Recentemente, uma amiga, estudante de letras, contou que se declarou homossexual diante da turma e de determinado professor. Não lembro o motivo que a levou a isso, o que não vem ao caso. O fato é que, tempos depois, ao ler um poema para a turma, esse professor comentou que a voz do poema era masculina, uma vez que se referia à "amada". Minha amiga, em tom jocoso, perguntou: "Mas como assim?", o que resultou em risadas de todos, inclusive do professor, que percebeu seu "erro".

No livro *Sempre por perto*, de Anna Claudia Ramos (2006), voltado para adolescentes, a autora usa um recurso bem interessante para desestruturar essa norma. Trata-se da história de Clara, que, já na idade adulta, recorda-se de várias fases de sua vida, inclusive da adolescência, quando descobriu que sentia atração por meninas. A autora induz à confusão ao mostrar que Clara tem uma filha, o que indica uma provável bissexualidade, ou, talvez, que Clara desistiu de manter relacionamentos homossexuais.

Quase no final da história, Clara fala ao telefone com um namorado, ou namorada, já que em nenhum momento isso fica claro. A "sonegação" aqui tem dois sentidos: mostra que o fato de não se declarar o sexo biológico do(a) namorado(a) de Clara não indica necessariamente que se trata de um homem, como seria de esperar; e evidencia que a possibilidade de que Clara se relacione com um homem ou uma mulher é apenas um detalhe sem a menor importância. A única informação relevante é que ela vai ao encontro "de seu amor" (p. 79).

FIGURA 8: Ilustração de Antonio Gil Neto, em Anna Claudia Ramos, *op. cit.*, p. 68.

Essa indefinição só existe no livro porque a relação homossexual de Clara ficou explicitada. Se não fosse assim, os leitores deduziriam que o sexo biológico desse "amor" é masculino.

No campo da literatura, isso se traduz da seguinte forma: a menos que o sujeito *queer* seja capaz de isolar uma essência *queer* que adjetive a diferença do/no seu discurso literário, esse é suposto hétero. Ou seja, a literatura hétero é absolvida da marca de gênero e sexualidade, isto é, ela não tem que provar que é hétero. Por outro lado, a menos que os críticos sejam capazes de apontar (usando para isso a linguagem falocêntrica) códigos e estratégias que fixam e essencializam *queerness*, esta é "apagada" e descartada. Essa é uma poderosa técnica de simplificação, controle e empobrecimento usada pelo sistema dominante para impor seus limites nas subjetividades e discurso *queer*.

(Santos, 2002, pp. 16-7)

Ora, se o homossexual precisa de um discurso que o afirme como tal para diferenciá-lo da figura "universal" e "natural" do heterossexual, quais são as marcas que, ao longo dos tempos, surgem na literatura? Jurandir Freire Costa traçou uma pequena história da literatura, mostrando como ela ajudou a definir, de certa maneira, a imagem da homossexualidade masculina.

Segundo Costa (1992), esse delineamento começou a ocorrer na literatura do final do século XIX e início do XX. No século XIX, a tendência era mostrar o homossexual como instrumento de denúncia social. "O 'homossexual', diz-se, é um *outsider* cuja preferência amorosa desfaz o silêncio tecido pela sociedade em torno de sua origem e funcionamento escusos. Em Balzac, a defesa do 'homossexual' como um marginal ou como um rebelde romântico é explícita e levada ao extremo" (p. 45). Essa imagem cria o clichê do homossexual como um homem "naturalmente apto a subverter moralmente a sociedade" (p. 46).

Ainda segundo Costa (1992), o homossexual balzaquiano foi extremamente importante na luta contra a discriminação, tanto que a identidade *gay* é herdeira dessa imagem do homossexual *outsider*.

Já na obra de Proust ocorre o contrário. Em seus textos,

a exceção homoerótica abandona as hipóteses naturalistas e da crítica social para mergulhar em especulações sobre o acaso e a necessidade dos sentimentos e condutas humanas. Na versão proustiana, o homoerotismo é entendido como um caso das leis da evolução de Darwin. [...] O "homossexual", segundo Proust, é um exemplar da natureza. [...] O homoerotismo proustiano é [...] uma transfiguração do infame. Da baixeza Proust extrai o sublime, a fusão físico-espiritual de almas e corpos sempre gêmeos. Os sodomitas encontram-se e atraem-se como o zangão e a orquídea. Porém, o encontro inevitável não visa à reprodução biológica. O produto desse acasalamento é a fecundidade espiritual. Uma fertilidade superior que gera o belo, o artístico, o amor pelo elevado. Proust [...] inaugura um dos mais tenazes mitos sobre a natureza do "homossexual", qual seja o de sua refinada sensibilidade.

(Costa, 1992, pp. 48-9)

Gide, por sua vez, retrata o homossexual como um ser em conflito entre o desejo e a consciência. Costa (1992) assevera que os personagens de Gide têm, em relação ao sexo, terríveis crises de consciência. O seu homossexual é um ser dilacerado, que só se permite viver sua sexualidade em terras exóticas. "No calor recendendo a incenso, o civilizado burguês está autorizado a despir-se de casacos, chapéus, bengalas, bons modos e restrições morais. Ali, no deserto de Deus, o homoerotismo apaga-se dos dez mandamentos" (p. 53). Dessa forma, uma terceira imagem do homossexual vem se juntar às outras, na formação de sua identidade: a do homossexual exótico, excêntrico. Seu lugar como "outro" é reforçado ainda mais.

A imagem da mulher homossexual na literatura tem uma história diferente, por conta de algumas questões específicas. Além de ter de defender uma sexualidade desvinculada dos fins reprodutivos, considerada "normal", ela ainda precisa lutar pela libido feminina, que sofreu uma ação silenciadora durante séculos.

A escritora Adrienne Rich (*apud* Vargas, 1995, p. 33) afirma que

o silêncio que encobre a possibilidade do encontro amoroso entre mulheres é parte da totalidade do silêncio a respeito da vida das mulheres, além do que [...] tem sido um modo efetivo de obstruir a intensa e poderosa onda em direção à comunidade feminina e ao compromisso das mulheres com mulheres que ameaça o patriarcado.

Em 1928, a escritora inglesa Radclyffe Hall publicou um livro que viria a ser conhecido como a "bíblia do lesbianismo": *O poço da solidão*. A autora mostrou a personagem lésbica como um "desvio da natureza". Stephen, desde o nascimento, era diferente das meninas. Tinha corpo musculoso, com pouco seio, pouco quadril e capacidade de argumentar racionalmente (características masculinas para a época). Era uma aberração por quem até a mãe sentia aversão.

Podemos dizer que a intenção de Hall, com essa personagem, foi mostrar à sociedade que as mulheres homossexuais não têm "culpa" por serem assim. É um desígnio da natureza, portanto, as pessoas não devem rejeitá-las, mas compreender o seu "desvio" e perdoá-las por terem nascido diferentes.

Apesar de apresentar uma visão tão pouco lisonjeira, *O poço da solidão* foi o primeiro livro em que as mulheres homossexuais puderam se reconhecer e perceber que elas não eram tão solitárias assim em seus desejos. Havia outras como elas.

Rick Santos (2002) afirma que, apesar de a temática da homossexualidade estar presente em diversos textos escritos em séculos passados, foi apenas "no fim dos anos 1970 e início dos 1980 que, nos Estados Unidos, críticos e leitoras/es passaram a considerar a possibilidade da existência de uma literatura *gay* e lésbica específica" (p. 15). As mudanças sociais advindas dos diversos movimentos de emancipação ocorridos na década de 1960, como o *black power* e a segunda onda do movimento feminista, exerceram forte influência sobre outros grupos, que também iniciaram seus movimentos de emancipação.

Os diferentes aspectos do homossexual explicitados na literatura ajudaram a construir no imaginário social a "identidade homossexual", que só começará a ser efetivamente modificada no final da década de 1960, pós-Stonewall, quando se fala, pela primeira vez, em *gay pride*.

Cabe ressaltar que a identidade homossexual e a identidade heterossexual foram "inventadas" ao mesmo tempo, uma em oposição à outra. Até o século XIX, tais classificações não existiam. Todas as referências anteriores a essa época (a pederastia grega, por exemplo) não têm o mesmo significado de hoje.

A literatura acompanha essas mudanças (ou seria acompanhada por elas?). Hoje em dia, discute-se o significado do termo "literatura *gay*". Enquanto para alguns autores e críticos os termos "*gay*" e "homoerótico" se equivaleriam, para outros tais termos teriam significados diferenciados. "Literatura *gay*, propriamente dita, seria uma vertente mais contemporânea, vinculada ao processo histórico de liberação *gay*, de conscientização *gay*, seja lá como se queira chamar esse processo; em suma, seria literatura homoerótica pós-68, pós-Stonewall", diz Ítalo Moriconi em entrevista à revista *Cult* (*apud* Pinto, 2003, p. 48).

Se, por um lado, a vinculação da literatura a movimentos de militância homossexual (como é o caso da literatura proposta pelas Edições

GLS, que intenta fornecer modelos de identificação positivos para os homossexuais, e da Editora Malagueta, com textos voltados para as mulheres homossexuais) pode fazer que tais produções literárias sejam vistas de maneira preconceituosa tanto pelo mercado quanto pela crítica (como se a qualidade literária interessasse menos a seus autores que a ideologia política), por outro lado, temos a visão de críticos literários como Heloisa Buarque de Hollanda, que afirma em entrevista à revista *Cult*:

> Hoje, a diversificação é um critério forte de mercado e pode ter sido por essa brecha que se afirmaram alguns segmentos que tinham enorme dificuldade de se fazerem ouvir. Por outro lado, acho interessante, do ponto de vista político, essa afirmação *gay* ou homoerótica, uma vez que essa é uma literatura de ponta, que coloca em pauta novas questões teóricas e literárias. Torço para que ela consiga conquistar definitivamente o lugar de uma potente interlocução com a própria noção de valor canônico.
> (Hollanda *apud* Pinto, *op. cit.*, p. 48)

A discussão sobre o "valor canônico" das obras literárias "faz parte de uma das tendências mais fortes da crítica literária contemporânea: os chamados *estudos culturais*" (Pinto, *op. cit.*, p. 49). Surgindo com a conceituação do pós-modernismo, que deseja superar o "triunfalismo modernista (com suas vanguardas que acreditavam na transformação radical do mundo através da arte), os estudos culturais são a sua contrapartida" (p. 49). Com isso, aparece uma

> arte eclética – que assimila discursos estranhos à tradição modernista [...] assim como tentativas de compreender essa cultura híbrida, sem centro ou tônica dominante, que impera nas cidades do mundo pós-industrial.
> E essas tentativas acabariam redundando, ao longo dos anos 80 e até hoje, em uma vertente que questiona critérios unívocos de abordagem do "artefato literário" em nome de uma multiplicidade de paradigmas críticos, dialogando com diversas áreas das ciências humanas (em especial a antropologia), valorizando a cultura das minorias políticas e questionando aquele cânone de obras e autores do qual o modernismo deveria ser a consequência lógica e a superação dialética.
> (Pinto, 2003, pp. 48-9)

Segundo Heloisa Buarque de Hollanda (*apud* Pinto, *op. cit.*, p. 49), a linguagem *gay* não se diferencia, na produção literária, em sua forma ou estilo; portanto, a inclusão de escritores *gays* não poderia se basear em uma estética especial em suas obras. O que marca essa literatura é uma proposta política bem acentuada, que traz à tona certos aspectos da subjetividade masculina normalmente recusados.

Essa vertente da literatura corre alguns riscos. Um deles é o de ser "guetificada", ou seja, de que a sociedade veja tal produção literária apenas como relevante para os próprios homossexuais. Contudo, apropriando-me de uma definição da escritora Miriam Alves, posso dizer que, hoje, vejo que a literatura *gay* não é como um gueto, mas como um quilombo. A diferença entre gueto e quilombo é simples: enquanto o primeiro é o local para onde as pessoas portadoras de algum estigma são empurradas pela sociedade, o segundo é um lugar onde os sujeitos estigmatizados se organizam para enfrentar essa sociedade que os estigmatiza. Com essa organização, a literatura *gay* ultrapassará os muros desse "quilombo", já que pode vir a estimular a mudança de comportamento dos sujeitos homossexuais.

Outro risco é que se institua uma forma "correta" de prática homossexual, palatável para a sociedade, segundo a qual os homossexuais, nos romances e contos, tenham relacionamentos semelhantes aos heterossexuais ideais, respeitando todas as "regras" ditadas pela moral e os bons costumes. Sejam monogâmicos, responsáveis, independentes financeiramente, possuam excelente caráter, enfim, tenham comportamento impecável, sob pena de serem considerados promíscuos, tarados, pervertidos. Não digo, com isso, que não se deve escrever sobre relacionamentos homossexuais "certinhos". O problema é escrever segundo esses moldes apenas para ser "tolerado".

Como disse uma das professoras que entrevistei, é preciso tomar cuidado para que, na tentativa de "naturalizar" os indivíduos considerados diferentes, não os condicionemos aos comportamentos estereotipados, desejados socialmente; do contrário, em vez de questionarmos os preconceitos, estaremos reforçando-os.

Além do conceito, já visto, de "literatura *gay*" como uma literatura que trata da questão do homoerotismo ligado à afirmação identitária, discutimos um outro, em relação ao currículo escolar: o conceito *queer*, que significa "estranho" e é usado para se referir aos homossexuais de forma pejorativa. Contudo, esse termo foi reapropriado para se referir a um modelo oposto ao do *gay*. Se o termo "*gay* parece apoiar-se num discurso clássico que crê nas categorias e busca respeito e integração no sistema social, *queer* nasce com uma vocação mais rebelde, como uma autêntica afirmação da excentricidade" (Mira *apud* Barcellos, *op. cit.*, p. 25).

Apesar de endossado por autores muito prestigiados, como Eve Kosofsky Sedgwick e Judith Butler, o conceito *queer* sofreu muitas críticas, principalmente entre os militantes mais engajados, segundo os quais a insistência na recusa quanto a adotar uma identidade *gay* resulta numa despolitização. Se o *gay* não se assumir como tal, de que maneira poderá lutar por direitos políticos? De que maneira poderá exigir a inserção na sociedade como um "igual"? Para esses críticos, há uma "des(homo)sexualização implicada na amplitude do conceito, que pretende abarcar quaisquer práticas eróticas excêntricas ou desviantes em relação aos 'regimes de normalidade'" (Barcellos, *op. cit.*, p. 26).

Devemos observar, também, que a comunidade *queer* não consegue abarcar todas as categorias, não respondendo às diferenças de classe social, raça, gênero etc. Existe a invisibilidade, gerada por preconceitos, dentro da própria diferença. Um *gay* negro e pobre é visto de maneira diferente de um *gay* branco, de classe média.

Vange Leonel (*op. cit.*, pp. 82-3) questiona o que ela chama de "romantização da exclusão", perguntando qual seria a verdadeira transgressão: fazer questão de permanecer à margem, não interferindo, assim, na ordem estabelecida, ou discutir com a sociedade e exigir a inclusão, obrigando-a a alterar suas normas?

Novamente deparamos com o pomo de discórdia entre as duas vertentes do movimento homossexual. Enquanto uma acha que o homossexual deve assumir-se para que possa lutar pelos seus direitos e sair da invisibilidade, a outra pensa que assumir essa identidade seria uma forma de conivência com a sociedade patriarcal, que divide os indivíduos, de forma binária em pares de classificação: masculino/feminino, homossexual/heterossexual, legítimo/ilegítimo, e assim por diante.

Há ainda um terceiro conceito, *camp*, que é

> uma atitude, uma subcultura e um olhar fundamentalmente parodísticos sobre as questões de gênero, poder e sexualidade. Trata-se de subverter e ridicularizar distinções, hierarquias e estereótipos, dando a impressão de os estar aceitando e eventualmente até reforçando. [...] Em termos de crítica literária, o conceito de *camp* pode ser útil para a análise de obras como *O beijo da mulher aranha*, de Manuel Puig, por exemplo.
>
> (Barcellos, *op. cit.*, p. 27)

Camp não é uma categoria em si, mas uma estratégia de engajamento político, uma *performance* que usa o exagero para ironizar (contestar) os estereótipos impostos pela sociedade. Como fazem as *drag queens* e os *drag kings*.

Os textos *camp* seriam lidos como caricaturas dos homossexuais e, como tais, chamariam a atenção para a forma estereotipada segundo a qual eles são vistos e interpretados pela sociedade.

Para a leitura dos textos que poderiam ser considerados dotados de temática homoerótica, é essencial levar em conta a questão das diversas "perspectivas segundo as quais o leitor – e o crítico é um leitor – pode abordar o texto literário" (Barcellos, *op. cit.*, p. 28), especialmente quando o homoerotismo não é abordado de maneira explícita. Wolfgang Propp (*apud* Barcellos, *op. cit.*, p. 28) cita como exemplo Hans Christian Andersen, cuja experiência homossexual pode ser apreendida na "marginalidade" do *Patinho feio* ou do *Soldadinho de chumbo*. Segundo Propp, um leitor "sintonizado" com o autor, portanto vivenciando a mesma problemática deste, estaria, supostamente, mais apto a decodificar os sinais implícitos no texto.

As várias possibilidades de interpretação formam-se de acordo com a vivência e a bagagem cultural de cada leitor, levando-se em consideração, portanto, o contexto histórico-social no qual cada um se insere. O leitor, diante de um texto, é levado a "decifrá-lo" com base em suas próprias experiências.

Segundo Barcellos (*op. cit.*), a participação do leitor na configuração do texto deve seguir, no entanto, as "indicações" que o esquema do texto fornece. Uma "leitura *gay*" de *Bom-crioulo*, de Adolfo Caminha, por exemplo, permitiria que se retirasse do texto uma denúncia das estruturas literárias e culturais homofóbicas.

Os textos de Cassandra Rios também são bons exemplos. Na maioria de suas obras, a lésbica aparece como uma mulher que possui algum tipo de "tara" e sofre por isso. Um olhar desvinculado da interpretação *gay* provavelmente não conseguiria ver o aspecto positivo fundamental na obra dessa autora, que insere a mulher lésbica, a mulher que afronta o sistema, em uma literatura que vendeu muitas cópias, em plena ditadura militar.

É fundamental percebermos que

> estudar a relação entre Literatura e homoerotismo implica estar consciente do lugar a partir do qual se busca construir um sentido para os textos e para o próprio mundo em que se vive. A abordagem dos textos literários que, de algum modo, se reportam ao homoerotismo pode e deve abrir-se a uma visão abrangente da realidade histórico-social e cultural na qual esse homoerotismo é ou foi colocado em discurso, na medida mesma em que é ou foi vivido.
>
> (Barcellos, *op. cit.*, pp. 44-5)

Mais do que buscar o "sentido" do texto (com a famosa e tola pergunta: o que o autor quis dizer?), é preciso questionar os próprios processos de interpretação. O sentido "constrói-se sempre a partir de uma situação histórica e existencial concreta e de uma série de pressupostos acerca da própria Literatura [...] é preciso reconhecer que os próprios textos já trazem, em si mesmos, diferentes possibilidades de interpretação..." (p. 31).

Podemos citar muitos exemplos de obras brasileiras em que a temática homoerótica aparece, de uma maneira ou de outra: *O Ateneu*, de Raul Pompéia; *Bom-crioulo*, de Adolfo Caminha; o conto "Pílades e Orestes", de Machado de Assis; *Capitães da areia*, de Jorge Amado; *O cortiço*, de Aluísio Azevedo; *Luzia-Homem*, de Domingos Olímpio; *Grande sertão: veredas*, de Guimarães Rosa.

Em todas essas obras, no entanto, podemos ressaltar a "limitação das imagens e grafias dos sujeitos homoeróticos [...] e a ausência de uma homocultura, compreendida como espaço e veículo de valores simbólicos compartilhados por um grupo" (Maciel, 2006, p. 33). Por isso, essa literatura seria considerada, segundo a proposta de Barcellos, "literatura homossexual".

No caso da literatura voltada para crianças e jovens, especialmente quando trabalhada nas escolas, a questão é mais delicada, pois há o envolvimento não apenas de educadores e das próprias crianças e jovens, mas também dos pais.

Como já vimos no capítulo 2, sobre a questão do homoerotismo pairam alguns mitos que realimentam o preconceito. Há, por exemplo, o mito da conversão, segundo o qual falar com crianças e jovens sobre homossexualidade de maneira positiva é a mesma coisa que incentivá-los a tornarem-se homossexuais.

Provavelmente por isso, a maioria dos professores prefere nem tocar em um assunto tão delicado diante de seus alunos, e, se o fizerem, será de maneira bem suave, escolhendo livros (no caso dos professores de literatura) que falem sobre a questão indiretamente.

O livro *O menino que brincava de ser* (Martins, 2000) é adequado a esse propósito, já que, em nenhum momento, fala da orientação sexual de Dudu, o menino que, em suas brincadeiras, gostava de se vestir de bruxa e de fada. Apesar de não falar diretamente sobre a homossexualidade, o movimento GLBT considera esta obra um livro *gay* para crianças.

Já livros como *King & king*, publicado em 2002 pelas holandesas Linda de Haan e Stern Nijland, abordam diretamente a homossexualidade. Trata-se da história de um príncipe que precisava casar-se, mas recusava todas as princesas. Até que um dia ele se apaixonou pelo irmão de uma delas. Eles se casam e são felizes para sempre.

Apesar de provocar diversas reclamações de pais, e inclusive processos contra escolas que o adotaram para a leitura em sala de aula, este livro fez um sucesso tão grande que já ganhou uma continuação: *King & king & family*, publicado em 2004.

FIGURA 9: Capa de Stern Nijland, em Haan e Nijland, *op. cit.*, 2004.

No que concerne aos elementos que precisam ser considerados no ato da leitura de textos literários, caberia um melhor esclarecimento a respeito da distinção entre "literatura e cultura homossexual" e "literatura e cultura *gay*". Cultura homossexual seria "o amplo *corpus* de textos que se inspiram na experiência homossexual num momento dado – e que, portanto, requerem um conhecimento de certos códigos de construção da homossexualidade e frequentemente uma empatia ou identificação com uma perspectiva homossexual" (Mira *apud* Barcellos, *op. cit.*, p. 45).

O autor da literatura homossexual camufla as referências que podem ser percebidas por aqueles que têm conhecimento de seus códigos e, ao mesmo tempo, não causa prejuízo àqueles que não o têm. Nesse caso, os textos são interpretados em outro nível de entendimento. O conhecimento de tais códigos não vale apenas para esse tipo de texto, mas para qualquer um. Segundo Mira (apud Barcellos, op. cit., p. 46), para que se possa apreciar *Romeu e Julieta*, por exemplo, não é preciso vivenciar a heterossexualidade, mas conhecer os seus códigos.

Segundo Rick Santos (2002), o silêncio e a opacidade da *queerness* impedem a formação de um modelo de tradição literária *queer*. A falta de um modelo faz que se repitam *ad aeternum* os mesmos erros.

A literatura *gay* exige

> uma voz homossexual, um ponto de vista homossexual na narração. Ao mesmo tempo, e isso é uma das características que com maior nitidez separam os textos homossexuais anteriores a Stonewall dos textos *gays*, pressupõe-se a existência de uma cultura *gay* articulada e com um significado político; a identidade *gay* é vista como um fato consumado e, ao mesmo tempo, como um projeto compartilhado. [...] Entende-se, além disso, que enunciação e leitor estão dispostos a aparecer como *gays* no mundo. O uso de códigos próprios da literatura do armário, na qual o autor homossexual tentava estabelecer um tipo de comunicação secreta com certos leitores, oculta ao olhar heterossexista, é substituído por um sistema referencial no qual se exibem as marcas da identidade. Não se trata de defender explicitamente a homossexualidade frente ao mundo, mas de partir da mesma como um estilo de vida.
>
> (Mira *apud* Barcellos, op. cit., pp. 53-4)

A literatura *gay* exibe as marcas identitárias sem subterfúgios, pois um de seus interesses é o de afirmar a identidade *gay* diante da sociedade. Por isso, ela é perturbadora. Evidencia a existência de pessoas que desejam viver a homossexualidade abertamente. Nesse ponto, voltamos à velha questão da necessidade ou não de afirmar uma identidade homossexual.

Para muitos, a homossexualidade como experiência de vida só interessa enquanto vivência permanente de transgressão. Nesse sentido, a literatura *gay* representa uma ruptura bem pós-modernista, pois se trata de pensar e expressar artisticamente uma vivência normalizada da homossexualidade como um afeto entre outros, todos iguais.

(Pinto, *op. cit.*, p. 51)

A perturbação que a literatura *gay* provoca sustenta a tensão entre leitor e obra. Na verdade, o que ela quer é exatamente isso, pois o leitor não se desvencilhará de preconceitos firmemente fixados a não ser mediante uma reflexão profunda. E é "em função dessa tensão que o leitor revê seus próprios preconceitos e toma consciência da própria alteridade" (Barcellos, *op. cit.*, p. 30), ao perceber a existência de concepções de vida e experiências completamente diferentes das suas.

Embora pareçam ser a mesma coisa, há diferenças sutis porém profundas entre a "literatura *gay*" e a "literatura *queer*". Enquanto a primeira deseja a inclusão, a segunda se recusa a fazer parte do sistema falocrático. Não quer um lugar à mesa em que se come com os talheres da hipocrisia, da divisão binária, base de nosso sistema social.

Ela não quer ser explicada pela linguagem do opressor. Não deseja sequer se explicar. A resistência *queer*, como explica Rick Santos (2002), não se deixa corromper/incorporar. Ao contrário da literatura *gay*, que é incorporada ao sistema e passa a formar, inclusive, um nicho no mercado de consumo, a *queerness* literária não pode ser "fetichizada" e absorvida pela sociedade. Outra diferença importante está no fato de a literatura *queer* não exigir, como condição *sine qua non*, que seu autor, leitor ou corpo/texto sejam de natureza *gay* ou lésbica, pois "a relação homoerótica pode-se materializar de formas diversas e em variados/ variáveis períodos de temporalidade. Ou seja, a relação pode-se estabelecer/materializar entre qualquer (ou até múltiplas) combinações entre autor(a)-texto e/ou texto-leitor(a) e/ou leitor(a)-autor(a) e por aí afora" (p. 20).

Rick Santos cita, como exemplo dessas possibilidades de combinação, o trabalho de Hilda Hilst, em que a relação se dá entre texto e leitor, embora a escritora seja heterossexual; ou ainda, o caso do leitor que, por vivenciar e apreciar os códigos do mundo *queer*, pode identificá-los até mesmo em textos que não são necessariamente *gays*.

A literatura *queer* deseja se estabelecer por meio de outros códigos, que não os do sistema falocrático. Logo, ela mostra que o sistema como um todo pode ser contestado. Penso que não seja uma questão, como afirmou Vange Leonel, de "romantização da exclusão". É, antes, um real questionamento de toda a estrutura na qual o sistema se apoia.

A literatura *gay* é como uma moça que deseja ir ao baile para o qual nunca é convidada, e ser vista como igual. A literatura *queer* é uma moça que se recusa a ir ao baile para o qual nunca é convidada. Não deseja ser igual aos outros convidados. Prefere dançar na praça, onde todos podem se juntar a ela, caso assim desejem.

De todo modo, concordo com Barcellos (*op. cit.*) quando afirma que a grande literatura é um instrumento poderoso para que a humanidade se conscientize a respeito de sua própria história e da possibilidade de construir uma sociedade diferente. Segundo ele, especialmente os grupos que foram historicamente as maiores vítimas dos processos de marginalização e perseguição, tais como os homossexuais, negros e judeus, não devem abrir mão da literatura como instrumento de conscientização e resistência ao discurso do poder hegemônico.

Quanto à literatura voltada para os jovens e crianças, Edmund White "ressalta a importância do acesso por parte das gerações mais jovens a uma Literatura que apresente a vida *gay* de maneira positiva e natural, bem como a novidade que esse processo constitui para o próprio fazer literário" (Barcellos, *op. cit.*, p. 53).

Voltando à questão do cânone literário que estabelece o que é lido pelos estudantes nas escolas, Rick Santos chama atenção para a importância de questioná-lo, já que normalmente exclui livros com temática homoerótica. E quando estes aparecem, em geral são utilizados como exemplos das "patologias" descritas pelo movimento literário conhecido como naturalismo. Enquanto os alunos e alunas heterossexuais deparam com frequência com modelos de identificação nos livros lidos, os estudantes homossexuais não encontram esses modelos, o que acarreta, invariavelmente, um sentimento de inadaptação, de inadequação à sociedade e ao mundo em geral.

Para Rick Santos (1997, p. 187),

> debater a questão e os valores *gays*, honestamente, beneficia a todos os alunos, independente de suas orientações sexuais, origens raciais e religiosas. Primeiramente a literatura *gay* e lésbica cria um elo orgânico com as vozes de nossos(as) alunos(as) homossexuais, que normalmente não veem uma autoimagem positiva refletida na pedagogia tradicional e heterocêntrica dos estudos literários. Segundo, a questão de gênero providencia a todos os alunos a oportunidade de identificar e debater criticamente os valores, linguagem e a ideologia dos *gays* e lésbicas que, afinal, compõem uma significativa parte da população. Terceiro, a desmistificação da homossexualidade ajuda a prevenir a discriminação e a violência contra homossexuais. Além disso, a prática de leitura que encoraje a diversidade desenvolve em todos os alunos a habilidade de questionar práticas institucionais e históricas que marginalizam as *minorias* em geral e, dessa forma, desenvolve-se a habilidade de ler criticamente.

Para que o sujeito consiga se desvencilhar das normas é necessário que se debruce sobre elas com um olhar verdadeiramente crítico. Somente assim poderá formular valores por si mesmo, o que se opõe àquela velha ideia de que todos devem adequar-se a modelos de comportamento preestabelecidos. Tal pensamento, considerado perigoso por muitos e uma libertação por outros, encontra cada vez mais eco entre autores e críticos. São considerados um currículo *queer*, uma literatura *queer*, uma cultura *queer*, ou seja, algumas vozes começam a questionar os conceitos hegemônicos da sociedade.

> É necessário não impor os padrões da política de identidades, já mesmo envelhecidos no contexto norte-americano. O desafio cada vez maior é aprender a considerar as complexidades, os hibridismos [...] sobretudo

num momento em que se pretende mudar o conjunto da esfera pública e não somente assegurar direitos específicos, que não estão seguros nem assegurados numa ordem minorizante.

(Lopes, 2002b, p. 35)

Quanto à questão levantada pelo título deste capítulo, penso que literatura "sirva" para nos proporcionar prazer, estimular a imaginação e o senso estético, dando-nos liberdade e confiança para que nos aventuremos em nossas interpretações críticas. Um leitor confiante em seu próprio discernimento quanto aos textos literários e consciente da relatividade das "certezas" também será assim em relação à vida.

No capítulo a seguir, analisarei várias obras literárias voltadas para o público infantil e juvenil que poderiam ser utilizadas pelos professores de literatura para a discussão das questões ligadas às diferenças em sala de aula, contribuindo, assim, para diminuir a violência e discriminação tão frequentes nas escolas.

5

Literatura infanto-juvenil

> AINDA ACABO FAZENDO LIVROS ONDE AS
> NOSSAS CRIANÇAS POSSAM MORAR.
> Monteiro Lobato

História da literatura para crianças

Se a literatura é um "espelho do mundo", a literatura infanto-juvenil não poderia ser diferente. Desde seu aparecimento, no século XVIII, ela apresenta um caráter de formação. Em 1762, Rousseau publicou o livro *Emílio, ou Da educação*, no qual expôs seu pensamento sobre o desenvolvimento infantil. "Ele considerava a criança um ser diferente do adulto, que devia ser educado de acordo com sua própria capacidade, não se devendo forçar sua mente" (Salem, 1970, pp. 27-8). Com base nessa constatação, foi desenvolvida a educação infantil do século XIX.

Em 1774, o educador alemão Basedow publicou *Obra elementar*, que dava origem à literatura infantil com caráter didático. Pouco mais tarde, em 1781, Pestalozzi (educador suíço) declarou que a criança deveria ser educada levando-se em consideração os aspectos físico, mental e moral. Baseados nesses conceitos, os autores infantis procuravam criar narrativas que transmitissem lições de conhecimento e de moral aos seus pequenos leitores. Portanto, até o começo do século XIX as obras infantis apresentaram uma feição moral e didática.

No ano de 1837, o reformador educacional alemão Fröebel fundou o primeiro jardim de infância. Para ele, "a educação [...] não devia ser uma preparação para um estudo futuro. A vida da criança não devia visar a vida do adulto, mas sim a vida que a rodeia" (Salem, *op. cit.*, p. 34).

Com a valorização dos interesses da criança, a literatura começou a se preocupar também com o aspecto lúdico, e não apenas com o caráter de formação moral.

Para despertar o interesse das crianças, os autores começaram a introduzir elementos fantásticos e maravilhosos em suas narrativas: o faz de conta. Os contos de fadas da tradição popular oral foram resgatados por autores como os irmãos Grimm, Andersen, entre outros, e tornaram-se clássicos da literatura infantil.

Segundo Nelly Novaes Coelho (1982), essas narrativas seguiam o modelo fantasista, considerado mais atrativo para as crianças e privilegiado até o início do romantismo na Europa, com os contos dos irmãos Grimm e de Andersen. No entanto, surgia uma nova sociedade: a burguesa, que desejava mostrar a "realidade" para as crianças. Foi inaugurada a época das narrativas realistas, incluindo as de aventuras, como *Robinson Suíço* (de 1812), escrita por Johann Rudolf Wyss, e a literatura de costumes da Condessa de Ségur, por exemplo.

No Brasil, na segunda metade do século XIX, começaram a surgir as "leituras escolares". Tais livros foram, no país, "a primeira manifestação consciente da leitura específica para crianças. Em última análise [...] foram também a primeira tentativa de realização de uma literatura infantil brasileira" (Coelho, 1985, p. 168). As "leituras escolares", como o nome já anuncia, reafirmaram a estreita ligação entre literatura infantil e educação.

Por meio da leitura da literatura infantil da época, podemos imaginar como era a educação dos brasileiros no século XIX e quais eram os valores morais incutidos nas crianças e jovens. Era uma "educação orientada para a consolidação dos valores do sistema herdado (= mescla de feudalismo, aristocracismo, escravagismo, liberalismo e positivismo)" (Salem, *op. cit.*, p. 168).

Havia a preocupação de transmitir quatro conceitos básicos para as crianças:

- *nacionalismo* – incentivo do amor pela pátria (idealização da vida no campo), cuidado com a língua falada no Brasil, culto às origens etc.;
- *intelectualismo* – valorização do saber adquirido pelo estudo e pelos livros, a cultura permitiria a ascensão econômica;
- *tradicionalismo cultural* – valorização dos grandes autores e das grandes obras literárias do passado, como modelos culturais a serem imitados;

∾ *moralismo e religiosidade* – retidão de caráter, honestidade, solidariedade, fraternidade, pureza de corpo e alma, dentro dos preceitos cristãos.

Segundo Salem, tais valores, "em certa medida, persistem latentes na criação literária posterior" (*op. cit.*, p. 169).

No final do século XIX, surgem no país algumas adaptações para o público infantil feitas por Carlos Jansen: *As mil e uma noites*, *Robinson Crusoé*, *As viagens de Gulliver*, *As aventuras do Barão de Münchhausen*. Na primeira metade do século XX, são traduzidos os contos de ficção do passado. Além disso, diversos autores, como Olavo Bilac e Monteiro Lobato, começam a produzir literatura infantil. Já na segunda metade do século XX, surgem inúmeros autores que, juntamente com originais seus, apresentam traduções das obras que iniciaram a literatura infantil propriamente dita, como *Alice no país das maravilhas*, *Pinóquio*, *Contos da carochinha*, *O mágico de Oz*, *Peter Pan* e outras.

Na década de 1930, desenvolve-se um antagonismo entre realismo e fantasia. A produção literária contava com diversos tipos de narrativa: a fantasista, dos contos maravilhosos; a realista, que retratava a experiência cotidiana das crianças, como a sua vida na escola, durante as férias etc.; a da realidade histórica, que exaltava a pátria pela narração de fatos históricos notáveis; a da realidade mítica, redescobrindo figuras ou lendas folclóricas; e a do realismo maravilhoso, que, como fazia Monteiro Lobato, mostrava o elemento maravilhoso como integrante da realidade.

A política da época se impunha e pregava a importância de mostrar a realidade para as crianças. Com base nesse conceito, alguns setores da educação eram contrários à fantasia na literatura infantil, privilegiando apenas a literatura realista, que contava a "verdade".

Tal tendência, contudo, não contou com a aprovação de todos. Muitos, como Gondim da Fonseca, protestaram. No prefácio de *Reino das maravilhas*, publicado em 1930, ele escreveu:

> Dão tratados de mecânica e de eletricidade a meninos e meninas e aconselham como infalíveis geradores de virtudes uns certos "apólogos morais", que são tudo o que há de mais soberanamente enfadonho para

leitores grandes ou pequenos. Servem apenas, esses tratados e esses apólogos, para tirar a jovens e crianças o gosto da leitura e para lhes ir a pouco e pouco embotando a mais nobre de todas as faculdades da alma, que é, sem dúvida, a faculdade de sonhar.

(apud Coelho, 1985, p. 199)

A Lei Orgânica do ensino normal vigente nos anos 1930 e 1940 instituía como objetivo do ensino primário formar "o cidadão preparado para cooperar com a comunidade social e com os ideais cívicos, em função do progresso e da unidade nacional" (Coelho, 1985, p. 203).

Seguindo esses princípios, nessa época surgem as coleções: Biblioteca das Moças, Coleção Menina e Moça, Coleção Rosa e Biblioteca das Senhorinhas, todas voltadas para as "meninas-moças". Elas eram compostas por traduções de romances "leves", que consolidaram o sistema patriarcal criado pela burguesia romântica. Esses livros foram "impingidos" às adolescentes até os anos 1950. Minha mãe chegou a ler alguns volumes, que, felizmente, não tiveram nenhum efeito sobre sua mente mais crítica e liberal do que se poderia desejar para uma moça da época.

Curiosamente, Marilena Chaui (1984) nos conta que, no ano de 1938, foi publicado, no Rio de Janeiro, um livro escrito por Oswaldo Brandão da Silva, chamado *Iniciação sexual-educacional (leitura reservada)*. O título já deixa claros dois pressupostos: não se trata de uma obra pornográfica, e sim educacional (ou seja, uma obra séria), e é somente para os meninos, daí o subtítulo "leitura reservada".

Obviamente as meninas são excluídas de tal leitura, já que não necessitam de informações sobre sexo. Segundo a mentalidade da época, com a qual espantosamente algumas pessoas do século XXI ainda concordam, caberá aos seus maridos (que deverão ter lido o livro) a transmissão de todo o conhecimento que elas precisem ter a respeito desse assunto.

Como se pode notar, a literatura admitida pela sociedade sempre acompanhou os interesses políticos do poder constituído. Alguns autores, no entanto, contrariaram tais interesses. O mais importante nesse sentido foi, sem dúvida, Monteiro Lobato, que é considerado, na área da literatura infanto-juvenil, o divisor de águas que separa o Brasil de ontem e o Brasil de hoje. Fazendo a herança do passado imergir no presente, Lobato encontrou o caminho criador que a Literatura Infantil estava necessitando. Rompe, pela raiz, com as convenções estereotipadas e abre as portas para as novas ideias e formas que o nosso século exigia.

(Coelho, 1985, p. 185)

Tanto ele contrariava o poder hegemônico que seus livros passaram a ser "proibidos nos colégios religiosos" (p. 204). Em meio a várias quebras de estereótipos, Lobato foi o primeiro autor brasileiro, de literatura infanto-juvenil, a conferir "primeiro plano a personagens femininas. Lúcia, A Menina do Narizinho Arrebitado, nomeou o livro de estreia do escritor paulista, em 1921; mas foi Emília quem tomou conta da saga do Sítio do Pica-pau Amarelo" (Zilberman, 2005, pp. 81-2).

Nos anos 1950, surge uma poderosa concorrente para a literatura: a televisão. Nessa fase, a literatura infanto-juvenil entra em crise, mas, apesar disso, surgem novos escritores. De forma geral, predominam as diretrizes ideológicas anteriores, mas há uma mudança significativa: "A produção para crianças já não se destina especificamente às leituras nas escolas, a literatura divulga-se também como entretenimento" (Coelho, 1985, p. 206).

Na década de 1950, há também a expansão de uma forma de leitura menos tradicional: a das histórias em quadrinhos. Porém, estas foram consideradas antipedagógicas sob o curioso argumento de que geravam "preguiça de leitura".

Nos anos 1960, houve um retorno à literatura de fantasia como uma reação ao enaltecimento da ciência. Há, então, uma espécie de preparação para "o surto criador que se dá nos anos 70" (p. 213).

A Lei de Diretrizes e Bases da Educação Nacional de 1961 enfatiza a leitura nas escolas. O ensino vivia um período caótico e o livro voltou a representar um importante instrumento para a transmissão de cultura. Há, portanto, uma forte demanda de produção literária.

Quanto a uma crítica voltada para a literatura infanto-juvenil, é interessante destacar que, segundo Colomer (2003), os primeiros profissionais a se interessarem pela literatura infanto-juvenil, na virada do século XVIII para o XIX, foram os bibliotecários, e não os educadores ou críticos literários. Enquanto a escola permanecia presa à leitura de cartilhas e livros didáticos com caráter formativo, esses profissionais trouxeram o discurso "sobre a leitura como um ato livre dos cidadãos, uma leitura 'funcional' que incluía leitura de ficção por simples prazer" (p. 23).

Os primeiros estudos sobre literatura infanto-juvenil surgiram da necessidade de definição de critérios de seleção dessas obras. A preocupação de bibliotecárias britânicas, norte-americanas, francesas e do norte da Europa proporcionou a fundação de bibliotecas infantis experimentais e de projetos como "a hora do conto", entre outros.

A sociedade tinha esses projetos em grande conta, tanto que "logo na manhã seguinte ao armistício de 1918, formou-se em Nova York um comitê para dotar de bibliotecas infantis as zonas destruídas pela guerra europeia" (p. 24).

Durante as décadas de 1960, 1970 e 1980, houve uma tomada de consciência no sentido de inserir a leitura de ficção na escola. Nos anos 1980, os conceitos "prazer de ler" e "incentivo à leitura nas escolas" foram amplamente difundidos, inclusive no Brasil.

Essa difusão cresceu tanto, em grande parte pelo estímulo do próprio mercado editorial, que levou à produção dos mais diversificados materiais escolares inseridos nas obras de ficção, como os guias de leitura, sendo que, "no final dos anos 1980 começaram a levantar-se vozes, de maneira mais radical, dos setores bibliotecários, para defender a preservação de uma leitura livre das obrigações escolares" (p. 31).

Eu vivenciei a experiência de "leitura na escola" e confesso que eram tantos os livros indicados pelos professores, sendo alguns extremamente "chatos" para uma criança de 10 anos, que eu preferia, sem dúvida, ler os livros policiais que pegava na biblioteca do meu bairro. Enquanto os primeiros tinham um "sabor de obrigação", os últimos eram escolhidos por mim.

Hoje, a educação da criança pretende prepará-la para uma autoeducação, ensiná-la a aprender. Se a velha pedagogia se valia da autoridade externa, impondo normas e transmitindo conhecimentos de fora para dentro, a pedagogia moderna busca proporcionar mais liberdade interior, privilegiando a formação de dentro para fora. Apesar de alguns professores preferirem o "modelo antigo", por ser mais fácil (para o professor, bem entendido), as crianças mostram-se avessas a ele, pois na sociedade moderna a maioria delas se acostuma a um estilo de vida mais independente, sendo que tomam decisões desde bem pequenas. Algumas, inclusive, ficam em casa sem a companhia de adultos, tomando conta de irmãos mais novos.

No colégio onde meu filho estuda, cada sala de aula do primeiro segmento do ensino fundamental tem uma biblioteca própria, onde os estudantes escolhem os livros que desejam ler e depois os comentam com os colegas na "hora da rodinha". Infelizmente, a partir do segundo segmento do ensino fundamental (sexto ano), as leituras obrigatórias são instituídas e é retirada do estudante a possibilidade de escolha, exceto na biblioteca geral da escola.

Contudo, após trabalhar por onze anos no ambiente da biblioteca, penso que a proximidade com os livros e a visão deles estimulam a criança (assim como o jovem e o adulto) a folhear e ler os livros. Sabendo disso, muitas livrarias têm colocado cadeiras e sofás confortáveis próximos às prateleiras, onde milhares de lombadas coloridas convidam os leitores. Quem pode resistir? Penso, por isso, que contar com uma biblioteca em cada sala de aula é uma estratégia bem interessante para aproximar os estudantes da leitura.

De todo modo, a literatura infanto-juvenil continua sendo vista como um elemento muito importante na formação da personalidade dos jovens leitores, e os livros voltados para esse público procuram se adaptar à realidade na qual se inscrevem. No entanto, um problema persiste: a "realidade" de alguns não é, necessariamente, a de todos. Na ideia de "realidade" estão embutidos os conceitos ideológicos de quem seleciona os livros. Portanto, creio que seria mais produtivo se cada um tivesse liberdade para escolher seu material de leitura individual.

A criança na sociedade

Segundo Castro (2001), a infância é compreendida como um período transitório, de preparação para o que é realmente importante: ser adulto. A criança é vista como um ser em "'débito social e cultural' [...] frente à tarefa de crescer, e se tornar, eventualmente, *como um adulto*" (p. 20). Por isso, os adultos acham-se no direito/obrigação de desenvolver ações educativas que visem a essa transformação da criança em adulto, fazendo que se socialize, amadureça, enfim, ajudando-a a superar essa condição provisória.

No processo de transformação, os adultos procuram fazer que as crianças atinjam um padrão que corresponda ao modelo considerado ideal. Para isso, a norma educativa visa mostrar às crianças o "bom" caminho a ser trilhado.

A criança é, assim, marcada pela potencialidade e não por aquilo que é "agora". O que se deseja é que ela seja inserida, quando tiver superado esse período, no mercado produtivo, passando então a ser considerada um ser verdadeiramente social. A infância é definida como etapa preparatória para o momento subsequente e definitivamente mais valorizado. A criança é, então, considerada um ser "menor", "inferior" ao adulto.

Essa maneira de ver a criança acabou por confiná-la a determinados espaços sociais, onde ela deve ser educada e formada para a vida adulta: a casa e a escola. Sua participação mais ampla em outros espaços é deixada para mais tarde, para a fase adulta, o que resulta em uma diminuição dos seus direitos políticos e civis.

Embora muitos vejam esse tipo de pensamento como positivo, por demonstrar cuidado relativo à preservação dos pequenos, ele sugere uma incapacidade da criança para realizar as próprias escolhas, definir o que deve ou não desejar. Se o adulto precisa proteger a criança, ela deve se tornar sua dependente em todos os aspectos, cabendo a ele todas as decisões.

Quantas vezes já ouvi um adulto dizer a uma criança a seguinte frase, como se fosse uma "constatação": "Você não tem querer!" (que podemos encontrar no livro *O menino que brincava de ser* [Martins, 2000], por exemplo), em uma atitude de absoluto desrespeito?

Na verdade, inúmeros exemplos vêm na contracorrente desta perspectiva: a clínica psicológica de adultos e de crianças pode trazer ilustrações contundentes de como adultos são psicologicamente dependentes de seus filhos. [...] Assim, o conhecimento psicológico tem enfatizado a dependência psicológica da criança em relação ao adulto, mas tem fechado os olhos para a dependência que adultos têm em relação a crianças, como se este assunto fosse tabu.

(Castro, *op. cit.*, 2001, p. 23)

Insiste-se em negar que a criança pode ser madura, responsável, um ser pleno, e não um "projeto de pessoa". A maioria ainda vê a criança em oposição ao adulto maduro e responsável. Nega-se a constatação de que muitos adultos não têm tais características e são, muitas vezes, mais irresponsáveis que os próprios filhos. Castro cita como exemplo "a ganância, o imediatismo, e o 'egocentrismo' que estão presentes nas decisões pelas inúmeras guerras da história humana, que sempre foram decididas pelos adultos" (*op. cit.*, p. 26).

Mais uma vez, podemos perceber que a sociedade tem muita resistência ao questionamento das normas, tidas como imutáveis. Ela estabeleceu determinados aspectos como diferenciadores entre as crianças e adultos, e o principal deles deve-se justamente ao fato de a criança ser encarada mediante a lógica desenvolvimentista, segundo a qual ela é um ser em desenvolvimento direcionado a um objetivo final: a idade adulta. Abrir mão de tal lógica significaria ter de "enfrentar a angústia inerente ao desmonte deste paradigma que, de certo modo, informa uma poderosa visão de mundo nos países ocidentais modernos" (p. 19).

Contudo, estudos que vêm sendo desenvolvidos tornam cada vez mais difícil afirmar que as marcas de diferenciação entre adultos e crianças podem ser fixadas *a priori*, já que na maioria das vezes são fundamentadas em características psicológicas individuais. Não há um modelo de criança, como também não há um modelo de adulto. As diferenças surgem em função do contexto em que cada um se inscreve.

A crença na incapacidade da criança é o que a impede de participar mais ativamente da vida social. Certa vez, tive o prazer de assistir a um discurso proferido por uma menina canadense de 12 anos sobre a questão ambiental. Foi uma fala muito bem articulada, e era possível perceber a seriedade com que ela encarava a situação.

Não é preciso, no entanto, recorrer a exemplos tão incomuns. Basta considerarmos (o que não me dá absolutamente nenhum prazer) o modo de vida das crianças em comunidades empobrecidas, tanto no meio rural quanto no urbano. Elas são convocadas a participar do sustento da casa e apresentam, inclusive, um olhar muito mais amadurecido do que as crianças de classe média.

No livro *Uma maré de desejos* (Martins, 2005b), Luciano (de 13 anos) fazia carreto na feira para ajudar a quitar as despesas de casa e a tia de Sergiana (de 12 anos) mandava a menina recolher as balas que ficavam pelo chão após os frequentes tiroteios na favela onde moravam para vendê-las ao ferro-velho.

Se as crianças são consideradas suficientemente maduras para trabalhar, por que desconsiderá-las como membros potenciais de participação política na sociedade?

Nos anos 1980, vários países iniciaram um projeto de construção de uma "sociologia da criança". Essa necessidade surgiu da constatação de que a sociologia era um campo de estudos que tinha como objeto de interesse um mundo onde aparentemente todos os habitantes eram adultos. As crianças apareciam apenas segundo o ponto de vista dos adultos, e de acordo com os interesses destes, já que elas eram "projetos" e não seres sociais. O novo projeto visava "trazer as crianças e seus pontos de vista para dentro da sociologia" (Alanen, 2001, p. 71).

Com base nessa nova sociologia, as crianças começaram a ser encaradas como pessoas que atuam no mesmo mundo dos adultos, e não se limitam aos seus espaços reduzidos. No entanto, apesar de suas habilidades de interpretação de saberes sofisticados e capacidade de pensamento estratégico terem sido reconhecidas, ainda há uma forte resistência social a considerar as crianças realmente capazes e a mudar o hábito de decidir tudo por elas.

A literatura infanto-juvenil está tentando modificar tal perspectiva, o que se vê na "tendência bastante frequente na nova literatura infanto-

-juvenil" (Silveira e Santos, 2006), segundo a qual personagens adultos são transformados pela criança. Como no livro *Menino brinca com menina?* (Drummond, 2006), em que Carlão, o menino-protagonista, provoca uma mudança no comportamento dos pais.

Contudo, a desvalorização infantil ainda é muito forte porque os saberes das crianças permanecem ocultos, circunscritos aos lugares delas. Portanto, é necessário que tais saberes sejam articulados, a partir dos locais de atuação das crianças. Em outras palavras, pelo ponto de vista delas – o mundo das crianças contado por elas, e não apenas observado de fora pelos adultos.

> Ana Maria Machado discute [...] a incompatibilidade da literatura [...] com o desejo de manipulação do sistema educacional brasileiro que exerce um dirigismo irradiado de núcleos centrais, de cima para baixo, fazendo com que a distinção entre os indivíduos desapareça, no desejo explícito de moldar pessoas, sem o devido respeito às características pessoais-culturais próprias.
>
> (Khéde, 1986, p. 10)

Para mudar tal quadro, é necessário que as crianças passem a ser realmente consideradas capazes de desenvolver um senso crítico, a fim de que possam escolher os textos que melhor lhes convierem e mais lhes agradarem. Ajudar a criança a desenvolver esse olhar crítico é a função do educador.

Segundo Shavit (*apud* Colomer, *op. cit.*, p. 42), a literatura infanto-juvenil sempre se desenvolveu entre a função literária e a educativa. O debate teórico sobre essa literatura encontra dois problemas: por um lado, a tentativa de definir as suas características. "Por outro, a polêmica sobre a conveniência educativa dos modelos realistas ou fantásticos nas obras de ficção dirigidas às crianças, polêmica que englobou ainda a consideração da relação entre literatura infantil e literatura de tradição oral" (p. 42).

A tendência (para não dizer mania) da sociedade de estabelecer pares opositivos sempre a levou a tentar definir a literatura infanto-juvenil em oposição às características da literatura para adultos. Como já vimos, o tipo de comparação "A = não-B", faz de B algo superior, mais importante, já que B é absolutamente necessário para que a existência de A possa ser reconhecida.

Baseados nesse "desmerecimento" da literatura infanto-juvenil, vários estudiosos defenderam, durante muito tempo, a ideia de que a literatura infanto-juvenil não existe.

Benedetto Croce é um dos que sustentam essa não-existência. Ele afirma que "a arte pura [...] requer, para ser saboreada, maturidade da mente, exercício de atenção e experiência psicológica. O sol esplêndido da arte não pode ser suportado pelos olhos ainda débeis da criança e do adolescente" (*apud* Colomer, *op. cit.*, p. 43).

Essa polêmica se manteve até os anos 1970, quando surgiu uma questão importante: que critérios devem ser utilizados na avaliação e crítica dos livros voltados para o público infantil e juvenil?

A crítica se dividiu em dois grupos: um tentou estabelecer os mesmos critérios de qualidade literária usados para a avaliação das obras adultas; o outro preferiu avaliar as obras considerando os livros que agradaram às crianças.

O enfrentamento entre as duas correntes de pensamento evidenciou uma contradição da literatura infantil: quem escreve, avalia e compra os livros infanto-juvenis são os adultos. São eles que proporcionam às crianças o acesso à leitura. Tanto que os autores de literatura infantil "devem comprometer-se com dois destinatários, que podem diferir em seus gostos e em suas normas de interpretação dos textos" (Colomer, *op. cit.*, p. 165): os adultos e as crianças – que, afinal de contas, são as maiores interessadas.

Surgiu, então, a necessidade de estabelecer critérios de seleção das obras, para que se possam ultrapassar os supostos (subjetivos) pelos dois grupos a respeito do que seria conveniente para as crianças e jovens, indo "além do débil guia daquilo que os adultos se recordam ter lido na sua própria infância" (p. 46). É fundamental que sejam selecionados livros que exijam certo esforço de interpretação, "mas sem que esta literatura se torne distante para aqueles que se supõe sejam seus destinatários" (p. 47).

Meek (apud Colomer, op. cit.) denominou esses dois grupos de *book people* e *children people*. Os primeiros seriam os autores preocupados em encontrar critérios adequados para definir o que poderia ser considerado como "verdadeira literatura"; os outros seriam indivíduos acostumados com crianças e mais preocupados com o seu desenvolvimento psicológico.

Ele assinalou: "Certamente, o [representante do] *book people* não ignora que os leitores são crianças; simplesmente considera irrelevantes suas opiniões sobre os livros. O [membro do] *children people* certamente não tolera os maus livros infantis, mas prefere centrar-se no leitor" (Meek apud Colomer, op. cit., p. 48).

Se o primeiro grupo considerava a literatura infantil inferior do ponto de vista literário, o segundo grupo deixava de lado a reflexão teórica, valorizando apenas o incentivo à leitura.

Segundo Soriano (apud Colomer, op. cit.), somente a noção de "comunicação" conseguiu desbloquear o reconhecimento literário da literatura infanto-juvenil, bem como esclarecer a finalidade do seu estudo, quando passou a ser entendida como uma forma específica de comunicação literária: "O diálogo que, de uma época para outra, de uma sociedade para outra, se estabelece entre as crianças e os adultos por meio da literatura" (p. 52).

Atualmente, a principal influência no campo de estudos da literatura infanto-juvenil vem da psicologia cognitiva. Essa área do saber trata da construção do conhecimento e da aprendizagem, e penetrou em tal campo de estudos de maneira muito mais lenta que a psicanálise.

Inicialmente, os estudos cognitivistas não se interessaram por essa literatura, pois se fundamentavam na visão de Piaget e Rousseau, que acreditavam na "aprendizagem infantil baseada na experiência direta e não mediatizada pela instrução livresca da realidade" (Colomer, op. cit., p. 80). No entanto, houve uma mudança dos pressupostos educativos vigentes, baseada no estudo de Piaget sobre os vários estágios de desenvolvimento intelectual das crianças.

A partir dessa mudança, os livros que contavam apenas com o texto foram, felizmente, recolhidos, pois seu estilo dificultava a compreensão infantil, e deram lugar a livros com ênfase gráfica, textos mais simples e adequados às crianças. Até hoje, permanece a concepção da importância da literatura para a compreensão do mundo por crianças e jovens.

Entretanto, a verdadeira mudança nos estudos sobre a literatura infanto-juvenil foi a adoção de uma base teórica que leva em igual consideração o interesse literário e "as perspectivas psicopedagógicas e socioculturais. A convergência disciplinar viu-se favorecida porque a evolução de cada uma das disciplinas implicadas caminhou, nas últimas décadas, em seu interesse pela consideração do leitor" (p. 77).

No campo dos estudos culturais, a literatura é analisada não como um assunto estanque, mas em relação aos outros campos de estudo, como a sociologia, psicologia, história etc. Atualmente, temos visto proliferarem discussões voltadas para o multiculturalismo, a diversidade e os direitos das chamadas minorias. Segundo Rosa Maria Hessel Silveira, "no cruzamento de tais discussões, os produtos culturais considerados artísticos merecem nossa atenção, reconhecendo-se seu poder de produção ou reprodução de representações, imagens e estereótipos" (2003, p. 1).

Assim, discorrerei, mais adiante, sobre como se dá essa produção/ reprodução de valores na literatura infanto-juvenil, no que diz respeito à questão das diferenças. No entanto, antes disso, falarei sobre os clássicos infantis e os contos de fadas, ambos de fundamental importância para a formação cultural de crianças e adolescentes.

Os clássicos e os contos de fadas

Os clássicos

Ana Maria Machado, em seu livro *Como e por que ler os clássicos universais desde cedo* (2002), defende a importância da leitura dos clássicos pelas crianças. Talvez tal defesa não fosse necessária se não vivêssemos em um tempo em que as pessoas ainda estão descobrindo o verdadeiro sentido da expressão "politicamente correto". No entanto, este livro foi muito bem recebido, pois esclarece alguns pontos que fazem cair por terra o exagero que porventura possa mover algumas pessoas, por mais bem intencionadas que sejam.

A leitura dos clássicos é, antes de mais nada, a transmissão de conhecimento e de cultura, de geração para geração. Esse conhecimento sempre enriquecerá a cultura geral da pessoa. Há uma diferença bem grande entre "transmissão de valores" e "transmissão de conhecimento". A primeira expressão denota um aspecto didático, segundo o qual os textos clássicos seriam usados para reafirmar valores há muito ultrapassados, o que não é o caso.

Ao ler os clássicos, a criança "poderá ler e apreciar muito mais uma quantidade enorme de obras maravilhosas que foram escritas pelos tempos afora a partir de referências a situações bíblicas" (Machado, *op. cit.*, p. 39). Da mesma maneira, compreenderá expressões usadas no dia a dia, como "tempo de vacas magras", por exemplo.

Desde que meu filho começou a se interessar por filmes "de adulto", tenho procurado assistir com ele aos clássicos do cinema. Assim, ele passou pelos mais variados estilos e pode conhecer *2001: uma odisseia no espaço*, *E o vento levou...*, os filmes de Hitchcock, toda a saga de Rocky, enfim, um misto referências *cult* e referências *pop*. Resolvi adotar essa prática depois que ele assistiu a um filme (do qual não me lembro agora) em que havia um personagem que reproduzia a famosa cena das escadarias do filme *Rocky – Um lutador*. A falta de conhecimento prévio não prejudicou a sua compreensão, contudo, percebi que ele teria saboreado muito mais a cena se tivesse assistido ao *Rocky* antes.

Da mesma maneira, um leitor poderá compreender muito melhor as críticas contidas em *Dom Quixote de la Mancha*, de Miguel de Cervantes, se tiver conhecimento prévio dos clássicos romances de cavalaria.

Machado (*op. cit.*) cita uma relação de clássicos de aventura, incluindo as histórias marítimas, como *A ilha do tesouro* (Robert Louis Stevenson); histórias de detetives, como *Sherlock Holmes* (Sir Arthur Conan Doyle); de terror, como *Frankenstein* (Mary Shelley); narrativas que mostram a realidade cotidiana, como *Oliver Twist* (Charles Dickens) etc. Ela destaca que o elemento mais importante para que o jovem leitor possa tirar o máximo proveito da leitura dos clássicos é a maneira como estes serão lidos.

"Ler criticamente é uma das respostas. Significa que não se lê para concordar servilmente em atitude reverente, mas também não se lê para discordar e refutar num eterno desafio" (p. 99).

É necessário que a admiração pelas qualidades do texto não ofusque o olhar crítico do leitor, para que este atualize a leitura, acrescentando a sua própria bagagem cultural. Para isso, é preciso também que se faça uma leitura contextualizada, "entendendo a época e não cobrando atitudes contemporâneas de uma manifestação cultural de outro tempo e outra sociedade" (p. 99).

Assim, a leitura de *Oliver Twist* pode proporcionar a compreensão de que, mesmo os países atualmente considerados de Primeiro Mundo, como a Inglaterra, já viveram situações de miséria e abandono infantil, hoje vivenciadas pela nossa sociedade.

Ao falar sobre o cânone, Machado faz uma observação muito interessante. Segundo a autora, se por um lado há pertinência no questionamento do cânone, por outro, o conhecimento deste é necessário para que o indivíduo não fique à margem da civilização. Além disso, ela afirma: "Não creio que a forma de mudar o que ainda vem por aí seja ignorando o que se construiu antes" (p. 133).

Em épocas passadas, a alfabetização era privilégio de alguns. Podemos ver que o modelo branco, europeu, masculino do cânone corresponde a esses poucos afortunados. Hoje, contudo, há leitores potenciais (alfabetizados) em todas as classes sociais, de todas as etnias, homens e mulheres, com as mais variadas culturas. Assim, começam a ser produzidos livros que falam a todos esses indivíduos. Além disso, a maior quantidade de leitores possibilita um diálogo mais amplo, que, por sua vez, contribui para aprimorar a leitura crítica.

Ao defender a leitura dos clássicos, Machado, na verdade, sugere uma revisão do cânone por intermédio do olhar do leitor, e não de um novo poder que institua o que é melhor para ele. Essa é certamente a única maneira de alterar o cânone de uma forma democrática, e não imposta.

> Com mais gente lendo mais e melhor, podendo comparar, argumentar, refutar, é bem possível que alguns títulos e autores passem também a ser menos valorizados, abrindo espaço no cânone. As substituições virão naturalmente, pela prática leitora crescente de novas camadas da população alfabetizada. Da mesma forma que não creio que uma listagem

velha deva ser imposta de cima para baixo, não creio que alguém individualmente tenha o direito de determinar um índice de proibições ou um novo cânone. Algumas experiências totalitárias já tentaram isso e os resultados foram desastrosos. O que se pode, sim, e se deve, é discutir sempre tudo isso, opinar, criticar e apresentar alternativas. Da soma de muitas manifestações, algo novo surgirá.

(Machado, *op. cit.*, p. 134)

Os contos de fadas

Um dos gêneros que mais obtiveram sucesso entre crianças, jovens e adultos, por suas "possibilidades" e riqueza de significados, foi o dos contos de fadas. Para a psicanálise, "os *significados simbólicos* dos contos maravilhosos estão ligados aos eternos dilemas que o homem enfrenta ao longo de seu amadurecimento emocional" (Coelho, *op. cit.*, p. 33).

Esses contos forneceriam um suporte para a passagem do egocentrismo para o sociocentrismo, fase em que o outro passa a ser reconhecido como relevante para a própria realização. Para Marilena Chaui (*op. cit.*, 1984), os contos representariam uma espécie de "rito de passagem" que auxilia a criança a lidar com o presente, ao mesmo tempo que a prepara para o futuro: a fase adulta.

O gênero literário mais conhecido pelas crianças é, inegavelmente, o dos contos de fadas. Estes exerceram grande influência na nossa cultura, já que "a herança do folclore é vista como uma aprendizagem de enraizamento histórico a partir do conhecimento da formas culturais antigas" (Colomer, *op. cit.*, p. 59). Apesar disso, esses contos não costumam ser vistos pela crítica como literatura "nobre", como ocorre com os clássicos infantis. Talvez por terem sido, ao contrário dos clássicos, escritos para as crianças, sendo que, como já vimos, a literatura infanto-juvenil nunca gozou de grande prestígio entre os críticos. Outro motivo possível para esse "desmerecimento" dos contos de fadas é o fato de terem sido produzidos por artistas populares, que permaneceram anônimos. Além disso, são criações coletivas, aumentadas e modificadas durante a transmissão oral.

Segundo Machado (*op. cit.*), as duas visões não passam de preconceitos infundados, já que tais histórias não foram produzidas especificamente para crianças e, além disso, têm um forte caráter de permanência e universalidade, comprovado pela existência de uma versão de *Cinderela* no Antigo Egito.

No século XVII, algumas escritoras francesas reuniram essas histórias e escreveram-nas, intercalando-as com outras, inventadas por elas. As duas autoras mais famosas foram *Mademoiselle* Lhéritier e *Madame* d'Aulnoy. Contudo, o primeiro trabalho de compilação e recriação a se tornar célebre foi realizado pelo francês Charles Perrault, em 1697, com onze contos. Em 1802, os pesquisadores e filólogos alemães Wilhelm e Jacob Grimm (conhecidos popularmente como irmãos Grimm) lançaram uma nova coletânea, com 210 contos. A intenção deles era preservar o patrimônio literário do povo alemão, bem como divulgá-lo.

Algumas décadas depois, entre 1835 e 1872, o dinamarquês Hans Christian Andersen publicou sua antologia de contos. Perrault, os irmãos Grimm e Andersen são conhecidos como os grandes responsáveis pela difusão dos contos populares. Contudo, coube a Perrault o título de "pai da literatura infantil", pois, além de compilar e reescrever os contos populares,

> ele foi mais além e criou várias histórias novas, seguindo os modelos dos contos tradicionais, mas trazendo sua marca individual e inconfundível – uma visão poética misturada com profunda melancolia. Assim, seu livro, além de contos de fadas compilados nos países nórdicos, trazia também novidades como *O Patinho Feio*, *A Roupa Nova do Imperador*, *Polegarzinha*, *A Pequena Sereia*, *O Soldadinho de Chumbo*, *O Pinheirinho* e tantas outras.
>
> (Machado, *op. cit.*, pp. 72-3)

A iniciativa de Andersen estimulou vários outros autores, que começaram a escrever histórias infanto-juvenis sem intenção didática. Além disso, alguns autores já conhecidos por escreverem para adultos, como Oscar Wilde, por exemplo, também se aventuraram na literatura infanto-juvenil.

"Na segunda metade do século XX [...] Ítalo Calvino se dedicou também a um projeto de compilação nacional de contos de fadas [...] e organizou *Fábulas Italianas*" (p. 73). Ainda existem antologias de contos de fadas russos, chineses, irlandeses etc.

Os contos de fadas também foram grandemente utilizados como uma tentativa de controle social. Ao contrário do respeito aos clássicos mantido pelos eventuais adaptadores, os contos de fadas foram frequentemente modificados por aqueles que desejavam censurar e controlar os jovens leitores. Dessa prática só posso deduzir que houve, por parte de seus autores, um grande equívoco, pois os contos tradicionais são o resultado de inúmeras "reelaborações na sociedade europeia, fixados nos séculos XVIII e XIX, carregando as concepções desses séculos sobre a sexualidade (e sobre outras coisas também)" (Chaui, 1984, p. 43).

Além disso, a manutenção da forma original dos contos é importante para as crianças, pois, segundo Marilena Chaui (1984), isso dá a elas uma sensação de segurança, por saberem que absolutamente nada se modificará, ao contrário do que acontece em sua vida, sempre sujeita a alterações, tanto boas quanto más. A criança sabe que no final o vilão será punido e nada modificará essa certeza.

Os adaptadores, segundo Machado (*op. cit.*), não passam de pessoas arrogantes que se consideram donas da verdade, ao contrário dos despretensiosos autores populares. Ainda de acordo com Machado, "ignorância é [o] que explica essas interferências, na maioria das vezes. A intenção era boa. Mas com frequência o adaptador dessas histórias, por não estar acostumado a conviver de perto com muita leitura, passa por cima do fato de que não se lê literalmente. Quem não tem intimidade com livros ignora isso" (p. 77).

Os que aprovam esse tipo de adaptação, por considerarem os contos machistas ou injustos, de algum modo, imaginam que tudo tem de ser entregue "mastigado" às crianças, como se estas fossem incapazes de formular um juízo de valor. Desconsideram o fato de que os jovens leitores podem discriminar os valores contidos nos contos, e têm a capacidade de julgá-los por si mesmos.

Segundo Bruno Bettelheim (apud Chaui, op. cit., 1984), as crianças não costumam apreciar muito as fábulas, pois a moralidade ali contida muitas vezes se mostra cruel.

> Qual a criança que não sente ofendido o seu senso de justiça na fábula de *A Cigarra e a Formiga*? Feita por adultos e para adultos, a fábula desagrada a criança porque esta não é moralista. A ética infantil não passa pelos códigos estreitos dos apólogos nem pelo cultivo da frustração, próprio das fábulas – a raposa *sem* as uvas, o corvo *sem* o queijo, o cão *sem* a carne. Se a criança tolera a exigência de moderação dos impulsos, não tolera vê-los permanentemente frustrados. À patologia repressiva da fábula, ela opõe uma outra economia do prazer. Como Emília, sempre sem-cerimônia, que, fabula a fábula, conta outro conto e muda a moral da história, para escândalo de Dona Benta.
>
> (Chaui, op. cit., 1984, p. 44)

De acordo com a psicanálise, os contos de fadas tradicionais constituem um precioso acervo de experiências emocionais, representando um preparo para que a criança enfrente as dificuldades do seu cotidiano.

O distanciamento que existe entre a realidade infantil e a "realidade" contida na ficção proporciona a possibilidade de o leitor entender melhor as suas próprias experiências análogas. Nesse sentido, é extremamente importante a identificação entre o leitor e algum personagem. Machado (op. cit., p. 20) afirma que os bons livros proporcionam ao leitor "o contentamento de descobrir em algum personagem alguns elementos em que ele se reconhece plenamente. Lendo uma história, de repente descobrimos nela umas pessoas que, de alguma forma, são tão idênticas a nós mesmos que nos parecem uma espécie de espelho".

Segundo Colomer, uma das características valorizadas por Bruno Bettelheim na literatura infantil é a facilidade de identificação por parte dos leitores. Para o psicólogo, "este elemento se acha na base da decidida aposta atual nos protagonistas infantis e adolescentes similares aos destinatários previstos, característica que foi repetidamente assinalada como um dos traços definidores da literatura infantil" (Colomer, *op. cit.*, p. 68).

Daí a importância de proporcionar às crianças e jovens a possibilidade de identificação em textos literários que tenham relação com a sua realidade específica, em vez de oferecer apenas textos em que essa identificação seja dificultada por uma série de fatores.

É comum vermos meninas negras carregando no colo bonecas brancas, loiras e com olhos azuis. E o mais interessante é que isso seria de esperar no passado, quando era impossível encontrarmos bonecas negras à venda nas lojas, mas não hoje, quando estas já existem (embora em número muito menor que as tradicionais loirinhas).

A insistência da sociedade (inclusive familiar) em manter o modelo de beleza hegemônico apenas contribui para diminuir a autoestima das meninas que, ao crescerem, alisarão seus lindos cabelos cacheados, como queria a tia de Sergiana, personagem de *Uma maré de desejos* (Martins, 2005b), e, se possível, os pintarão de louro, pensando que só assim "ficarão bonitas". Expressões como "cabelo ruim" são usadas por alguns pais e mães quando se referem aos cabelos de seus filhos, como faz a tia de Sergiana.

Discordo das adaptações das histórias tradicionais para acomodá-las ao "politicamente correto" pois, como já afirmei, a identificação se faz no nível simbólico. Mas não seria nada mau se surgissem cada vez mais histórias em que houvesse personagens diferentes dos "modelos" já exaustivamente citados.

Ilustração

Todos concordam quanto à grande importância da ilustração para a literatura infantil. Mas, afinal, o que vem a ser "ilustração"? Qual é a sua função em relação aos livros infanto-juvenis? "Enfeitá-los"? Atrair a atenção de crianças e jovens? Ou ainda, complementar o sentido do texto escrito?

Embora os livros existam desde o século XV, o século XIX, com a Revolução Industrial, propiciou o desenvolvimento dos livros infantis quanto à qualidade gráfica. A partir dessa época, a presença de ilustrações passou a ser usual ao acompanhar os textos para crianças, com a finalidade de enfeitar os livros, esclarecer os dados ali contidos (nesse sentido, com a intenção de informar ou educar) ou para proporcionar prazer estético.

No entanto, outras funções da ilustração foram percebidas e outros conceitos relativos a ela, além de mera complementação ou "enfeite", foram incorporados à sua análise.

Em primeiro lugar, a imagem ganhou *status* de arte, pois os ilustradores aprimoraram suas técnicas e a qualidade estética. Além disso, a compreensão da imagem como uma outra forma de linguagem, diferente da verbal, conferiu à ilustração um novo papel: o de constituinte de significado.

Segundo Ramos e Panozzo (2004), ainda há, nos dicionários contemporâneos, uma definição de ilustração como uma imagem que acompanha um texto. Tal definição, no entanto, é baseada em dois conceitos equivocados: o fato de a ilustração não ser considerada um texto e a ideia de que ela apenas serve como complementação da palavra. Em ambos os casos ela não teria significado próprio.

As autoras, assim como eu, entendem "texto" como "uma unidade mínima de significação, de modo que um assobio pode significar, assim como um piscar de olhos ou mesmo um 'Oi' pode ter sentido" (Ramos e Panozzo, *op. cit.*). A ilustração constitui uma linguagem específica, capaz de produzir sentido em um diálogo tanto com o leitor quanto com o texto escrito. Em outras palavras, a ilustração "pertence ao código visual, é linguagem constituindo diálogo com outras linguagens" (*ibidem*).

Luís Camargo (1995) afirma que tanto no livro ilustrado, no qual a ilustração dialoga com o texto, quanto no livro de imagens, em que elas são a única linguagem, a ilustração pode ter as seguintes funções:

- *Pontuação* – a ilustração pontua o texto, ou seja, destaca certos aspectos ou assinala seu início e seu término.

∾ *Função descritiva* – a ilustração descreve objetos, cenários, personagens, animais e assim por diante. É a função predominante nos livros informativos e didáticos.

∾ *Função narrativa* – a ilustração mostra uma ação, uma cena, conta uma história.

∾ *Função simbólica* – a ilustração representa uma ideia. O ilustrador chama a atenção para o caráter metafórico da história.

∾ *Função expressiva/ética* – a ilustração expressa emoções por meio da postura, dos gestos e das expressões faciais dos personagens e dos próprios elementos plásticos, como linha, cor, espaço, luz etc. A ilustração também expressa valores pessoais do ilustrador e outros mais abrangentes, de caráter social e cultural.

∾ *Função estética* – a ilustração chama a atenção para a maneira como foi realizada, destacando a linguagem visual.

∾ *Função lúdica* – a ilustração envolve a metalinguagem, ou seja, a linguagem que fala sobre a linguagem.

A forte presença da ilustração na literatura infantil mostra que o conceito de texto abrange mais do que o código verbal. No entanto, embora as duas linguagens (verbal e visual) se juntem e ambas atuem sobre a sensibilidade e a cognição do leitor para que a compreensão do livro ocorra, geralmente, ao serem estudadas, elas são dissociadas uma da outra, e a palavra é invariavelmente privilegiada pela crítica literária.

Nos últimos anos, "a edição de livros para crianças e adolescentes ampliou enormemente suas técnicas de ilustração, os materiais utilizados para confeccioná-los, o tipo de paginação do texto e da imagem, incluindo, às vezes, volume, movimento, som ou tato, com funções significativas" (Colomer, *op. cit.*, p. 104). Livros de pano, livros com apitos, com linguetas que permitem que o leitor movimente os personagens, livros que flutuam e podem ser lidos na banheira, enfim, livros dos mais variados tamanhos, texturas e materiais.

Figura 10: Exemplo de livro que traz novidades em suas ilustrações. Neste caso, a capa e todas as folhas do livro *Atirei um sonho n'água* (Carr, s.d.), desenhadas por Nadia Pazzaglia, com projeto gráfico de Giorgio Vanetti, são feitas em papel-cartão resistente e com furos "para olhar dentro". Esse formato pretende despertar a curiosidade das crianças.

Percebeu-se que as convenções habituais da crítica literária não davam conta dos livros que traziam tantas novidades, já que estes não apresentavam simples ilustrações, com o intuito de "enfeitar" os textos. Surgiu, então, a necessidade de ampliação dos estudos sobre a ilustração como parte constituinte do texto.

No Brasil, essa necessidade teve eco na Fundação Nacional do Livro Infantil e Juvenil (FNLIJ), no Rio de Janeiro, e no Centro de Estudos de Literatura Infantil e Juvenil (Celiju), em São Paulo, entidades que, nas últimas três décadas, vêm estimulando os estudos sobre ilustração. Tais estudos buscam compreender os seus vários aspectos e sua relação com o texto verbal, na constituição de um "texto infantil".

De acordo com tradição oral, as histórias eram contadas para as crianças por um adulto cuja voz fazia a intermediação ao explicar e detalhar os conflitos vividos pelos personagens. O texto era apenas escutado. No entanto, com o advento dos livros escritos, essa tradição foi diminuindo aos poucos, quase desaparecendo. Com isso, a criança precisou aprender a interagir com esse novo bem cultural que "carrega em seu bojo as possibilidades de apropriação de sistemas de linguagem diversos, como verbal, visual, gestual e expressiva, principalmente" (Ramos e Panozzo, *op. cit.*).

Com a transposição da oralidade para a escritura, o texto se distanciou do leitor, pois desapareceu o contato direto entre o ouvinte e o contador. A mediação passou a ser feita, então, pelo olhar, por meio dos recursos visuais, como o trabalho gráfico e, especialmente, a ilustração.

A ilustração na literatura para a infância aparece, portanto, como uma linguagem de acesso mais imediato, auxiliando o leitor mirim a interagir com a palavra. As duas linguagens compartilham o mesmo suporte, e na ilustração, geralmente, predomina o figurativo, referindo modelos da natureza ou figuras fantásticas oriundas do imaginário. A natureza figurativa é de reconhecimento rápido e permite ao leitor estabelecer conexões com o mundo e elaborar redes interpretativas.

(Ramos e Panozzo, *op. cit.*).

Portanto, dizer que a ilustração serve para "enfeitar" o texto reduziria a sua importância, pois o termo "enfeite" possui um sentido de "apêndice", de algo perfeitamente dispensável. Todavia, a função da ilustração não é absolutamente subalterna ao texto: desempenha um papel fundamental na produção de significado.

Se a crítica literária apenas recentemente começou a perceber o par ilustração/texto como um todo, para a criança essa percepção sempre foi natural, já que a primeira via de acesso à obra é sempre a visualidade. É esse aspecto que atrai o leitor, em primeiro lugar. "O texto torna-se visível ao convocar para si o olhar, ao impor-se ao leitor, ao conquistar sua atenção e sua adesão" (*ibidem*). A interação entre palavra e imagem faz que o leitor atribua os significados ao livro. Se, em princípio, a imagem pode parecer apenas um "chamariz", tal o seu poder de sedução, a sua interação com a palavra escrita lhe confere, na verdade, um papel bem complexo, sendo que deve ter reconhecida e valorizada sua condição de linguagem portadora de sentido. Portanto, a análise semiótica dos livros de literatura infanto-juvenil deve se preocupar em dar conta dos diversos tipos de linguagem ali contidos.

No livro *O menino que brincava de ser* (Martins, 2000), há um recurso bem interessante: as ilustrações podem ser vistas como um desenho animado, conforme o leitor folheia as páginas rapidamente. A maneira de ver a "animação" é explicada no encarte que acompanha o livro. Nela, o menino vai mudando de roupa, colocando fantasias, vestidos, colares, enquanto sobe e desce pelas páginas, como se estivesse voando. Talvez por voar em sua fantasia. Talvez por se sentir livre quando pode vestir o que deseja. Ou talvez por algumas centenas de outros significados que os leitores possam apreender com a leitura das ilustrações.

FIGURA 11: Ilustração de Pinky Wainer, em Martins, 2000, p. 47.

Segundo Ramos e Panozzo, o trabalho de um ilustrador é análogo ao de um tradutor, pois ambos transportam as ideias de uma linguagem para outra. "Os elementos figurativos são organizados e articulados em sua própria linguagem, traduzindo significados para a visualidade e ao mesmo tempo sendo um espaço de invenção" (*op. cit.*). No ano de 1969, um autor provocou uma verdadeira revolução no campo da ilustração dos livros infantis brasileiros: Ziraldo, com seu *Flicts*, obra na qual ele deixou muito claro o fato de que a ilustração poderia ser muito mais do que a complementação dos textos escritos. Em *Flicts* ocorre o inverso: "As cores é que falam, competindo à expressão verbal esclarecer o assunto e explicar o conflito vivenciado pelo herói, ele mesmo um pigmento que não encontra lugar no universo dos tons pictóricos" (Zilberman, 2005, p. 155). Ziraldo mostrou que a linguagem visual pode ser autossuficiente, embora, ainda que substituindo a linguagem verbal, ela não possa prescindir dos elementos próprios da literatura, "como a narrativa, a opção por personagens humanos ou humanizados, a adoção de um ponto de vista" (p. 156).

Em *O menino quadradinho* (Ziraldo, 2006), já citado, a imagem é tão importante para contar a história quanto o texto escrito.

Posso, então, reafirmar que, na análise literária, nem o aspecto visual nem a palavra devem ser privilegiados, sendo sempre preferível e desejável a análise de todos os aspectos textuais que tenham significado.

Meu sobrinho de 11 anos disse que preferia textos sem ilustrações, pois estas "atrapalhavam a sua imaginação". Respondi, então, que era o contrário: as ilustrações deveriam fazê-lo ver a pluralidade de significados que um texto pode ter. Mesmo que uma ilustração "mostre" a ele como é determinado personagem, ou determinado lugar, ela, na verdade, revela como aquele ilustrador interpretou a ideia do escritor. Assim, a ilustração contribui para que um menino-leitor-de-11-anos como ele compreenda que não há uma única verdade, já que várias leituras são possíveis. Sendo assim, todos podem soltar a imaginação à vontade, o que é sempre muito prazeroso.

Transmissão de valores

Nelly Novaes Coelho (1982) se baseia na ideia de que é por meio da consciência cultural que os indivíduos se desenvolvem e realizam integralmente. Assim, podemos compreender a importância da literatura para as crianças. "É ela, dentre as diferentes manifestações da Arte, a que atua de maneira mais profunda e duradoura, no sentido de *dar forma e de divulgar os valores culturais* que dinamizam uma sociedade ou uma civilização" (p. 3).

Para a pesquisadora, os conceitos que sustentam o código de valores sociais devem estar expressos na literatura infanto-juvenil, para que crianças e jovens tenham a oportunidade de conhecê-los e incorporá-los.

Nesse sentido, essa literatura é compreendida como uma mensagem do adulto (que deve transmitir os valores) para a criança (que deve recebê-los). Logo, o ato da leitura se confunde com um ato de aprendizagem.

Para Coelho (1982, p. 18),

> se a infância é um período de aprendizagem [...] toda mensagem que [se] destina a ela [a criança], ao longo desse período, tem necessariamente uma *vocação pedagógica*. A literatura infantil é, também ela, necessariamente pedagógica, no sentido amplo do termo e assim permanece, mesmo no caso em que ela se define como literatura de puro entretenimento, pois a mensagem que ela transmite, então, é a de que não há mensagem e que é mais importante o divertir-se do que preencher falhas (de conhecimento).

A literatura é vista pela autora como um meio ideal para o estímulo do desenvolvimento das potencialidades infantis, auxiliando as crianças nas etapas do amadurecimento.

Na década de 1980, valorizou-se mais a concepção de que o contexto social é fundamental para a formação humana. Esta só poderia

> plasmar-se através da participação nos sistemas simbólicos da cultura [...] a forma de nossas vidas resulta compreensível a nós mesmos e aos demais em virtude, unicamente, dos sistemas simbólicos de interpretação cultural: as modalidades de linguagem e discurso ou as formas de explicação lógica e narrativa.
>
> (Colomer, *op. cit.*, p. 83)

A ficção literária se constitui em um desses sistemas simbólicos, pois mostra aos leitores diversos mundos nos quais as crianças podem atuar e desempenhar vários papéis sociais.

Com base nessa concepção formulada a respeito da literatura infanto-juvenil, percebeu-se que não se podem considerar, na análise do texto literário, apenas os códigos da língua e as normas literárias de cada tradição. Os diversos códigos que constituem o sistema cultural de uma sociedade como um todo, como os ideológicos e os artísticos, também devem ser privilegiados na leitura.

"Desta perspectiva o texto literário foi definido como um texto de 'codificação plural'" (Segre *apud* Colomer, *op. cit.*, p. 93). Deve-se destacar, no entanto, que a leitura contextualizada não implica que a literatura seja apenas um reflexo da sociedade – isso seria subestimá-la. O texto literário ultrapassa a função mimética, tendo um papel no processo de "construção do conhecimento, de criação do mundo como modelador da realidade, a qual configura e dá sentido" (pp. 93-4).

Ao explorar tal capacidade, a literatura infanto-juvenil tem sido ligada, por diversos autores da atualidade, a problemas sociais, especialmente os relacionados com as minorias, como os negros, as mulheres e, com muito menor frequência, os homossexuais, com a clara intenção de minorá-los. Contudo, deve-se tomar cuidado para que esses textos não se tornem panfletários, preocupados apenas em transmitir determinados valores, pois perderiam o seu valor literário, sendo substituídos, a contento, por textos informativos.

Segundo Colomer (*op. cit.*, p. 119), "a vontade de introduzir mudanças ideológicas requer uma sutileza literária muito acentuada, que deve envolver os níveis mais profundos do texto". Caso contrário, ou seja, se o autor apresentar um comportamento "diferente" (como a homossexualidade) como se fosse natural, a criança (ou jovem) estranhará o fato, o que causará um problema de falta de verossimilhança. Por outro lado, se o autor apresentar todas as tensões que envolvem tal comportamento, correrá o risco de produzir apenas um panfleto político.

Concordo com Colomer até certo ponto. A falta de verossimilhança à qual a autora se refere é muito relativa. Uma família homoparental pode ser vista com naturalidade por pais, amigos e colegas de trabalho, como ocorre com a minha. Pode ser algo incomum ou até improvável para muitos, mas não para todos.

É preciso que a discussão sobre os critérios de qualidade se aprofunde e que se analise até que ponto é importante que a crítica, ao selecionar os livros infanto-juvenis, considere a ideologia ali contida. Além disso, deve-se pensar em como essa seleção deve ser feita: baseada em que critérios? Deve-se indicar um livro por sua excelente qualidade literária mesmo que o seu conteúdo seja "pernicioso"?

Colomer (*op. cit.*, p. 117) afirma que a função educativa dos livros infantis é muito clara, "e torna-se também muito visível que os autores e editores estão constrangidos por pressões sociais de diversos tipos. Tudo isso faz que o tema ideológico seja um problema especialmente importante nos livros para crianças e jovens".

Bem, penso que cabe aqui uma discussão: eu, como afirmei anteriormente, não vejo a forma separada do conteúdo, portanto, não indicaria para meu filho um livro com ideologia machista, misógina ou homofóbica (apenas para citar alguns exemplos), por mais "maravilhosamente escrito" que fosse. Tampouco indicaria um livro no qual eu não encontrasse nada mais que simples mensagens de tolerância, respeito ao próximo e outros conceitos "politicamente corretos".

Claro está que os conceitos ideológicos de um não são, necessariamente, os de todos. O meu conceito de egoísmo pode ser o conceito de ambição para outro. Em outras palavras, o que é defeito para mim pode ser qualidade para outros e vice-versa. Contudo, determinados valores, como a liberdade, o respeito e a tolerância, devem receber em consideração especial. Se nos basearmos no conceito de que o livro ensina sobre a forma de ser e de atuar no mundo (Colomer, *op. cit.*, pp. 117-8) e esta forma visa à convivência social, o mínimo que se pode desejar é que as crianças e os jovens aprendam a viver em sociedade. Para isso, é necessário que saibam coexistir pacificamente e tenham o sentido de solidariedade como um pressuposto básico para uma boa formação de caráter.

Mas há outro aspecto ainda mais importante: os livros não devem se preocupar em ensinar comportamentos desejados a crianças e jovens, por mais revolucionários que sejam, pois se aceitarmos tal prática estaremos nos igualando àqueles a quem tanto criticamos por tentarem moldar indivíduos com base em pressupostos considerados "certos". Creio que o fundamental em um texto literário é fazer que seu jovem leitor expanda os horizontes (por mais que isso possa parecer um lugar-comum), mostrando-lhe os vários mundos, vários pensamentos, várias interpretações, enfim, as inúmeras realidades possíveis.

Nossa sociedade passa por um momento único. O crescimento da mídia e a internet nos deram a verdadeira dimensão da diversidade cultural na composição da sociedade. Se por um lado isso é bom, pois coloca os indivíduos em contato com essa diversidade, o que acaba por enriquecer a cultura de todos, por outro esse contato serviu para acirrar ódios e intolerância de alguns contra tudo que é diferente. Portanto, hoje, mais do que nunca,

> refletir sobre as relações humanas passou a ser considerado aquisição essencial em uma sociedade na qual a adversidade já não provém da luta contra a natureza. [...] A problematização de qualquer sistema moral, que pretenda separar nitidamente o bem e o mal, tornou mais urgente a tarefa de facilitar instrumentos de atuação que deleguem ao indivíduo a responsabilidade moral de decidir sua conduta a partir dos valores de aceitação de si mesmo, de tolerância em relação aos demais e de busca da felicidade. A imagem da substituição de uma bússola moral pela de um radar de atuação pode oferecer uma representação gráfica da mudança de valores educativos constatados.
>
> (Colomer, *op. cit.*, p. 263)

A urgência dessa tarefa provocou o surgimento de mais iniciativas visando trabalhar o conteúdo ideológico dos livros, especialmente os infanto-juvenis, por seu caráter educativo. Detectou-se a necessidade do aparecimento de vozes "diferentes" que possam ser compreendidas pelos indivíduos "diferentes", respeitando-se os limites e necessidades de cada comunidade interpretativa (Colomer, *op. cit.*).

Como a literatura acompanha as mudanças sociais, era de esperar que, com a "divulgação" da diversidade, novas áreas temáticas fossem incorporadas à narrativa para crianças e jovens. Nos anos 1960 e 1970, novos conceitos de moralidade surgiram na sociedade ocidental, e a concepção de educação infantil se modificou desde então. A criança deixou de ser encarada como um ser inocente e puro e, em consequência, a literatura passou a se preocupar em mostrar a esse leitor os mais variados tipos de conflitos sociais aos quais está sujeito, sendo que, ao mesmo tempo, ofereceu-lhe "instrumentos capazes de superá-los" (p. 257).

Se o enfoque educativo se manteve na conceituação da literatura infanto-juvenil, havendo, concomitantemente, consenso em relação à importância desta para a exploração e valorização de diversos pontos de vista, o papel do professor de literatura deveria ser justamente o de esclarecer o estudante a respeito da representação da realidade na obra, e não o de simplesmente transmitir as categorias de análise estabelecidas pela teoria literária. Ele não pode ser um simples agente que reduz o significado do texto a certas observações consideradas certas. O professor tem a função de "detonar as múltiplas visões que cada criação literária sugere, enfatizando as variadas interpretações pessoais, porque estas decorrem da compreensão que o leitor alcançou do objeto artístico, em razão de sua percepção singular do universo representado" (Zilberman, 1981, p. 24).

Para que o leitor consiga realizar isso, ele precisa conhecer profundamente a si mesmo, bem como o ambiente no qual está inscrito. Este, inicialmente, corresponde à família, depois à escola e à sociedade em geral. A literatura, segundo Zilberman (1981), vai ajudá-lo a preencher as lacunas, decorrentes de sua pequena vivência pessoal, por intermédio da linguagem simbólica.

É importante que o jovem leitor estabeleça a relação entre a significação do texto e a sua situação sociocultural. Portanto, o professor deve ajudá-lo a determinar essa relação, fazendo-o perceber os temas e indivíduos existentes nos textos ficcionais.

É assim que se forma o leitor crítico. A literatura infanto-juvenil terá, se for compreendida desse modo, função formadora, e não função pedagógica, ao facilitar a compreensão, segundo Antonio Candido (*apud* Zilberman, 1981), do mundo e do ser, propiciando a emancipação pessoal e negando as limitações impostas pela sociedade, em vez de simplesmente ensinar boas maneiras. A escola que abraçar tal concepção realmente "educará", formando jovens e crianças conscientes e capazes, rompendo com o ensino tradicional.

Considerando-se que a literatura infanto-juvenil acompanha as mudanças sociais, ela certamente precisa dar conta de algumas questões muito polêmicas suscitadas pelos movimentos político-sociais.

O feminismo chamou a atenção dos pesquisadores que, no ano de 1971, inauguraram, na Universidade de Princeton, os estudos sobre a imagem da mulher na literatura infantil (Colomer, *op. cit.*). Buscava-se identificar casos de personagens femininas discriminadas por seu sexo. Nas animações da Disney, por exemplo, podemos perceber a mudança que a imagem feminina vem apresentando. Se antes tínhamos a submissa, pura e ingênua Branca de Neve que lava, limpa e cozinha na casa dos sete anões, hoje é comum encontrarmos personagens como a Fiona, de *Shrek*, que seria a subversão da princesa linda e educada. Fiona luta, arrota, é "mazinha" (quem não se lembra da cena em que ela frita os ovinhos do passarinho para o café da manhã?) e sabe o que quer, embora, no final das contas, ainda caiba ao ogro-mocinho a definição da história.

A temática "gênero" está muito presente na literatura infantil contemporânea, segundo Silveira e Santos (*op. cit.*), devido ao surgimento de questionamentos e redefinições nessa área. Assim, no espaço da narrativa, surgem personagens infantis que, ao depararem com situações desestabilizadoras, repensam as definições relativas a "ser menino" e "ser menina", como se dá nos livros *Menino brinca com menina?* (Drummond, *op. cit.*) e *O menino que brincava de ser* (Martins, *op. cit.*, 2000).

Os comportamentos considerados "naturais" são revistos, e gostos, preferências e hábitos deixam de ser os definidores da masculinidade ou feminilidade. Após essa mudança, o que os personagens propõem é a liberdade de serem diferentes do considerado "normal".

Outro tema recorrente na literatura infanto-juvenil atual é a modificação da estrutura familiar. Até pouco tempo, seria impensável a existência de livros em que os personagens tivessem pais separados, por exemplo. Havia um modelo familiar "correto" mostrado insistentemente, como se fosse o único.

Contudo, Colomer (*op. cit.*) destaca que, em sua pesquisa, verificou que tais mudanças aparecem apenas nos livros voltados para leitores acima de 10 anos. "Antes desta idade, a estrutura familiar permanece absolutamente inquestionada" (p. 270). Ainda há uma espécie de "moralidade" arraigada nos padrões antigos que impede que as crianças mais novas vejam, nos livros, modelos familiares diferentes, já absolutamente comuns hoje em dia. De qualquer forma, não se pode negar que houve um progresso, embora ainda esteja longe do ideal, que será atingindo quando o modelo familiar tradicional aparecer nas histórias infantis na mesma proporção que os outros modelos possíveis de família, inclusive o homossexual.

No entanto, encontrei um livro chamado *Cada família é de um jeito*, escrito e ilustrado por Aline Abreu (2006). Ele apresenta, em versinhos, os mais diferentes tipos de formação familiar. E o primeiro deles corresponde justamente à família homoparental: "Família, não tem duas iguais. Tem família com duas mães e família com dois pais" (p. 3). É um livro com ilustrações grandes e pouco texto, ou seja, tem um formato que caracteriza os livros para crianças menores e é recomendado para a leitura nas escolas, pois, segundo a vendedora da livraria, ele é considerado um livro "paradidático".

A autora justifica as diferentes formações familiares, apresentando diversos tipos de pessoas, com gostos, maneiras de ser, tipos físicos variados: "Mamãe adora cantar, e papai gosta de dançar. [...] Minha outra avó, Ada, é bem avoada, e o vovô Damião, como dizem, é bem pé no chão. [...] Meu tio querido se chama João. Ele é careca, mas a mulher dele tem um cabelão!" (pp. 10, 13-4). Assim, Aline Abreu provoca nos pequenos leitores a seguinte reflexão: se existem pessoas tão diferentes, por que as famílias deveriam ser todas iguais?

FIGURA 12: Ilustração de Aline Abreu, 2006, p. 3.

Alguns pais e educadores consideram certos temas, como a sexualidade, inadequados para a literatura infanto-juvenil. Contudo, com a presença quase inevitável das relações amorosas nos livros escritos para jovens, ficou difícil evitar esse tema, sendo que surge, nas narrativas, certo grau de expressão sexual. "Provavelmente a grande presença do sexo em nossa sociedade através da infinidade de produtos culturais tem tornado ainda mais evidente a artificialidade de uma literatura asséptica neste campo" (Colomer, *op. cit.*, p. 269).

Contudo, se essa questão já foi em parte superada, surgindo namoros entre personagens de livros infantis e, especialmente, juvenis, ainda notamos a presença dessas "reticências morais" (Colomer, *op. cit.*), que contam com forte apoio de pais e educadores, quando o assunto é a homossexualidade. Os namoros são, invariavelmente, de casais heterossexuais.

Quando escolhi o *corpus* literário desta obra, procurei livros que tratassem das várias representações de diferenças, mas busquei especialmente livros que tratassem da temática da orientação homossexual. No decorrer da escrita deste trabalho, procurei identificar a abordagem, na ficção, das questões que eu vinha levantando. Constatei que todas as obras procuram, de uma maneira ou de outra, levar os jovens leitores a repensarem (pré)conceitos.

Uma maré de desejos (Martins, 2005b) é um livro que traz temas interessantes como o poder da arte, além de todas as questões sociais já apontadas. Tudo parte da escrita e da limitação imposta a esta. É negada à Sergiana a liberdade de criar. A autora faz uma análise sensível e o livro conduz, definitivamente, à reflexão sobre a sociedade e nossa condição humana.

Muitos significados encontram-se em nível profundo, sendo necessária uma leitura cuidadosa para que sejam apreendidos. O livro traz um encarte com muitos dados complementares, como informações sobre a autora e sobre as profissões de escritor e de desenhista, além de depoimentos de artistas sobre as favelas, sobre alguns moradores da Favela da Maré e sobre projetos desenvolvidos ali, como a Oficina da Palavra – projeto do Centro de Estudos e Ações Solidárias da Favela da Maré (CEASM) –, coordenada pela própria autora, Georgina Martins.

Percebe-se, pela leitura do livro (o que é confirmado pelo encarte), a presença de um trabalho social engajado por parte de Georgina Martins. Logo, ela traz todas as questões que vivencia no seu contato com a população da Favela da Maré. O olhar não é o de uma observadora estrangeira, mas de uma pessoa que lida e se solidariza com as dificuldades brutais que aquelas crianças e aqueles jovens vivenciam no seu dia a dia.

Em *Minha família é colorida* (Martins, 2005a), a autora, de maneira poética, fala sobre as diferentes etnias e a miscigenação racial no nosso país, resultando em famílias lindas e coloridas como uma "caixa de lápis de cor". Esse livro também traz um encarte com explicações sobre a miscigenação e a imigração, que fizeram do Brasil um país de várias origens e várias culturas. Fala, ainda, dos diversos tipos de crianças que vivem em diferentes parte do mundo, cada qual com um estilo de vida bem distinto.

O menino que brincava de ser (Martins, 2000) traz a história de Dudu, um menino de 6 anos que gostava de "brincar de ser". Mas ele brincava de ser bruxa, fada, princesa. Também brincava de ser Robin Hood, Peter Pan, mas isso não chocava ninguém. No início, os amigos estranharam: "Mas, Dudu, homens não podem ser bruxas! Você pode ser um mago..."; "Dudu não queria, ele gostava mesmo era de ser a bruxa. Os amigos da escola acabaram se acostumando" (p. 4).

As crianças se acostumam com as novidades, porque ainda não viveram tempo suficiente para ter os preconceitos tão fixados em sua mente. Elas podem estranhar determinadas situações, mas logo se acostumam com elas e acabam achando tudo muito natural. Quanto a isso, eu e Ziraldo concordamos, como veremos mais adiante.

Contudo, não acontece o mesmo com a mãe de Dudu, uma adulta. Um dia, ele diz que queria ser menina. Ela, então, resolve levá-lo ao "doutor Psicólogo", que era muito bom. No final da consulta, ele afirma que "não achou nada de errado no Dudu, muito pelo contrário, disse que ele era um menino muito inteligente e sensível" (p. 12).

Ela não fica satisfeita com o diagnóstico e leva Dudu ao "doutor Psiquiatra". Este chega à seguinte conclusão: "Mãe, seu filho não tem nada. Isso é normal na idade dele" (p. 14). Ela também não concorda com esse médico. Nenhum dos dois disse o que ela queria ouvir nem arrumou um "remédio" para o "mal" do menino.

Certo dia, o pai encontra Dudu usando um vestido da mãe e brincos e sapatos da tia, diante do espelho. Fica furioso e o chama de "mulherzinha", assim como havia feito um menino da escola. Ele resolve, então, colocar Dudu na escolinha de futebol, apesar de o menino detestar o esporte. Falou mais alto o estereótipo de que todo homem tem de gostar de futebol. Se fosse assim, a minha família inteira estaria perdida, pois meu filho detesta futebol, assim como o seu pai e o seu avô. O pai de Dudu chega a pensar em colocá-lo em outra escola, para livrá-lo de possíveis "más influências".

O pai ameaça dar-lhe uma surra caso não obedeça ao treinador de futebol. Tanto nesse livro como em *Menino brinca com menina?* (Drummond, *op. cit.*), os pais são violentos e batem nos filhos.

Rafa, o colega que havia chamado Dudu de "mulherzinha", começa a implicar com ele e chega a chutá-lo. Dudu fica furioso e começa a jogar bem, fazendo três gols. Mas jura para si mesmo que nunca mais vai jogar.

Em uma conversa com a avó materna, a única que o compreende, eles falam sobre a lenda que diz que quem passar embaixo de um arco-íris terá o sexo trocado. Dudu mostra-se bastante interessado, pois imagina que se virasse menina o pai passaria a gostar dele.

Há um paradoxo, pois na verdade Dudu não quer virar menina. Só quer poder usar enfeites. Portanto, ele só deseja mudar de sexo para ser aceito pelo pai. A questão da orientação sexual de Dudu não está presente no texto, mas essa narrativa foi considerada pelos homossexuais como uma história *gay* para crianças, pois o protagonista sente as angústias que a maioria dos homossexuais ainda vivencia, permitindo uma identificação.

A família de Dudu ainda faz mais uma tentativa e resolve levá-lo ao "doutor Endocrinologista". Este diz: "Mãe, o seu filho não tem nada, ele é um menino muito saudável. Nessa idade, isso tudo é normal. Agora, eu acho que a senhora e seu marido deveriam procurar o doutor Fulano, que é um amigo meu – ele é muito bom para tratar de pai e mãe" (p. 64). Ou seja, na verdade, em situações assim, os pais é que precisam de ajuda. Eles têm uma doença terrível chamada incompreensão, complementada pela falta de respeito. Infelizmente é uma doença muito contagiosa e difícil de curar.

No final da história, Dudu, com medo de virar menina para sempre ao passar embaixo do arco-íris, pede à avó: "Vó, você me ajuda a falar com o meu pai? [...] pra ele gostar de mim assim do jeito que eu sou? Pra ele deixar eu brincar de ser todas as vezes que eu quiser? Pra ele deixar eu não gostar de futebol? E pra ele não me bater mais com muita força?" (p. 72). Ele, para o pai, não tinha sequer o direito de gostar ou não de alguma coisa. Surge, novamente, a máxima "você não tem querer".

Por isso os homossexuais tiveram uma identificação tão grande com esse texto. A sociedade, começando pela família, acha que tem o direito e a obrigação de gerir o desejo, o amor, o afeto dos indivíduos, utilizando violência psicológica e muitas vezes física para consegui-lo.

Dudu descobre que os atores podem (e devem) usar maquiagem e diversos enfeites quando representam os seus papéis. Ele, então, decide que não quer mais virar menina. Quer ser ator para poder fazer o mesmo sem que ninguém reclame ou ache esquisito. Mais uma vez, um personagem de Georgina Martins se utiliza da arte para ter liberdade – e não é verdade que toda arte é (ou deveria ser) libertadora?

O menino que brincava de ser também traz um encarte, com explicações sobre orientação sexual, indicações de para quais séries do ensino escolar o livro é adequado e sugestões de atividades baseadas no texto.

Tal formato indica que os três livros citados são considerados livros paradidáticos. Isso é muito bom, pois algumas pessoas imaginam que todos os paradidáticos sejam livros necessariamente chatos. Discordo dessa posição preconceituosa, sendo que os livros de Georgina Martins não me desmentem.

Um livro que merece uma leitura especial é *O menino marrom* (Ziraldo, 2005), no qual o autor faz questionamentos sobre um conceito aparentemente muito simples: preto é o contrário de branco? O branco é puro? E o preto?

Trata-se da história de um menino marrom e de seu melhor amigo, um menino cor-de-rosa. Nenhum dos dois tem nome, pois podem ser qualquer menino marrom e qualquer menino cor-de-rosa do mundo, mas ao mesmo tempo são eles próprios. Possuem individualidade, mas são iguais aos outros meninos marrons e cor-de-rosa por sua humanidade, sua capacidade de sentir, pensar, amar, alegrar-se, sofrer etc.

De maneira sutil e criativa, várias certezas são destruídas ao longo do texto. Se em nenhum momento o narrador diz que os negros são bonitos, ele descreve o menino marrom como sendo muito bonito, e o desenha para provar isso, embora comente: "Caprichei no desenho do menino, mas acho que ele era muito mais bonito pessoalmente" (p. 3). Nesse momento, ele desconstrói o padrão de beleza da sociedade ocidental, segundo o qual ser belo significa ser louro, com olhos azuis. No entanto, o menino cor-de-rosa também era muito bonito e estava de acordo com o padrão de beleza europeia. Ou seja: qualquer um, de qualquer raça ou etnia, pode ser bonito.

Ele diz: "menino é mais criativo do que adulto, sabe por quê? Porque adulto já viveu muito e já aprendeu dos outros. Menino tem que inventar, enquanto não aprende. [...] Só criança é capaz de observar as coisas com os olhos de primeira vez" (p. 7). Será que é por isso que as crianças são muito mais cordatas e têm menos preconceitos? Porque não têm uma opinião preconcebida em relação às pessoas e às coisas? Os poetas, por exemplo, são adultos que ainda conseguem ver as coisas com um olhar criativo e isento. O narrador adverte:

> Você, por exemplo, que já aprendeu muitas coisas, tem que ficar atento: mesmo aprendendo muitas coisas, a gente não deve esquecer nossa capacidade de inventar. Quanto mais a gente sabe, menos moda a gente inventa. O menino marrom ainda estava na idade de inventar muita moda. [...] O Tom Jobim fez uma canção linda onde ele fala que "é impossível ser feliz sozinho". Tipo de descoberta de quem aprendeu tudo e manteve ainda a capacidade de descobrir coisas novas, não é? A gente leva um susto quando ouve uma pessoa dizer assim uma coisa que parece que todo mundo sabe mas que ninguém diz. São as pessoas que fazem essas descobertas – das coisas que estão na nossa cara – que a gente chama de poetas. Como o Tom Jobim.
>
> (Ziraldo, 2005, p. 8)

As crianças, por ainda manterem a simplicidade e uma espécie de ingenuidade diante dos conhecimentos do mundo, ou seja, ainda ignorarem as convenções e as regras que ditam à sociedade o que é certo e o que é errado, têm a capacidade de "inventar moda". São criativas, sinceras quanto a seus sentimentos e os deixam aflorar, como o poeta, que seria um adulto incontaminado. Crianças e poetas têm sensibilidade e se deixam guiar por ela, e não pelas normas sociais.

Esse texto de Ziraldo é maravilhoso. Aparentemente simples, carrega inúmeros significados profundos que mexem com a cabeça de crianças e adultos.

O narrador questiona os termos usados para designar a cor da pele de negros e brancos. Afinal de contas, os pretos não são pretos, são marrons, e os brancos não são brancos. Na verdade, eles não têm uma cor que nomeie exatamente o seu tom de pele. Apenas a "cor-de-pele". Essa "cor", o narrador comenta, foi pedida por ele ao técnico da gráfica, que telefonou de volta perguntando: "Escuta, o senhor quer cor-de-pele branca ou cor-de-pele marrom?" (p. 8). Ou seja, o nome dessa "cor" deixa subentendido que a pele é branca, pois "cor-de-pele" é a do menino branco... O técnico, definitivamente, não concorda com isso e não entende a ordem. Ziraldo, assim, questiona a predominância da pele branca sobre a pele negra e todas as implicações contidas em tal conceito.

O texto é cheio de metalinguagens, pois o narrador, a todo momento, interrompe a história com observações como: "Estava pensando: acho que queria mesmo era contar a história de um menino que fosse muito feliz. Não acho graça em infelicidade, embora seja com ela que se faz a melhor literatura. Azar, vou ter que tentar com meninos felizes mesmo!" (p. 12). É uma graça do autor, que, com tal comentário, desconstrói a convenção de que literatura boa é a que trata de infelicidade.

Quando o menino marrom faz uma mistura de várias cores de tinta, descobre que a cor final é igual à cor de sua pele e mostra isso ao amigo cor-de-rosa. Depois, na aula, a professora mostra o disco de Newton e eles descobrem que a mistura de todas as cores em movimento resulta em branco. Então começam a associar as coisas e o menino marrom diz ao amigo: "'Quer dizer que eu sou todas as cores paradas e você é todas as cores em movimento?' O menino cor-de-rosa pensou um pouco e respondeu: 'Só tem um detalhe: eu não sou branco!'" (p. 18).

A partir daí, começaram a matutar sobre as cores das coisas e das pessoas e chegaram a uma conclusão:

> O mundo não é dividido entre pessoas brancas e pretas.
> Mesmo porque elas não existem.
> O que existe – que boa descoberta! – é gente marrom, marrom-escuro, marrom-claro, avermelhada, cor-de-cobre, cor-de-mel, charuto, parda, castanha, bege, flicts, esverdeada, creme, marfim, amarelada, ocre, café-com-leite, bronze, rosada, cor-de-rosa e todos esses nomes compostos das cores e suas variações.
>
> (Ziraldo, 2005, p. 18)

Até então, os dois meninos "nunca tinham se preocupado com o fato de um ser de uma cor e o outro ser de outra. Agora, eles queriam saber o que era branco e o que era preto e se isto fazia os dois diferentes" (p. 20).

Mas, como eram crianças, tiveram a sensibilidade de descobrir que, mesmo tendo cores e outras características físicas diferentes, eram iguais como pessoas que se amavam.

Quando crescem, cada um segue sua vida, mas sempre unidos. Tão unidos que, no penúltimo parágrafo, ao enumerar as atividades, hábitos de vida e ocupações de cada um, o autor o faz de maneira que não possamos perceber quem faz o quê, num processo claro de indiferenciação. Tanto faz quem é quem, já que são dois jovens amigos, iguais como seres humanos.

O narrador cita uma entrevista que fez com o professor Silva e Melo, na qual este diz:

> Eu não consigo descobrir em que altura da História do Homem ele decidiu que o branco simbolizava pureza. [...] As coisas puras da Natureza não são, exatamente, brancas! [...] Um pelo de gato preto é tão puro quanto um pelo de gato branco. As coisas puras da Natureza estão muito mais para os tons ocres e pardos. Como o açúcar mascavo, por exemplo, que é muito mais puro do que o açúcar refinado.
>
> (p. 30)

Com essa fala, ele denuncia as convenções que são criadas e seguidas sem que ninguém saiba o porquê nem busque uma explicação, o que me faz lembrar da história da receita de peixe assado, em que a mãe ensina à filha: "Pega o peixe, corta a cabeça e o rabo, coloca na assadeira e leva ao forno". E a filha pergunta: "Mas eu posso colocar o peixe inteiro?" A mãe responde que não. Inconformada, a filha vai perguntar à avó se pode colocar o peixe inteiro para assar. A avó diz que sim e pergunta o porquê da dúvida. A neta explica que a mãe recomendou que o peixe fosse assado sem rabo e sem cabeça porque foi assim que sua mãe lhe havia ensinado. A avó acha graça e conta à neta que havia ensinado assim porque a assadeira dela era pequena e o peixe não cabia inteiro.

É desse modo que funciona a maioria das convenções. São como dogmas, nunca questionadas, até que apareça alguém que não se satisfaça com um "porque sim" como resposta e resolva fazer mudanças.

FIGURA 13: Ilustração de Ziraldo, 2005, p. 19.

O já comentado livro *Diferentes somos todos* (Perlman, 2005) realiza o objetivo de falar sobre as questões que se propõe discutir. Não leva o leitor a grandes viagens, mas cumpre a meta de provocar a revisão de alguns conceitos. É um livro paradidático que conta com um encarte com informações sobre inclusão, diferenças e síndrome de Down. Penso que, por meio dele, muitas discussões interessantes poderiam ser desenvolvidas em sala de aula.

Apesar de ter privilegiado autores brasileiros durante a escolha do *corpus* literário, não poderia deixar de citar *A galinha preta* (2000), das suíças Martina Schlossmacher (texto) e Iskender Gider (ilustrações), por uma questão puramente pessoal: esse livro provocou várias reflexões no meu filho, quando bem novinho, e nos proporcionou discussões bem interessantes e prazerosas sobre preconceito e diferenças. *Menino brinca com menina?* (Drummond, *op. cit.*) estabelece uma importante discussão sobre a questão do gênero, como já comentado.

Uxa, ora fada, ora bruxa, de Sylvia Orthof (1985), do qual falarei mais adiante, estimula a reflexão a respeito do direito de cada um de decidir o que quer fazer na vida, mesmo que a decisão vá contra todas as expectativas. Da mesma maneira que nas obras de Georgina Martins e Ziraldo, esse significado está em um nível mais profundo da narrativa. Ele precisa ser apreendido no decorrer das diversas e mirabolantes situações pelas quais a personagem Uxa passa.

De todos os livros que escolhi para compor o *corpus* literário, somente quatro abordam diretamente a homossexualidade: *Na minha escola todo mundo é igual* (Rossana Ramos, 2006), *O gato que gostava de cenoura* (Alves, 2001), *Cada família é de um jeito* (Abreu, 2006) e *Sempre por perto* (Anna Claudia Ramos, 2006). Além dos citados há: *Menino ama menino* (Godinho, 2000), que infelizmente não consegui adquirir, por estar esgotado, *King & king* (Haan e Nijland, 2002) e *And Tango makes three* (Richardson e Parnell, 2005).

Em *Na minha escola todo mundo é igual* (Rossana Ramos, *op.cit.*, p. 16), quanto à questão da orientação sexual, há os seguintes versos: "Tem um que a gente sabe / que gosta de outro igual. / E daí, qual é o problema? / O que importa é ser legal".

A homossexualidade aparece de forma clara, sem nenhum subterfúgio, e, o que é melhor, inserida no meio de tantas outras questões, o que retira dela uma "gravidade" maior em relação às outras diferenças. Sua importância não é maior nem menor em comparação com os outros estigmas que fazem que os sujeitos sejam discriminados.

Em *O gato que gostava de cenoura* (2001), Rubem Alves aborda a temática da orientação sexual de uma maneira muito interessante, que induz o leitor a refletir sobre uma questão polêmica, sem perceber, ao menos de início, a real questão embutida em suas reflexões.

Aparentemente, o livro trata apenas de uma questão de gosto alimentar, mas depois... É a história de um gato chamado Gulliver. Ele tinha recebido um nome de gigante porque os seus pais imaginavam "que ele seria um gato enorme, forte, valente, caçador. Haveria de ganhar muitas medalhas em competições de caça. E eles se encheriam de orgulho e haveriam de comer os deliciosos ratos, peixes e passarinhos que Gulliver caçasse" (p. 6).

Eles, como todos os pais, criaram uma série de expectativas em relação ao filho. E o que acontece é que, quando essas expectativas não se cumprem, os pais ficam extremamente frustrados e, muitas vezes, sentem-se culpados por não terem conseguido "criar melhor" seus filhos.

Foi isso que aconteceu com os pais de Gulliver. Ele era diferente dos outros gatos e não gostava de caçar. Os pais o levaram ao médico e descobriram que ele não tinha nenhuma doença. Eles estavam preocupadíssimos porque Gulliver não comia nada.

Acontece que ele comia, escondido, uma coisa proibida: cenouras. Comia escondido porque, se alguém visse, todos ficariam sabendo e ririam dele por ser um gato com gosto igual ao dos coelhos.

Os pais começaram a desconfiar de que ele estava fazendo algo "errado", pois sempre preferia ficar sozinho, evitando a companhia de quem quer que fosse. O pai, então, seguiu Gulliver e descobriu que ele comia cenouras. O choque foi tão grande que ele quase morreu do coração. "O filho, que em seus sonhos deveria se parecer com um tigre, na realidade parecia mais um coelho" (p. 8). O autor usa e abusa de metáforas envolvendo termos como "comer" e "cenoura" (um tanto picantes, inclusive) para fazer referência aos hábitos alimentares de Gulliver.

O pai de Gulliver voltou para casa e chorou junto com sua esposa. O narrador observa que a descoberta dos pais não foi o fato mais grave, pois os pais sempre continuam amando os filhos. Muito pior foi quando os colegas descobriram o "segredo" de Gulliver. Porém, como já vimos, nem sempre é assim. Muitas vezes os pais são extremamente incompreensivos e violentos quando descobrem uma orientação sexual diferente em seus filhos.

A partir daquele momento a vida de Gulliver se tornou um inferno. Ele passou a ser ridicularizado pelos colegas de escola, sendo que esse trecho do livro mostra muito bem a situação do jovem homossexual no ambiente escolar: solitário, ridicularizado e infeliz. Os pais, então, ordenaram que Gulliver conversasse com um padre. Este disse que

Deus, o Gato Supremo, determinara que rato, passarinho e peixe são os manjares dos deuses. Assim, por determinação do Deus-Gato, gatos têm que comer ratos, passarinhos e peixes. Comer cenouras é pecado mortal. É contra a natureza. Aí lhe falou sobre o inferno, um lugar terrível para onde vão todos os gatos que comem cenouras.

(Alves, 2001, p. 10)

Mas nem o medo de tal futuro fez que o gatinho passasse a gostar de comer ratos. Ele vomitava.

Então, por ordem dos pais, Gulliver fez análise por longos anos, ao final dos quais continuou gostando apenas de cenouras. Sempre sozinho e alvo de zombarias. Até que, um dia, um professor compreendeu o sofrimento de Gulliver e resolveu chamá-lo para conversarem.

Até esse ponto, a criança leitora já criou empatia com Gulliver e deseja um final feliz. Então, é a voz desse professor que vai esclarecer a verdadeira questão da história: ele explica a homossexualidade. A empatia já está criada, portanto, resta ao leitor refletir a respeito dessa complicada questão. Ele, com certeza, não deseja ser como os pais ou os colegas de Gulliver, que tanto o fizeram sofrer.

Se Rubem Alves, inicialmente, propõe uma leitura estereotipada (compartilhada por muitos) da homossexualidade como algo de origem genética, comparando-a ao daltonismo ou ao fato de ser canhoto, mais adiante deixa clara a sua incerteza quanto à explicação científica: "O corpo dos homossexuais, quem sabe se por obra do DNA, se comove ao ver um corpo igual ao seu" (p. 16), e afirma que, mesmo que a homossexualidade fosse um equívoco do DNA, não significaria que é um engano "para pior", apenas algo fora do padrão. "Por vezes o DNA se engana para melhor" (*ibidem*).

Gulliver, então, fica muito feliz e emocionado por perceber que tem um amigo em quem pode confiar e de quem não precisa se esconder, nem ter vergonha. Afinal, ele não queria ser diferente. Ele era feliz comendo cenouras.

Essa foi a maneira que o autor encontrou para levantar essa questão tão delicada em um livro para crianças. A utilização de subterfúgios é, muitas vezes, necessária, pois a reação de alguns pais, educadores e das próprias crianças pode impedir a realização dessas discussões. Não é uma questão de "enganar", mas de suavizar o assunto. Forçar os limites sem, contudo, desrespeitá-los, a fim de evitar um retorno ao silêncio total sobre a homossexualidade.

O livro *Sempre por perto* (Anna Claudia Ramos, 2006) é mais adequado para adolescentes, pela linguagem mais elaborada, por seu formato (muito texto escrito e poucas ilustrações, em preto e branco) e pela maneira de abordar a orientação sexual. Trata-se de reflexões da personagem Clara, que vai ao apartamento da avó, a qual falecera. A narrativa vai e volta entre presente, passado, passado mais distante, e flui como fluem as recordações. Ela pensa sobre a sua família, sua difícil relação com o pai, a separação dos pais, seu jeito diferente de agir – sempre como queria e não como queriam que ela agisse. Gostava de futebol, de vestir camiseta e *short*, mas ao mesmo tempo adorava se enfeitar, usar saia. Essa ambivalência da menina é muito interessante, pois questiona o estereótipo da lésbica "masculinizada" desde pequena.

Na verdade, Clara seria "classificada" (embora eu deteste classificações) como bissexual, já que namorava meninos e meninas. Tanto que teve uma filha.

Ela não considera a relação com mulheres melhor do que a relação com homens: "E era tão diferente amar uma mulher. Existia uma amizade, uma cumplicidade, uma força intensa. Não era melhor nem pior do que amar um homem. Era diferente. Não dava para comparar" (p. 49).

A bissexualidade é um aspecto interessante, pois os bissexuais costumam sofrer discriminação por parte dos heterossexuais e dos homossexuais. Já ouvi comentários, dentro do movimento homossexual, sobre a "dissimulação" dos bissexuais, que "dançam conforme a música", agindo de acordo com o ambiente em que se encontram e fugindo, assim, de um posicionamento político. Discordo inteiramente de tal ideia e considero espantoso que indivíduos que experimentam o preconceito na própria pele sejam preconceituosos.

A bissexualidade de Clara é um fator que coloca esse livro em uma situação de destaque, já que há, entre o seu "público-alvo" (os jovens), muitos indivíduos que se classificam como bissexuais, pois estão em uma fase de experimentação da própria sexualidade, em que se relacionam livremente com homens e mulheres.

Após muito refletir, lembrar de muitos acontecimentos importantes de sua vida e de alguns amores, Clara resolve revelar o seu "segredo" para o pai, mas o faz por meio de uma carta. Afinal, a carta, segundo a tradição, é o veículo das conversas mais íntimas e pessoais.

E enfim conta ao irmão, só que, dessa vez, pessoalmente. Todos aceitam a bissexualidade de Clara, que não encontra nenhum empecilho além de seus próprios medos. O que acontece com muitos jovens.

No final da história, ela conta com uma filha e um amor. O sexo biológico deste não fica esclarecido, estratégia que já foi comentada. Em uma entrevista, a autora declara: "Não digo que é um homem nem uma mulher. Ela é feliz do jeito que é, assumindo sua vida. Acho legal quando o tema é abordado mostrando personagens que lidam bem com sua condição" (Helena e Neves, 2006, p. 27).

Todos os livros comentados aqui se insurgem contra o sistema vigente. Contudo, a insurgência da literatura infanto-juvenil não é novidade. Zilberman (2005) cita um livro de Ana Maria Machado chamado *História meio ao contrário*, que, em 1978 (ainda no período da ditadura no Brasil), já mostrava que

> era hora de se fazer uma nova história, "meio ao contrário", porque, se dava seguimento ao que de melhor a literatura infantil fornecera até então, tinha, na mesma proporção, de procurar seu rumo e traçar os caminhos da estrada que se abria à frente, conforme uma aventura inovadora e plena de desafios.
>
> (Zilberman, 2005, p. 54)

Nesse livro, que é contado de trás para frente (começa com a frase "e viveram felizes para sempre"), o príncipe se casa com a camponesa e não com a princesa, que também não o aceita e vai cuidar da vida. O rei é totalmente alheio ao que se passa no seu reino.

Segundo a leitura de Zilberman (2005), nesse livro os jovens leitores são incentivados a seguir o coração em vez de ordens. Há, ainda, a denúncia ao alheamento dos responsáveis pelo poder, que ignoram as necessidades do povo.

A publicação de *História meio ao contrário* se deu em uma época (entre 1975 e 1985) em que houve um *boom* de livros que seguiam a nova proposta, usando personagens como fadas, príncipes e princesas, bruxas etc. para discutir temas contemporâneos. Entre eles, Zilberman (2005) cita: *A fada que tinha ideias*, de Fernanda Lopes de Almeida, 1971; *A fada desencantada*, de Eliane Ganem, 1975; *O rei de quase tudo*, de Eliardo França, 1974; *O reizinho mandão*, de Ruth Rocha, 1978.

Mais tarde, na década de 1980, Sylvia Orthof lança o livro *Uxa, ora fada, ora bruxa* (1985), que faz parte dessa corrente que utiliza elementos dos contos de fadas, subvertendo-os, para fazer que as crianças repensem as noções tidas como "verdades", questionando, assim, a verdade em si. Eu diria que nesse livro os conteúdos estão em níveis mais profundos, assim como acontece em *O menino marrom*, de Ziraldo. As coisas não são ditas de forma direta, mas são sugeridas. Cabe aos leitores percebê-las.

FIGURA 14: Ilustração de Tato, em Orthof, *op. cit.*, p. 28.

Uxa é a protagonista, e fica difícil classificá-la, pois há dias em que ela é fada e dias em que é bruxa. Segundo o narrador, "Uxa muda muito de opinião: tem dia em que ela só diz: sim, claro, lógico, é verdade, naturalmente, concordo plenamente. Mas tem dias em que Uxa acorda dizendo: não, escuro, ilógico, é mentira, negativamente, não concordo plenamente" (p. 4).

No dia do sim, ela se veste como uma fada tradicional deveria se vestir, de acordo com o senso comum, com roupa de cetim e varinha de condão, mas a quebra do estereótipo começa logo, quando o narrador diz que Uxa coloca uma peruca escandinava muito loura. Como se ser loura fosse uma condição *sine qua non* para ser fada. Ou seja, como se fosse obrigada a se enquadrar no padrão. A história prossegue e Uxa, ao usar sua magia, querendo fazer o bem, acaba fazendo o mal: arranca a dentadura de um velho com um bombom puxa-puxa, transforma um táxi em abóbora, deixando o motorista furioso, enfim, só faz bobagens. Mas sorria "muito loura, muito fada, muito meio princesal" (p. 7).

Ela pede ao motorista de táxi que a leve ao baile onde "terá de perder" o sapatinho de cristal, referindo-se, logicamente, à história da Cinderela. Chegando ao castelo, ela fica em dúvida, não sabe se quer mesmo deixar cair o sapatinho, e acaba fugindo do príncipe, "com medo de virar princesa e ter que ser feliz para sempre" (p. 19). Uxa quebra as expectativas e resolve mudar o seu destino, fazendo o seu próprio, em vez do que ela deveria seguir, para obedecer às convenções.

Ela, então, vira bruxa e muda de roupa, sentindo-se aliviada por poder colocar um vestido folgado e tirar os sapatos apertados e a peruca. Diz: "Cansei de ser tão boa... e loura!" (p. 21).

Como bruxa, faz uma sopa amaldiçoada, com rabo de rato, pum de velha e outros ingredientes desse tipo. E sai fazendo "maldades", que, na verdade, são coisas muito boas: "Faz com que cinco velhas saiam do jejum e comam sobremesa" (p. 22) (estando aí subentendido que fazer jejum não passa de um hábito que pode ser perfeitamente mudado); aquele táxi, ela transforma em avião, e o motorista vai para o sertão; o guarda de trânsito se veste de baiana, pois ela transforma o dia normal em carnaval, "e em vez de multar, canta *Chiquita Bacana*" (p. 24). Uxa faz mais várias coisas e acaba tirando "a bestagem" da cabeça do príncipe, que vai trabalhar num mercado da cidade. Ou seja, deixa de lado uma vida fútil na qual cabem apenas princesas, palácios e sapatinhos de cristal.

No final da história, Uxa se apaixona por um computador, indo contra todas as convenções, e há a conclusão: "Uxa muda, muda muito, constantemente... eu acho, sei não, eu acho Uxa muito parecida com muita gente!" (p. 28).

Com certeza, os pequenos e grandes leitores poderão se identificar com Uxa, pois não estamos, todos nós, sempre mudando? E se mudamos sempre, por que não poderíamos mudar os nossos hábitos, nosso destino, surpreendendo a todos, escolhendo um destino diferente de "ser feliz para sempre"?

Embora os contos de fadas modernos possam trazem a mensagem "siga o seu coração", a escolha de um parceiro do mesmo sexo não era cogitada até muito recentemente.

No entanto, duas autoras holandesas resolveram ousar e escreveram o livro *King & king* (Haan e Nijland, 2002), que segue a proposta da utilização de elementos dos contos de fadas, trazendo definitivamente a discussão sobre a homossexualidade para o âmbito da literatura infanto-juvenil. Como já mencionei, trata-se da história de um príncipe que precisa se casar e é apresentado a inúmeras princesas. Porém, não se interessa por nenhuma, até o momento em que se apaixona pelo irmão de uma delas. Os dois príncipes se casam e vivem felizes para sempre. O sucesso do livro foi tanto que já foi publicada a continuação: *King & king & family* (Haan e Nijland, 2004).

FIGURA 15: Ilustração de Stern Nijland, em Haan e Nijland, 2004.

O mesmo pressuposto dos contos de fadas, em que o leitor assume o pacto ficcional e não espera, de verdade, que uma velhinha possa sair viva da barriga de um lobo, vale aqui. Não consigo imaginar, por exemplo, o príncipe Albert, de Mônaco, casando-se com o príncipe William, da Inglaterra, e os dois vivendo felizes para sempre. Mas na ficção isso se tornou possível.

No artigo "Olho no olho: Contos infantis *gays* em escolas primárias", publicado na revista eletrônica *Olhar virtual*, na edição de 22 de março de 2007, Kadu Cayres expõe os pontos de vista da escritora Georgina Martins e do coordenador de comunicação da Pró-reitoria de Extensão da Universidade Federal do Rio de Janeiro (UFRJ) e do projeto Diversidade Sexual na Escola, Alexandre Bortolini, a respeito da leitura de contos infantis *gays* nas escolas.

A autora de *O menino que brincava de ser* (Martins, 2000) se mostra reticente em relação à questão da sexualidade do protagonista de sua obra. Ela diz que em nenhum momento abordou esse assunto no livro, tratando apenas da questão do comportamento. Isso realmente ocorreu, mas o fato de os leitores relacionarem os hábitos do menino à questão da sexualidade destaca mais um aspecto interessantíssimo do livro: após a sua leitura, mesmo os que negam a relação entre comportamento de gênero e orientação sexual do indivíduo são ingenuamente levados a se contradizer.

O movimento homossexual se apropriou de *O menino que brincava de ser*, classificando-o como "literatura infantil *gay*". Nota-se uma clara diferença entre esse texto e o de *King & king*, sendo que a autora sabiamente diz: "Se alguém que leu o meu livro, ou qualquer outro, achou que era uma obra literária *gay*, foi porque precisou achar isso, porque foi isso que extraiu da leitura" (Martins *apud* Cayres, *op. cit.*).

Mais adiante, ela afirma que, na escolha de um texto, o que importa é a qualidade, e não a mensagem. Mas faz uma ressalva: "É claro que [, em] se tratando de criança, o processo é muito mais complexo, pois a literatura infantil passa por um *status* de moralidade educacional. [...] Literatura é para possibilitar o sonho, a imaginação; para ajudar as pessoas a ter um melhor conhecimento do mundo que está ao seu redor" (*ibidem*).

De qualquer forma, acredito que a literatura, como forma de arte, facilite a conscientização quanto à diversidade sexual, sendo melhor e muito mais eficiente que o uso do didatismo. Dizer para uma criança que não é legal chamar o coleguinha de *gay* surtirá muito menos efeito do que ler um texto que a faça refletir e chegar à conclusão de que o amor é um sentimento inerente ao ser humano, seja qual for a sua orientação sexual e o objeto de sua afeição.

Alexandre Bortolini é muito claro ao apoiar a implantação da adoção de livros que falem sobre essa temática ou "de qualquer outra que relativize o modelo de família e gênero que temos" (*apud* Cayres, *op. cit.*). Livros que questionem o modelo heterossexual, trazendo outras possibilidades, contribuirão para a superação da homofobia, que se fundamenta em uma ideia distorcida e preconceituosa da homossexualidade.

Reafirmo que o que está em pauta quando livros com a temática da orientação sexual são lidos por crianças ou jovens não é o incentivo da adoção de uma orientação sexual alternativa e muito menos a tentativa de mostrar que ser homossexual é a oitava maravilha do mundo. O mais importante é que a visão hegemônica da sexualidade seja revista. A discussão desenvolvida trará junto consigo o questionamento dos (pré) conceitos, em relação aos mais diversos assuntos, nos quais a sociedade se fundamenta, com o objetivo de formar cidadãos mais conscientes e mais humanos.

6

Ações inclusivas

> MAS É CLARO QUE O SOL / VAI VOLTAR AMANHÃ /
> MAIS UMA VEZ, EU SEI / ESCURIDÃO JÁ VI PIOR /
> DE ENDOIDECER GENTE SÃ / ESPERA QUE O SOL JÁ VEM.
>
> Renato Russo

Neste capítulo, cito uma série de ações inclusivas adotadas por escolas de diversos países, relacionadas com a discussão sobre a temática da orientação sexual. Certamente, no momento em que esta obra estiver sendo lida, novas ações estarão em andamento, pois felizmente essa discussão tem crescido de maneira significativa, apesar da resistência dos movimentos conservadores (especialmente os religiosos).

Pelo mundo

Na Espanha, uma matéria chamada "educação cívica" será implantada nas escolas e será equiparada a matérias tradicionais como as línguas e a matemática. Seu objetivo será ensinar às crianças de 10 anos, entre outras coisas, que famílias homoparentais não apenas são possíveis como são tão normais quanto as tradicionalmente compostas por pai, mãe e filhos.

Essa matéria já existe em outros países europeus e explicita o funcionamento e a importância das instituições e dos valores morais, "entre eles a tolerância e o respeito pelas diferenças como forma de convivência, mas sobretudo o pleno reconhecimento de cada escolha sexual, sem discriminação" ("Nova...", 2006).

Nos Estados Unidos, Ritch Savin-Williams lançou o livro *The new gay teenager* [O novo gay adolescente], que contém pesquisas sobre a sexualidade do adolescente americano e foi *best-seller* no verão de 2005, o que demonstra o grande interesse do público por publicações que abordem o tema. O livro revela, entre outras coisas, que "hoje, o primeiro contato homossexual dos rapazes ocorre aos 14 anos e das moças, aos 16" (Helena e Neves, 2006, p. 24). A repercussão de *O novo gay adolescente* foi tão grande que a revista *Time* publicou uma matéria sobre a obra, destacando que, embora muitos movimentos contrários aos *gays* estejam de olho no público jovem, criando, inclusive, programas de "recuperação de homossexuais adolescentes", os jovens estão cada vez menos preconceituosos, sendo que muitos encaram a homofobia como um desvio tão grave quanto o racismo (*ibidem*, p. 25), o que faz que muitos ativistas acreditem que as novas gerações serão mais tolerantes.

No Reino Unido, está em experiência um projeto desenvolvido pela Universidade de Sunderland, junto com pesquisadores das Universidades de Londres e Exeter, chamado *No Outsiders* [sem excluídos]. Ele é parte de uma série de ações que o Reino Unido está desenvolvendo entre funcionários e colaboradores de repartições públicas, dentro da proposta legislativa do Ato de Igualdade, em vigor desde abril. Trata-se de um conjunto de leis que busca eliminar práticas discriminatórias de toda espécie, seja de sexo, etnia, religião ou classe social.

O *No Outsiders* está reformulando as diretrizes e os conteúdos do ensino primário, para extinguir os diversos mecanismos de discriminação relacionada à orientação sexual. Tal experiência está sendo testada em quinze escolas primárias, selecionadas segundo sua representatividade. Foram escolhidas escolas grandes e pequenas, localizadas em meio urbano e rural. Segundo Mark Jennett, profissional responsável pelo treinamento de professores quanto à apresentação de conteúdos que tratem da diversidade sexual, a aceitação por parte dos estudantes tem sido muito boa, e os pais, em sua maioria, têm recebido a novidade de maneira positiva.

Contudo, o projeto tem gerado protestos de grupos católicos, que "consideram os livros 'material didático inapropriado'. 'As previsões de que as novas leis resultariam na promoção ativa da homossexualidade nas escolas estão virando realidade', disse Simon Calvert, do Instituto Cristão" ("Escolas...", 2007).

O governo britânico contemporiza e afirma que, mesmo depois de as leis do Ato de Igualdade terem entrado em vigor, caberá a cada escola decidir o que vai ensinar.

Outro objetivo do *No Outsiders* é promover a familiarização das crianças com o mundo.

"Os professores reconhecem a necessidade de oferecer imagens positivas de relacionamentos homossexuais porque, por exemplo, eles têm alunos com pais do mesmo sexo ou andam preocupados com os comentários homofóbicos das crianças. Muitos estavam sem saber como lidar com isso e agora têm a oportunidade de conversar sobre esses temas dentro do contexto de outras discussões sobre relacionamentos, famílias e diferenças", diz Jennett. No Reino Unido, o casamento homossexual foi legalizado em 2005.

(Mota, 2007, p. 3)

Cerca de trinta títulos são indicados pelo projeto. Entre os favoritos estão *King & king* (Haan e Nijland, 2002) e *And Tango makes three* (Richardson e Parnell, 2005), alusão ao provérbio popular *it takes two to tango* – são necessários dois para o tango (versão anglo-saxônica de "quando um não quer, dois não brigam").

Este último foi premiado pela Sociedade Americana de Prevenção à Crueldade contra Animais. É a história verídica de dois pinguins machos do zoológico do Central Park que criam Tango, o filhote nascido de um ovo abandonado. Os dois, como qualquer casal convencional de sua espécie, revezaram-se para chocar o ovo por várias semanas. O livro foi escrito por Justin Richardson, professor de psiquiatria da Universidade Columbia e pelo dramaturgo Peter Parnell, sendo ilustrado por Henry Cole.

O *No Outsiders* conta com o precioso auxílio da literatura para que a discussão sobre a orientação sexual seja introduzida entre crianças e adolescentes. Após essa introdução, as escolas promovem uma série de atividades de música, educação artística, além de debates entre pais e estudantes, nos quais as diversas conformações familiares são apresentadas e discutidas.

Chama atenção um fato relatado por Jennett, que prova que os preconceitos e o "estranhamento" causados por famílias alternativas são uma construção social:

> "Tenho acompanhado as equipes da maioria dos lugares envolvidos no projeto, e os professores vêm descobrindo que as perguntas dos alunos mais jovens sobre relacionamentos homossexuais são muito parecidas com aquelas feitas sobre heterossexuais. Os leitores de *King & king*, por exemplo, se preocupam em saber se as princesas ficaram tristes em não serem escolhidas. Raramente as perguntas tratam de atividade sexual", diz Jennett.
>
> (Mota, *op. cit.*, p. 2)

O fato de os personagens terem uma relação homossexual não causa o menor espanto nas crianças, e essa constatação deveria ser considerada em uma análise séria da questão.

No Brasil

Helena e Neves destacam que no Brasil, embora ainda não haja estudos sobre o tema, "as entidades de defesa dos direitos humanos estão cada vez mais atentas ao combate ao preconceito desde a infância" (*op. cit.*, 2006, p. 25). Tanto que o Grupo Corsa, de São Paulo, apresentou, em 2001, um projeto que foi financiado pelo Ministério da Justiça e apoiado pela Secretaria Municipal de Educação de São Paulo. O projeto chama-se Educando para a Diversidade: a Escola e os GLBTs, e considera que a escola exerce enorme influência sobre a personalidade dos indivíduos e sobre seu comportamento social ao lidarem com outros elementos e grupos da sociedade. O projeto se baseou no princípio de que é fundamental preparar os profissionais da educação, fornecendo-lhes informações sobre os homossexuais, a fim de que possam rever sua visão e opinião a respeito desse segmento social, e, consequentemente, "colaborem através das atividades pedagógicas ou de orientação por eles desenvolvidas para eliminar o preconceito no ambiente escolar" ("Projeto...", 2001).

Esse projeto visava à capacitação de 25 professores para lidarem com a temática dos direitos humanos voltados para *gays*, lésbicas, bissexuais e transgêneros nas escolas.

No ano de 2007, entre 11 de setembro e 27 de outubro, foi realizado, no Rio de Janeiro, o Curso de Capacitação / Formação de Profissionais da Educação para a Promoção da Cultura de Reconhecimento da Diversidade Sexual e da Igualdade de Gênero. O curso faz parte do projeto Diversidade Sexual na Escola, da Universidade Federal do Rio de Janeiro, coordenado por Alexandre Bortolini, em parceria com a Secretaria de Educação Continuada, Alfabetização e Diversidade do Ministério da Educação (Secad/MEC), e tem como objetivos:

- Contribuir para o desmascaramento do suposto ambiente de tolerância à diversidade sexual na escola, trazendo à tona a realidade de discriminação e violência presente no meio escolar.
- Contribuir para a superação de preconceitos pessoais, por meio do entendimento de que as instituições são forjadas pela interação dos seres humanos que nelas atuam.
- Sensibilizar profissionais de educação atuantes ou em formação quanto à questão da diversidade sexual na escola, suas diferentes expressões e abordagens.
- Estimular atuais e futuros educadores a se reconhecerem como atores desse processo de cumplicidade e combate à discriminação no ambiente escolar.
- Incentivar posturas e iniciativas pessoais e institucionais que visem à superação da realidade de preconceito contra homossexuais, travestis e transexuais, que acabam sendo excluídos na escola.
- Trabalhar para a construção de um ambiente escolar mais saudável, com o conceito de saúde abrangendo desde a integridade física até o bom desenvolvimento psicológico dos estudantes.
- Contribuir para a superação, com relação às DSTs/Aids, da ideia de "grupo de risco". As vulnerabilidades estão ligadas, principalmente, a preconceitos, sexismos, tabus e visões pouco abrangentes sobre a sexualidade. Assim, discutindo a diversidade sexual,

combatendo preconceitos e superando visões de controle e punição sobre a sexualidade alheia, criam-se as condições para um diálogo mais aberto e para a construção de um sujeito sexualmente autônomo em suas escolhas e responsável em suas atitudes, capaz de preservar a própria saúde e a de seus possíveis parceiros ("Diversidade...", 2007).

O Movimento *Gay* de Minas (MGM) também apresentou um projeto ao Ministério da Educação para capacitar professores na área da diversidade sexual. Segundo esse projeto, todos os professores do ensino médio devem aprender a lidar com as diferenças de comportamento em sala de aula, ajudando a evitar a discriminação.

O psicoterapeuta Içami Tiba (*apud* Mota, *op. cit.*, p. 1), especialista em adolescência e relações familiares, afirma que a sociedade brasileira ainda não está preparada para um projeto semelhante ao *No Outsiders*. Segundo ele, o ideal seria não ultrapassar os limites daquilo que as pessoas podem tolerar. Se tais limites forem forçados demais, nenhuma iniciativa surtirá resultado.

Pessoalmente, discordo dessa posição, pois, ao serem forçados, os limites podem não se romper e aparentemente voltar ao ponto inicial, porém certamente ficam "esgarçados", tornando-se mais fracos, menos resistentes a novas investidas. Como estaria a sociedade ocidental se as feministas não tivessem queimado os seus sutiãs em praça pública, na não tão longínqua década de 1960? Naquela época, o movimento causou choque, desconforto, indignação, mas também deu alento e intensificou vontade de lutar e modificar a posição subalterna tradicionalmente ocupada pela mulher.

Além do mais, como diz o antropólogo Luiz Mott,

> Não há como negar ou esconder essa realidade: de cada quatro famílias, uma tem um filho ou parente *gay* ou lésbica. No Ocidente, por volta de 10% da população masculina e 6% da população feminina é constituída por homens e mulheres predominantemente ou exclusivamente homossexuais. Hoje há certo consenso entre os estudiosos de psicologia infantil em situar entre 5 e 6 anos a idade em que começa

a se definir a orientação sexual do ser humano – e, se fosse possível isolar um bando de crianças de qualquer mensagem modeladora de seu papel de gênero, certamente haveria um número equilibrado entre homos, heteros e bissexuais.

(apud Mota, op. cit., p. 2)

Mesmo nos Estados Unidos, onde há uma forte onda de conservadorismo, a questão da diversidade sexual está cada vez mais presente na vida de crianças e jovens. As editoras têm lançado vários títulos com a temática homossexual para o público infanto-juvenil.

No Brasil, os títulos ainda são poucos. Quando comentei com uma ex-professora do meu filho sobre o assunto desta obra, ela ficou animada e contou um caso interessante: um de seus alunos (da turma de segundo ano do ensino fundamental) chamou o outro de "veadinho". Ela disse que todas as questões de discriminação dentro da sala de aula são discutidas em uma reunião de equipe, e que os professores fazem trabalhos de leitura com livros que abordam cada questão específica. Afirmou, contudo, desconhecer livros infanto-juvenis que tratassem da orientação sexual. Concluiu dizendo que gostaria de ler o meu livro e obter dicas de bibliografia a respeito do assunto.

A maior parte dos professores entrevistados por mim também afirmou ter dificuldades em encontrar livros com essa temática para o desenvolvimento de trabalhos com seus alunos.

Situação parecida ocorreu em novembro de 2004, quando proferi palestra no Centro Cultural Banco do Brasil (CCBB) de São Paulo, direcionada a professores de escolas do município e do estado. O tema era "Sexo, literatura e subliteratura – pornografia e erotismo". Ao final da palestra, falei sobre a minha pesquisa de doutorado e minha dissertação de mestrado, na qual tratei da literatura lésbica contemporânea que intenta fornecer um "modelo positivo de identificação" para as lésbicas. Confesso ter ficado impressionada com a quantidade de professores que relataram não ter o menor conhecimento de obras literárias que abordassem positivamente a questão das "diferenças" de orientação sexual. Eles afirmaram ainda que, por várias vezes, gostariam de ter trabalhado esse tipo de texto com seus alunos.

No entanto, como já vimos, alguns títulos estão sendo publicados no Brasil. As editoras estão interessadas no promissor filão. O Governo Federal também se mostra bastante inclinado a apoiar iniciativas nesse sentido, tanto que o livro *Menino ama menino*, de Marilene Godinho (2000), que foi um dos primeiros a abordar o tema no Brasil, e "conta a história de um garoto que se descobre apaixonado por outro, faz parte do pacote literário distribuído pelo Ministério da Educação na rede pública" (Helena e Neves, *op. cit.*, p. 24).

São muitas as vozes que incentivam o desenvolvimento da literatura infanto-juvenil com a temática da orientação sexual. O antropólogo Sérgio Carrara, por exemplo, considera positiva a inclusão de personagens *gays* na literatura infantil, em desenhos e nas histórias em quadrinhos. Ele diz que os personagens *gays*, em histórias infanto-juvenis, mostram "a realidade para as crianças. Elas têm curiosidade natural, querem saber como o mundo social no qual vivem se organiza, querem saber o que é diferença de gênero" (p. 25).

Aguinaldo Silva (*apud* Helena e Neves, *op. cit.*) vai mais longe e afirma que o fato de perceberem a existência de personagens com comportamentos diferentes não leva as crianças a imitá-los. Na verdade, isso constitui um aprendizado sobre respeito ao ser humano em todos os aspectos da vida.

A educadora Cristina Michalik, diretora da creche Acalanto, no Rio de Janeiro, afirma:

> respeito se aprende desde pequeno. [...] De forma alguma você pode permitir que alguém seja ridicularizado apenas por ser diferente, e não importa o que seja essa diferença – diz a educadora. – Aos 5 ou 6 anos, as crianças já percebem as diferenças. Elas ouvem muito, são ligadas no mundo ao redor. Cabe aos pais e educadores ajudá-las a compreender as diferenças e trabalhar essas questões sem preconceito.
> (Helena e Neves, *op. cit.*, p. 27)

As escritoras Lílian Veiga Vinhas e Anna Claudia Ramos concordam que a desinformação só serve para prejudicar a sociedade e aumentar o preconceito (Helena e Neves, *op. cit*). Anna Claudia Ramos conclui: "É ótimo que todo tipo de arte sirva de meio para mostrar que a diversidade é positiva e deve ser respeitada" (*ibidem*, p. 29).

Realmente acredito que a arte, com seu poder criativo e a fascinação que provoca, seja um instrumento privilegiado para a construção de novos pensamentos, que possam sacudir a sociedade estagnada em meio a um mar de preconceitos. Portanto, ela pode e deve ser utilizada por pais e educadores para a formação de seres humanos melhores.

Mais umas palavras

Ao iniciar a escrita desta obra, ainda não sabia ao certo a que conclusão eu chegaria ao ligar um tema tão difícil para a sociedade, como a homossexualidade e todas as orientações sexuais consideradas "desviantes", à educação literária, já que esta lida com crianças e adolescentes e envolve sua formação. Afinal, o futuro da sociedade está nas mãos desses indivíduos, até bem pouco tempo considerados "pré-cidadãos", seres em formação, ainda incompletos.

Eu não havia refletido suficientemente a respeito da recepção de crianças e jovens diante de textos literários que tratassem dessa questão. Confesso que tantas leituras não foram mais esclarecedoras do que a minha experiência de vida familiar.

A proximidade me impedia de ver que a resposta estava diante de meus olhos, dentro da minha casa. Coloquei, em minha sensibilidade, os óculos para perto e observei meu filho com atenção, recordando-me da época em que ele era novinho e estava entrando em idade escolar. Para ele, ter duas mães sempre foi algo tão natural quanto ter dois olhos. Tal situação nunca representou um problema, até o momento em que percebeu que não podia falar sobre suas duas mães com os seus colegas, pois zombariam dele.

Que fator diferencial fazia que uma criança de 7 anos encarasse a homossexualidade de forma tão diferente das outras? A resposta era óbvia: as outras crianças só podiam contar com pais e educadores preconceituosos ou indiferentes, que apresentavam a homossexualidade de uma maneira negativa, ou não se preocupavam em desfazer essa imagem que prevalece na nossa sociedade.

A literatura, por ser uma arte, tem a capacidade de fazer que o leitor se liberte de um mundo de convenções, levando-o a um mundo interno de imaginação e criatividade. Desvencilhar-se de pensamentos engessados e preconceitos faz parte desse processo de libertação.

A criança e o adolescente ocupam uma posição privilegiada em relação aos adultos, pois ainda não foram suficientemente contaminados pelo pensamento hegemônico orquestrado por "podres poderes". Ao educá-los quanto à diversidade, estaremos fazendo um imenso favor a nós mesmos e a todos os que virão, já que eles se encarregarão de disseminar pensamentos de respeito e solidariedade, dos quais precisamos tanto. Assim, talvez possamos, se desejarmos, ser "felizes para sempre".

FIGURA 16: Ilustração de Stern Nijland, em Haan e Nijland, 2004.

Referências

Bibliografia

ABRAMOVAY, Miriam; CASTRO, Mary Garcia; SILVA, Bernadete da. *Juventudes e sexualidade*. Brasília: Unesco Brasil, 2004.

ABRAMOWICZ, Anete; LEVCOVITZ, Diana. "Tal infância. Qual criança?" In: ABRAMOWICZ, Anete; SILVÉRIO, Valter Roberto (orgs.). *Afirmando diferenças: montando o quebra-cabeça da diversidade na escola*. Campinas: Papirus, 2005, pp. 73-85 (Coleção Papirus Educação).

ABREU, Aline. *Cada família é de um jeito*. Ilustrações da autora. São Paulo: DCL, 2006.

ABREU, Caio Fernando. *Estranhos estrangeiros; e Pela noite*. São Paulo: Companhia das Letras, 1996.

ALANEN, Leena. "Estudos feministas/estudos da infância: paralelos, ligações e perspectivas". Trad. Pedro Henrique Bernardes Rondon. In: CASTRO, Lucia Rabello de (org.). *Crianças e jovens na construção da cultura*. Rio de Janeiro: Nau/Faperj, 2001, pp. 69-92 (Infância e Adolescência no Contemporâneo).

ALVES, Ivia. "Uma questão conflitante: a categoria do estético na produção de autoria feminina". Gramado: XVII Encontro Nacional da Anpoll, 2002. Disponível em: http://www.amulhernaliteratura.ufsc.br/artigo_ivia.htm. Acesso em: 22 ago. 2007.

ALVES, Rubem. *O gato que gostava de cenoura*. Ilustrações: André Ianni. São Paulo: Loyola, 2001.

ARNEY, Lance. "Professor viado: um episódio de homofobia infantil na Bahia". In: MOTT, Luiz (org.). *Matei porque odeio gay*. Salvador: Editora Grupo Gay da Bahia, 2003, pp. 208-10 (Coleção Gaia Ciência).

BARCELLOS, José Carlos. "Literatura e homoerotismo masculino: perspectivas teórico-metodológicas e práticas críticas". In: SOUZA JÚNIOR, José Luiz Foureaux de (org.). *Literatura e homoerotismo: uma introdução*. São Paulo: Scortecci, 2002, pp. 13-66.

BERNARDO, Gustavo. "O conceito de literatura", 1999. *Dubito Ergo Sum*. Disponível em: http://dubitoergosum.xpg.com.br. Acesso em: 26 jan. 2009.

_____. *A dúvida de Flusser: filosofia e literatura*. São Paulo: Globo, 2002.

_____. *Educação pelo argumento*. 2. ed. rev. ampl. Rio de Janeiro: Rocco, 2007 (Hiperestudos).

BERND, Zilá. "Identidades e nomadismos". In: JOBIM, José Luis (org.). *Literatura e identidades*. Rio de Janeiro: J. L. J. S. Fonseca, 1999, pp. 95-111.

BESSA, Marcelo Secron. *Histórias positivas: a literatura (des)construindo a AIDS*. Rio de Janeiro: Record, 1997.

BETTELHEIM, Bruno. *A psicanálise dos contos de fadas*. 13. ed. Trad. Arlene Caetano. Rio de Janeiro: Paz e Terra, 1980.

_____. *Uma vida para seu filho*. Trad. Maura Sardinha e Maria Helena Geordane. 20. ed. Rio de Janeiro: Campus, 1988.

BEZERRA, Carlos Eduardo. "Bom-crioulo: um romance da literatura gay *made in Brazil*". *Bagoas*, v. 1 n. 1, jul.-dez. 2007. Disponível em: http://www.cchla.ufrn.br/bagoas/v01n01art09_bezerra.pdf. Acesso em: 26 jan. 2009.

BEZERRA, Kátia da Costa; BARRENO, Maria Isabel. "O corpo e o desejo como espaços em tensão". In: LYRA, Bernadete; GARCIA, Wilton (orgs.). *Corpo e cultura*. São Paulo: Xamã/ECA-USO, 2001, pp. 53-63.

BHABHA, Homi K. *O local da cultura*. Trad. Myriam Ávila, Eliana Lourenço de Lima Reis, Gláucia Renate Gonçalves. 1. reimpr. Belo Horizonte: Ed. UFMG, 1998 (Coleção Humanitas).

"BRANCOS já são minoria no Brasil", 11 set. 2007. *SinTPq – Sindicato dos Trabalhadores em Pesquisa, Ciência e Tecnologia – SP*. Disponível em: http://www.sintpq.org.br/site2006/paginas/visualiza_conteudo.php?noticia=450&todas=1. Acesso em: 29 out. 2007.

BRITZMAN, Deborah. "Curiosidade, sexualidade e currículo". In: LOURO, Guacira Lopes (org.). O corpo educado: pedagogias da sexualidade. Trad. Tomaz Tadeu da Silva. Belo Horizonte: Autêntica, 1999, pp. 85-111.

CALDAS, Waldenyr. *Literatura da cultura de massa: uma análise sociológica*. São Paulo: Musa, 2000.

CAMARGO, Luís. *Ilustração do livro infantil*. Belo Horizonte: Lê, 1995 (Coleção Apoio).

CAMPOS, Maria Consuelo Cunha. "Identidades engendradas". In: JOBIM, José Luis (org.). *Literatura e identidades*. Rio de Janeiro: J. L. J. S. Fonseca, 1999, pp. 219-39.

CANDAU, Vera Maria (org.). *Somos tod@s iguais? Escola, discriminação e educação em direitos humanos*. Rio de Janeiro: DP&A, 2003.

CANTON, Luciana. "*Meninos não choram*: crítica", 2000. Zeta Filmes: cinema, novas mídias. Disponível em: http://www.zetafilmes.com.br. Acesso em: 12 out. 2007.

CARR, Stella. *Atirei um sonha n'água*. Ilustrações: Nadia Pazzaglia. Projeto gráfico: Giorgio Vanetti. São Paulo: Maltese, s.d.

CARRARA, Sérgio. "Política, direitos, violência e homossexualidade". In: CARRARA, Sérgio; RAMOS, Sílvia (orgs.). *Pesquisa 9ª. Parada do Orgulho GLBT – Rio 2004*. Rio de Janeiro: Cepesc, 2005 (Coleção Documentos, v. 3).

CASTRO, Lucia Rabello de. "Da invisibilidade à ação: crianças e jovens na construção da cultura". In: _____ (org.). *Crianças e jovens na construção da cultura*. Rio de Janeiro: Nau/Faperj, 2001, pp. 19-46 (Infância e Adolescência no Contemporâneo).

CAYRES, Kadu. "Olho no olho: Contos infantis *gays* em escolas primárias". *Olhar virtual*, n. 151, 22 mar. 2007. Disponível em: http://www.olharvirtual.ufrj.br/2006/index.php?id_edicao=151&codigo=4. Acesso em: 21 jun. 2007.

CEIA, Carlos (org.). *E-dicionário de termos literários*, 2005. Disponível em: http://www.fcsh.unl.pt/edtl/verbetes/C/canone.htm. Acesso em: 29 out. 2007.

CHAUI, Marilena. *Repressão sexual: essa nossa (des)conhecida*. 6. ed. São Paulo: Brasiliense, 1984.

_____. *O que é ideologia*. 18. ed. São Paulo: Brasiliense, 1985 (Coleção Primeiros Passos, v. 13).

CMI BRASIL. "Incitações a crime contra gays na internet". 20 fev. 2002. Disponível em:http://brasil.indymedia.org/pt/blue/2002/02/18029.shtml. Acesso em: 20 out. 2007.

COELHO, Nelly Novaes. *A literatura infantil: história, teoria, análise: das origens ao Brasil de hoje*. 2. ed. São Paulo: Quíron/Global, 1982.

_____. *Panorama histórico da literatura infanto-juvenil: das origens indo-europeias ao Brasil contemporâneo*. 3. ed. ref. e ampl. São Paulo: Quíron, 1985.

COLOMER, Teresa. *A formação do leitor literário: narrativa infantil e juvenil atual*. Trad. Laura Sandroni. São Paulo: Global, 2003.

CONTINENTINO, Ana Maria Amado. "Derrida e a diferença sexual para além do masculino e feminino". In: DUQUE-ESTRADA, Paulo César (org.). *Às margens: a propósito de Derrida*. Rio de Janeiro/São Paulo: Ed. PUC-Rio/Loyola, 2002, pp. 9-28.

COSTA, Jurandir Freire. *A inocência e o vício: estudos sobre o homoerotismo*. Rio de Janeiro: Relume-Dumará, 1992.

_____. "O referente da identidade homossexual". In: PARKER, Richard; BARBOSA, Regina Maria (orgs.). *Sexualidades brasileiras*. Rio de Janeiro: Relume-Dumará/Abia/IMS/Uerj, 1996, pp. 63-89.

DEBORD, Guy. *A sociedade do espetáculo*. Rio de Janeiro: Contraponto, 1997.

"DIVERSIDADE sexual na escola: projeto", 2007. Disponível em: http://www.papocabeca.me.ufrj.br/diversidade/projeto.htm. Acesso em: 2 set. 2007.

DREYER, Diogo. "A brincadeira que não tem graça", 27 maio 2004. *E. educacional: a internet na educação*. Disponível em: http://www.educacional.com.br/reportagens/bullying. Acesso em: 23 jul. 2007.

DRUMMOND, Regina. *Menino brinca com menina?* 5. reimpr. Ilustrações: Zed. São Paulo: Melhoramentos, 2006.

DUARTE, Luiz Fernando Dias. "A sexualidade nas ciências sociais: leitura crítica das convenções". In: PISCITELLI, Adriana; GREGORI, Maria Filomena; CARRARA, Sérgio (orgs.). *Sexualidades e saberes: convenções e fronteiras.* Rio de Janeiro: Garamond, 2004, pp. 39-80.

DUQUE-ESTRADA, Paulo César. "Derrida e a escritura". In: _____ (org.). *Às margens: a propósito de Derrida.* Rio de Janeiro/São Paulo: Ed. PUC-Rio/Loyola, 2002, pp. 9-28.

EAGLETON, Terry. "Da polis ao pós-modernismo". In: _____. *A ideologia da estética.* Trad. Mauro Sá Rego Costa. Rio de Janeiro: Jorge Zahar, 1993, pp. 264-300.

ECO, Umberto. *Apocalípticos e integrados.* Trad. Pérola de Carvalho. 6. ed. São Paulo: Perspectiva, 2001 (Coleção Debates).

"ENTREVISTA – Alfredo Bosi". *Revista de Cultura e Extensão – USP*, v. 1, n. 0, jul. 2005. Disponível em: http://www.usp.br/prc/revista/entrevista.html. Acesso em: 20 set. 2007.

"Escolas britânicas ensinarão contos infantis gays". *Estado de S. Paulo*, 12 mar. 2007. Disponível em: http://www.estadao.com.br/arquivo/mundo/2007/not20070312p24509.htm. Acesso em: 21 jun. 2007.

EXPEDITO-SILVA, Lindomar; VALE, Eliane Medeiros. "Identidade e representações sociais: a homossexualidade em Jean Genet". In: SANTOS, Rick; GARCIA, Wilton (orgs.). *A escrita de adé: perspectivas teóricas dos estudos gays e lésbic@s no Brasil.* São Paulo: Xamã/NCC/Suny, 2002, pp. 229-52.

FACCHINI, Regina. *Sopa de letrinhas: movimento homossexual e produção de identidades coletivas nos anos 90.* Rio de Janeiro: Garamond, 2005 (Sexualidade, Gênero e Sociedade. Homossexualidade e Cultura).

FACCO, Lúcia. *As heroínas saem do armário: literatura lésbica contemporânea.* São Paulo: GLS, 2004.

FERNANDES, Nelito. "Eu dei um soco na Sirley", 28 jun. 2007. *Portal Violência contra a Mulher.* Disponível em: http://www.violenciamulher.org.br/

index.php?option=com_content&view=article&id=692&catid=1:artigos-assinados&Itemid=5. Acesso em: 20 jul. 2007.

FLUSSER, Vilém. *Língua e realidade*. São Paulo: Herder, 1963.

FOUCAULT, Michel. *Vigiar e punir: nascimento da prisão*. Trad. Lígia M. Ponde Vassalo. Petrópolis: Vozes, 1977.

_____. *História da sexualidade I: a vontade de saber*. Trad. Maria Thereza da Costa Albuquerque e J. A. Guilhon Albuquerque. 11. ed. Rio de Janeiro: Graal, 1993.

_____. "Não ao sexo rei". In: _____. *Microfísica do poder*. Trad. Roberto Machado. 16. ed. Rio de Janeiro: Graal, 2001, pp. 229-42 (Biblioteca da Filosofia e História das Ciências, v. 7).

FREIRE, Paulo. *Pedagogia do oprimido*. 17. ed. Rio de Janeiro: Paz e Terra, 1987 (O Mundo, Hoje, v. 21).

FRY, Peter; MACRAE, Edward. *O que é homossexualidade*. São Paulo: Brasiliense, 1983 (Primeiros Passos, v. 81).

GIDDENS, Anthony. *A transformação da intimidade: sexualidade, amor & erotismo nas sociedades modernas*. Trad. Magda Lopes. 2. reimpr. São Paulo: Editora da Unesp, 1993 (Biblioteca Básica).

GLOSSÁRIO: Jeremy Bentham. *HISTEDBR: 1986-2006*. Disponível em: http://www.histedbr.fae.unicamp.br/navegando/glossario/verb_b_jeremy_bentham.htm. Acesso em: 23 out. 2007.

GODINHO, Marilene. *Menino ama menino*. Belo Horizonte: Armazén de Ideias, 2000.

GOFFMAN, Erving. *Estigma: notas sobre a manipulação da identidade deteriorada*. Trad. Márcia Bandeira de Mello Leite Nunes. Rio de Janeiro: Zahar, 1975 (Coleção Biblioteca de Antropologia Social).

GONÇALVES, Luiz Alberto Oliveira; SILVA, Petronilha Beatriz Gonçalves e. *O jogo das diferenças: o multiculturalismo e seus contextos*. Belo Horizonte: Autêntica, 1998.

GONÇALVES FILHO, Antenor Antônio. *Educação e literatura*. Rio de Janeiro: DP&A, 2000.

HAAN, Linda de; NIJLAND, Stern. *King & king*. Berkeley: Tricycle Press, 2002.

_____. *King & king & family*. Berkeley: Tricycle Press, 2004.

HALL, Radclyffe. *O poço da solidão*. Rio de Janeiro: Record, 1998.

HALL, Stuart. *A identidade cultural na pós-modernidade*. Trad. Tomaz Tadeu da Silva e Guacira Lopes Louro. 7. ed. Rio de Janeiro: DP&A, 2002.

HAUSER, Arnold. *Teorias da arte*. Trad. F. E. G. Quintanilha. 2. ed. Lisboa: Presença, 1988.

HELENA, Letícia; NEVES, Tânia. "Gays no imaginário infantil". *Revista O Globo*, ano 2, n. 77, 15 jan. 2006, pp. 22-9.

HOOKS, Bell. "Eros, erotismo e o processo pedagógico". In: LOURO, Guacira Lopes (org.). *O corpo educado: pedagogias da sexualidade*. Trad. Tomaz Tadeu da Silva. Belo Horizonte: Autêntica, 1999, pp. 115-23.

INÁCIO, Emerson da Cruz. "Homossexualidade, homoerotismo e homossociabilidade: em torno de três conceitos e um exemplo". In: SANTOS, Rick; GARCIA, Wilton (orgs.). *A escrita de adé: perspectivas teóricas dos estudos gays e lésbic@s no Brasil*. São Paulo: Xamã/NCC/Suny, 2002, pp. 59-70.

JESUS, Terezinha de. "Angústia – O que é isso? Uma breve reflexão sobre o conceito de angústia em Sartre", s.d. *Cuidar do ser*. Disponível em: http://www.cuidardoser.com.br/angustia-o-que-e-isso.htm. Acesso em: 2 out. 2007.

JOBIM, José Luís. "Os estudos literários e a identidade da literatura". In: _____ (org.). *Literatura e identidades*. Rio de Janeiro: J. L. J. S. Fonseca, 1999, pp. 191-206.

KHÉDE, Sônia Salomão. "As polêmicas sobre o gênero". In: _____ (org.). *Literatura infanto-juvenil: um gênero polêmico*. 2. ed. Porto Alegre: Mercado Aberto, 1986, pp. 7-15 (Novas Perspectivas, v. 18).

KOSS, Monika von. *Feminino + masculino: uma nova coreografia para a eterna dança das polaridades*. São Paulo: Escrituras, 2000 (Coleção Ensaios Transversais).

KOTHE, Flávio René. *O cânone colonial: ensaio*. Brasília: Editora UnB, 1997.

LAZARSFELD, Paul F.; MERTON, Robert K. "Introdução geral: comunicação e cultura de massa". In: LIMA, Luiz Costa (org.). *Teoria da cultura de massa*. Rio de Janeiro: Saga, 1969 (Ideias e Fatos Contemporâneos, v. 28).

LAZZARO, Livia. "A teoria da recepção e a leitura de objetos históricos". Pontifícia Universidade Católica do Rio de Janeiro, Departamento de Artes & Design, 4 dez. 2002. Disponível em: http://wwwusers.rdc.puc-rio.br/imago/site/recepcao/textos/liviafinal.htm. Acesso em: 7 ago. 2003.

LEAHY-DIOS, Cyana. *Educação literária como metáfora social: desvios e rumos*. Niterói: Eduff, 2000.

LEAL, Bruno. "O afogado e o estrangeiro". In: LYRA, Bernadete; GARCIA, Wilton (orgs.). *Corpo e cultura*. São Paulo: Xamã/ECA-USO, 2001, pp. 97-102.

LEONEL, Vange. *Grrrls: garotas iradas*. São Paulo: GLS, 2001.

LISBOA, Márcia. "Teoria na sala de aula: uma reflexão sobre a literatura na universidade". *Desfolhar – Revista Eletrônica de Literatura*, 2006. Disponível em: http://desfolhar.com/desfolhar02/ensaios.html. Acesso em: 3 out. 2007.

LOBATO, Monteiro. *Os doze trabalhos de Hércules – 2º tomo*. Ilustrações: J. U. Campos. 9. ed. São Paulo: Brasiliense, 1958 (Obras Completas de Monteiro Lobato, 2. série, Literatura Infantil. v. 17).

LOBO, Luiza. "A literatura de autoria feminina na América Latina". Disponível em: http://www.members.tripod.com/~lfilipe/LLobo.html. Acesso em: 20 jan. 2005.

LOLITA – Sinopse. *Biblioteca Folha – Folha Online*, 8 jun. 2003. Disponível em: http://bibliotecafolha.com.br/1/01/sinopse.html. Acesso em: 14 out. 2007.

LOPES, Denilson. "A viagem e uma viagem". In: _____. *O homem que amava rapazes e outros ensaios*. Rio de Janeiro: Aeroplano, 2002a, pp. 165-86.

_____. "Bichas e letras: uma estória brasileira". In: SANTOS, Rick; GARCIA, Wilton (orgs.). *A escrita de adé: perspectivas teóricas dos estudos gays e lésbic@s no Brasil*. São Paulo: Xamã/NCC/Suny, 2002b, pp. 33-50.

_____. "Escritor, gay". In: _____. *O homem que amava rapazes e outros ensaios*. Rio de Janeiro: Aeroplano, 2002c, pp. 19-42.

LOPEZ, Laura Ancona. "Uma terra sem pai nem marido". *Elle*, set. 2007. Disponível em: http://elle.abril.uol.com.br/livre/edicoes/232/12.shtml. Acesso em: 10 nov. 2007.

LOURO, Guacira Lopes. *Gênero, sexualidade e educação: uma perspectiva pós-estruturalista*. Petrópolis: Vozes, 1997.

_____. "Pedagogias da sexualidade". In: _____ (org.). *O corpo educado: pedagogias da sexualidade*. 2. ed. Belo Horizonte: Autêntica, 2001, pp. 7-34.

_____. *Um corpo estranho: ensaios sobre sexualidade e teoria queer*. Belo Horizonte: Autêntica, 2004.

LUGARINHO, Mário César. "Crítica literária e os estudos *gays* e lésbicos: uma introdução a um problema". In: SANTOS, Rick; GARCIA, Wilton (orgs.). *A escrita de adé: perspectivas teóricas dos estudos gays e lésbic@s no Brasil*. São Paulo: Xamã/NCC/Suny, 2002, pp. 51-8.

MACHADO, Ana Maria. *Como e por que ler os clássicos universais desde cedo*. Rio de Janeiro: Objetiva, 2002.

MACIEL, Jessé dos Santos. "Momentos do homoerotismo. A atualidade: homocultura e escrita pós-identitária". *Terra Roxa e Outras Terras – Revista de Estudos Literários*, v. 7, 2006, pp. 26-38. Disponível em: http://www.uel.br/pos/letras/terraroxa/g_pdf/vol7/7_3.pdf. Acesso em: 1º out. 2007.

MACRAE, Edward. *A construção da igualdade: identidade sexual e política no Brasil da "Abertura"*. Campinas: Editora da Unicamp, 1990 (Coleção Momento).

MANCELOS, João de. "Hey, hey, ho, ho, Western culture's got to go: desafios ao cânone literário norte-americano", s.d. *Alfarrábio*. Disponível em: http://alfarrabio.di.uminho.pt/vercial/zips/mancelos15.rtf. Acesso em: 14 set. 2007.

MARCUSE, Herbert. *Eros e civilização: uma interpretação filosófica do pensamento de Freud*. Trad. Álvaro Cabral. 5. ed. Rio de Janeiro: Zahar, 1972.

MARTINS, Georgina. *O menino que brincava de ser*. Ilustrações: Pinky Wainer. São Paulo: DCL, 2000.

_____. *Minha família é colorida*. Ilustrações: Maria Eugênia. São Paulo: SM, 2005a (Muriqui Júnior).

_____. *Uma maré de desejos*. Ilustrações: Cris Eich. São Paulo: Ática, 2005b (Quero Ler, v. 14).

MATOS, Cleusa Maria Alves de. "Conhecimento × informação: uma discussão necessária". *Revista Espaço Acadêmico*, n. 31, dez. 2003. Disponível em: http://www.espacoacademico.com.br/031/31cmatos.htm. Acesso em: 20 jan. 2005.

MENDES, Leonardo. "Literatura, homoerotismo e pós-modernidade". In: SOUZA JÚNIOR, José Luiz Foureaux de (org.). *Literatura e homoerotismo: uma introdução*. São Paulo: Scortecci, 2002, pp. 67-85.

MÍCCOLIS, Leila; DANIEL, Herbert. *Jacarés e lobisomens: dois ensaios sobre a homossexualidade*. Rio de Janeiro: Achiamé, 1983.

MISKOLCI, Richard. "Um corpo estranho na sala de aula". In: ABRAMOWICZ, Anete; SILVÉRIO, Valter Roberto (orgs.). *Afirmando diferenças: montando o quebra-cabeça da diversidade na escola*. Campinas: Papirus, 2005, pp. 13-26 (Coleção Papirus Educação).

MORAES, Eliane R.; LAPEIZ, Sandra M. *O que é pornografia*. São Paulo: Brasiliense, 1984 (Primeiros Passos, v. 128).

MOTA, Denise. "Fábulas com as cores do arco-íris". *Folha de S.Paulo – Educação*, 31 maio 2007. Disponível para assinantes em: http://www1.folha.uol.com.br/fsp/equilibrio/eq3105200705.htm. Acesso em: 21 jun. 2007.

MOTT, Luiz Roberto. *Homofobia: a violação dos direitos humanos de gays, lésbicas & travestis no Brasil*. Salvador: Grupo Gay da Bahia/International Gay and Lesbian Human Rights Commission, 1997.

_____. *Matei porque odeio gay*. Salvador: Editora Grupo Gay da Bahia, 2003 (Coleção Gaia Ciência).

_____. "Por que os homossexuais são os mais odiados dentre todas as minorias?" In: _____. *Homossexualidade: mitos e verdades*. Salvador: Editora Grupo Gay da Bahia, 2003, pp. 19-31.

MULLER, Laura. *500 perguntas sobre sexo do adolescente: um guia para jovens, educadores e pais*. Rio de Janeiro: Objetiva, 2005.

NASCIMENTO, Evando. *Derrida e a literatura: "notas" de literatura e filosofia nos textos de desconstrução*. Niterói: Eduff, 1999 (Coleção Ensaios, v. 14).

"NOVA disciplina ensina nas escolas da Espanha que família *gay* é comum". *Folha de S.Paulo – Educação*, 14 jul. 2006. Disponível em: http://www1.folha.uol.com.br/folha/educação/ult305u18808.shtml. Acesso em: 19 ago. 2007.

NOVAES, Cláudio Cledson. "Literatura e ideologia: revolução em derrocada". *Sitientibus*, n. 13, jul.-dez. 1995, p. 69. Disponível em: http://www.uefs.br/sitientibus/pdf/13/literatura_e_ideologia_revolucao_em_derrocada.pdf. Acesso em: 25 set. 2007.

ORTHOF, Sylvia. *Uxa, ora fada, ora bruxa*. Ilustrações: Tato. Rio de Janeiro: Nova Fronteira, 1985.

PAZ, Octávio. "O escritor e a política". *Cadernos de Opinião*, 31 mar. 2007. Disponível em: http://igmaiki.wordpress.com/2007/03/31/literatura-e-ideologia. Acesso em: 20 set. 2007.

PELBART, Peter Pál. "Deleuze e a educação". In: ABRAMOWICZ, Anete; SILVÉRIO, Valter Roberto (orgs.). *Afirmando diferenças: montando o quebra-cabeça da diversidade na escola*. Campinas: Papirus, 2005, pp. 9-11 (Coleção Papirus Educação).

PEREIRA, Maria Luiza Scher. "Espaço em questão: Portugal no romance de Cardoso Pires". *Revista Semear*, 2000. Disponível em: http://www.letras.puc-rio.br/catedra/revista/5Sem_17.html. Acesso em: 25 set. 2007.

PERLMAN, Alina. *Diferentes somos todos*. Ilustrações: Cecília Esteves. São Paulo: SM, 2005 (Muriqui Jr.).

PERRONE-MOISÉS, Leyla. *Altas literaturas: escolha e valor na obra crítica de escritores modernos*. São Paulo: Companhia das Letras, 1998.

_____. "Desconstruindo os estudos culturais". Congresso Internacional da Associação Portuguesa de Literatura Comparada. Évora, 9-12 maio 2001. Disponível em: http://www.eventos.uevora.pt/comparada/VolumeI/DESCONSTRUINDO%20OS%20ESTUDOS%20CULTURAIS.pdf. Acesso em: 25 jan. 2005.

"PESQUISA escolar diz que meninas lésbicas têm mais tendência ao suicídio". *GLS Planet*, 6 jun. 2006. Disponível em: http://glsplanet.terra.com.br/cgi-bin/searchnews.cgi?category=all&keyboard=teen&russas. Acesso em: 3 abr. 2007.

PIAGET, Jean. *O raciocínio na criança*. Trad. Valerie Rumjanek Chaves. 3. ed. Rio de Janeiro: Record, 1967.

PINTO, Manuel da Costa. "Sexualidades pós-modernas". *Cult*, ano VI, n. 66, fev. 2003 (Dossiê Cult), pp. 48-51.

PISCITELLI, Adriana; GREGORI, Maria Filomena; CARRARA, Sérgio. "Apresentação". In: _____ (orgs.). *Sexualidades e saberes: convenções e fronteiras*. Rio de Janeiro: Garamond, 2004, pp. 9-38.

"PROJETO do Grupo Corsa – Educando para a Diversidade". Mensagem recebida por e-mail por Lúcia Facco, em 10 out. 2005.

RAMOS, Anna Claudia. *Sempre por perto*. Arte: Antonio Gil Neto. São Paulo: Cortez, 2006.

RAMOS, Flávia Brocchetto; PANOZZO, Neiva Senaide Petry. "Entre a ilustração e a palavra: buscando pontos de ancoragem". *Espéculo: Revista de Estudios Literarios*, n. 26, mar.-jun. 2004. Disponível em: http://www.ucm.es/info/especulo/numero26/ima_infa.html. Acesso em: 24 out. 2007.

RAMOS, Flávia Brocchetto; PANOZZO, Neiva Senaide Petry; ZANOLLA, Taciana. "A produção de sentido e a interação entre texto-leitor na literatura infantil". *Interação entre ilustração e palavra na literatura infantil*, s.d. Disponível em: http://hermes.ucs.br/cchc/dele/fbramos/Artigosresumosposteres/psalaoufrgs.PDF. Acesso em: 23 out. 2007.

RAMOS, Rossana. *Na minha escola todo mundo é igual*. Ilustrações: Priscila Sanson. 4. ed. São Pulo: Cortez, 2006.

RICHARDSON, Justin; PARNELL, Peter. *And Tango makes three*. Ilustrações: Henry Cole. Nova York: Simon & Schuster Books for Young Readers, 2005.

RIOS, Cassandra. *Eu sou uma lésbica*. Rio de Janeiro: Record, 1981.

_____. *As traças*. Rio de Janeiro: Record, 1982.

RITER, Caio Dussarrat. *Um palito diferente*. Porto Alegre: Interpreta Vida, 1994.

ROCHA-COUTINHO, Maria Lúcia. *Tecendo por trás dos panos: a mulher brasileira nas relações familiares*. Rio de Janeiro: Rocco, 1994 (Gênero Plural).

SALEM, Nazira. *História da literatura infantil*. 2. ed. São Paulo: Mestre Jou, 1970.

SANTOS, Jair Ferreira dos. *O que é pós-moderno*. 6. ed. São Paulo: Brasiliense, 1989 (Primeiros Passos, v. 165).

SANTOS, Rick. *Pornografia ou homofobia?: uma visão "queer" do discurso de Cassandra Rios*. Manuscrito.

_____. "Subvertendo o cânone: literatura gay e lésbica no currículo". *Gragoatá – Revista do Instituto de Letras/Pós-graduação UFF*, n. 2, pp. 181-9, 1º sem. 1997.

_____. "O corpo 'queer'". In: LYRA, Bernadete; GARCIA, Wilton (orgs.). *Corpo e cultura*. São Paulo: Xamã/ECA-USO, 2001, pp. 103-8.

_____. "Dessencializando *queerness* à procura de um corpo (textual) *queer* inclusivo". In: SANTOS, Rick; GARCIA, Wilton (orgs.). *A escrita de adé: perspectivas teóricas dos estudos gays e lésbic@s no Brasil*. São Paulo: Xamã/NCC/Suny, 2002, pp. 15-22.

_____. "Culturas gays e lésbicas contemporâneas, implicações políticas e possibilidades libertadoras". In: AZEVEDO FILHO, Deneval Siqueira de (org.). *ETA: cadernos de estudos avançados de transgressão*. Campos dos Goytacazes: Geites, 2003, pp. 105-15.

SCARPELLINO, Francesco. "Derrida, o filósofo da desconstrução". 2004. Disponível em: www.cesesb.edu.br/entrevistas/frei_chico_derrida.htm. Acesso em: 23 jan. 2005.

SCHLOSSMACHER, Martina. *A galinha preta*. Ilustrações: Iskender Gider. Trad. Mônica Stahel. São Paulo: Martins Fontes, 2000.

SILVA, Cícero Inácio da. *As mulheres de Derrida: sobre se ver visto por uma mulher*. São Paulo: Witz, 2004. Disponível em: http://www.ebooksbrasil. org/adobeebook/mulheresdederrida.pdf. Acesso em: 28 dez. 2005.

SILVA, Hélio R. S.; FLORENTINO, Cristina de Oliveira. "A sociedade dos travestis: espelhos, papéis e interpretações". In: PARKER, Richard; BARBOSA, Regina Maria (orgs.). *Sexualidades brasileiras*. Rio de Janeiro: Relume-Dumará/Abia/IMS/Uerj, 1996, pp. 105-18.

SILVA, Tomaz Tadeu da. *Documentos de identidade: uma introdução às teorias do currículo*. 2. ed. 8. reimp. Belo Horizonte: Autêntica, 2005.

SILVEIRA, Rosa Maria Hessel. "Nas tramas da literatura infantil: olhares sobre personagens 'diferentes'". II Seminário Internacional – Educação Intercultural, Gênero e Movimentos Sociais. Florianópolis, 2003.

SILVEIRA, Rosa Maria Hessel; SANTOS, Cláudia Amaral dos. "Para meninas e para meninos cruzarem as fronteiras impostas aos gêneros". II Congresso Internacional Criança, Língua, Imaginário e Texto Literário. Minho, 2006. Disponível em: http://www.dobrasdaleitura. com/revisao/index.html. Acesso em: 24 jan. 2009.

SONTAG, Susan. *Contra a interpretação*. Trad. Ana Maria Capovilla. Porto Alegre: L&PM, 1987.

SOUZA, Herbert de. "Direitos humanos e AIDS", 1987. Disponível em: http://www.dhnet.org.br/direitos/sos/aids/betinho_aids.html. Acesso em: 8 abr. 2006.

SOUZA JÚNIOR, José Luiz Foureaux. "Leitura de leituras: propostas de continuidade, acerca de literatura e homoerotismo". In: _____ (org.). *Literatura e homoerotismo: uma introdução*. São Paulo: Scortecci, 2002, pp. 86-122.

THAMSTEN, Mariane. "Para casal gay agredido em Niterói, dor moral é ainda maior do que física". *O Globo Online*, 29 ago. 2007. Disponível em:

http://oglobo.globo.com/rio/mat/2007/08/28/297465797.asp. Acesso em: 29 ago. 2007.

TREVISAN, João Silvério. *Devassos no paraíso: a homossexualidade no Brasil, da colônia à atualidade*. Ed. rev. ampl. Rio de Janeiro: Record, 2000.

VALLADARES, Eduardo. "Sade: libertino e anticlerical". *Libertárias*, n. 3, set. 1998, pp. 57-61.

VARGAS, Maria José Ramos. *Os sentidos do silêncio: a linguagem do amor entre mulheres na literatura brasileira contemporânea*. 1995. 101 f. Dissertação (Mestrado em Literatura Brasileira) – Universidade Federal Fluminense, Niterói, Rio de Janeiro.

VERÍSSIMO, Ângela. "Guernica ou o manifesto político de Pablo Picasso". *CampUs*, n. 6, jan.-fev. 1996. Disponível em: http://www.isa.utl.pt/campus/6_pablo.htm. Acesso em: 8 set. 2007.

ZILBERMAN, Regina. *A literatura infantil na escola*. São Paulo: Global, 1981 (Teses, v. 1).

_____. *Como e por que ler a literatura infantil brasileira*. Rio de Janeiro: Objetiva, 2005.

ZIRALDO. *O menino marrom*. 1. ed., 33. reimp. São Paulo: Melhoramentos, 2005.

_____. *O menino quadradinho*. 20. ed. São Paulo: Melhoramentos, 2006.

_____. *Flicts*. 64. ed. São Paulo: Melhoramentos, 2009.

Filmografia

Billy Elliot. Título original: *Billy Elliot*. Grã-Bretanha, 1999. 110 minutos. Direção: Stephen Daldry. Elenco: Jamie Bell, Jean Heywood, Jamie Draven, Gary Lewis, Stuart Wells, Mike Elliot. Distribuidora: UIP. Site oficial: http://www.billyelliot.com.

Branca de Neve e os sete anões. Título original: *Snow White and the seven dwarfs*. Estados Unidos, 1937. 83 minutos. Direção: William Cottrell, Walt Disney, David Hand, Wilfred Jackson, Larry Morey, Perce Pearce.

2001: uma odisseia no espaço. Título original: *2001: a space odissey.* Inglaterra/ Estados Unidos, 1968. 139 minutos. Direção: Stanley Kubrick. Elenco: Keir Dullea, Gary Lockwood, William Sylvester, Dan Richter, Douglas Rain, Leonard Rossiter, Margaret Tyzack, Robert Beatty, Sean Sullivan, Frank Miller, Penny Brahms. Distribuidora: Warner Bros.

...E o vento levou. Título original: *Gone with the wind.* Estados Unidos, 1939. 241 minutos. Direção: Victor Fleming. Elenco: Clark Gable, Viven Leigh, Leslie Howard, Olivia de Havilland, Thomas Mitchell, Hattie McDaniel. Distribuidora: MGM/New Line Cinema.

Meninos não choram. Título original: *Boys don't cry.* Estados Unidos, 1999. 116 minutos. Direção: Kimberly Peirce. Elenco: Hilary Swank, Chloe Sevigny, Peter Sarsgaard, Alison Folland. Distribuidora: Fox Searchlight Pictures.

Monty Python: o sentido da vida. Título original: *Monty Python's the meaning of life.* Reino Unido, 1983. 107 minutos. Direção: Terry Jones. Elenco: Graham Chapman, John Cleese, Terry Gilliam, Eric Idle, Terry Jones, Michael Palin.

Rocky – Um lutador. Título original: *Rocky.* Estados Unidos, 1976. 119 minutos. Direção: John G. Avildsen. Elenco: Sylvester Stallone, Talia Shire, Burt Young, Carl Weathers, Burgess Meredith.

Shrek. Título original: *Shrek.* Estados Unidos, 2001. 90 minutos. Direção: Andrew Adamson, Vicky Jenson. Vozes na versão original: Mike Myers (Shrek), Eddie Murphy (Donkey), Cameron Diaz (Fiona), John Lithgow (Lord Farquaad), Vincent Cassel (Monsieur Hood). *Site oficial:* http://www.shrek.com.

Caderno de atividades

Este caderno de atividades foi elaborado pela pedagoga Terezinha Nazar e pela autora deste livro, Lúcia Facco, com o objetivo de orientar os educadores que desejam desenvolver um trabalho sobre a questão da orientação sexual com os estudantes mas sentem-se, de certa forma, inseguros.

Esperamos que essas sugestões possam estimular os educadores a procurar constantemente mais e mais livros, assim como outras fontes que permitam esse tipo de abordagem, tão necessária e importante na tentativa de construir uma sociedade mais solidária.

Creche e pré-escola

Na creche e pré-escola, a criança é autêntica, egocêntrica, sincera e passa por diferentes etapas do desenvolvimento infantil. A construção de conceitos, para ela, é baseada em percepções imediatas e concretas. A criança precisa descobrir a si própria, as outras pessoas e o mundo exterior.

As atividades curriculares do cotidiano devem estimular o desenvolvimento pleno e harmônico da criança como ser biopsicossocial que é e permitir sua ação e interação com o grupo social e o ambiente. A criança precisa da liberdade para experimentar e construir conhecimentos e conceitos.

Os temas discutidos nas classes de educação infantil devem ser todos aqueles que fazem parte da realidade do mundo contemporâneo. A criança é inteligente, questionadora e ávida por aprender.

Na educação infantil, as diferentes áreas de estudo devem estar integradas aos temas transversais, e a sexualidade pode ser abordada com base na construção de conhecimentos referentes à identidade da criança como ser social, com um corpo que produz diferentes sensações, a ser descoberto. Os conceitos serão ampliados, gradativamente, a partir dos interesses e questionamentos dos pequenos.

A seguir, algumas atividades sugeridas.

Trabalhando com dados de identidade

As atividades de pesquisa são importantes para que a criança conheça sua história: ficou na barriga da mamãe, nasceu, cresceu, tem tal idade e tem uma família. Podem-se pesquisar com a criança dados de identidade pessoal e familiar, fotos das diferentes fases do seu desenvolvimento, preferências, coisas que a desagradam e hábitos da família.

As descobertas feitas com a pesquisa precisam ser registradas e organizadas. A criança pode fazer desenhos de si mesma e da família, e o professor deve registrar a fala infantil sobre os dados pesquisados.

Para que a criança compreenda que cada sujeito tem uma história de vida e que ela está crescendo, deve-se montar uma linha do tempo, assim como fazer um mural e/ou livros utilizando fotos de diferentes fases de desenvolvimento da criança.

Para melhorar a expressão oral e ampliar o vocabulário, podem-se propor situações envolvendo jogos dramatizados em que a criança se expresse.

Trabalhando o corpo

Para que a criança possa se conhecer, precisa perceber conscientemente seu corpo e as sensações que experimenta com ele. O trabalho com o corpo deve ser feito por meio de atividades significativas e prazerosas para as crianças.

Construção coletiva tridimensional

Construa, com a participação das crianças, grandes bonecos, preferencialmente um menino e uma menina, utilizando jornais amassados e meia-calça, para analisar, identificar e nomear as grandes partes do corpo humano: cabeça, tronco e membros.

Identificação de gênero: masculino e feminino

Complemente os bonecos com detalhes do corpo do menino e da menina. É importante que o professor selecione e organize numa caixa materiais diversos que possam corresponder aos detalhes do corpo (botões, rolhas, barbante, sobras de novelos de lã, tampinhas plásticas de diferentes tamanhos, pedaços de tecido, peças de roupa de meninos e meninas etc.).

Ampliação de vocabulário

As nomenclaturas referentes ao gênero, às grandes partes e aos detalhes do corpo devem ser utilizadas com propriedade pelo professor, pois todas as atividades no ambiente escolar contribuem para um aumento significativo do vocabulário.

Representação gráfica da realidade

A criança começa a perceber que tudo que vê pode ser representado graficamente, e que tudo que diz pode ser escrito com palavras.

Contorne o corpo de um menino e de uma menina, em folha de papel pardo, com caneta hidrocor grossa. O próprio grupo deve escolher uma criança. Esta fica deitada sobre a folha de papel enquanto o professor contorna seu corpo. O professor deve explorar, junto com as crianças, o corpo humano e incentivar novas percepções: o que temos na cabeça, o que temos no tronco e nos membros superiores e inferiores, até que os detalhes de cada uma das partes do corpo fiquem registrados. A própria criança faz o registro (desenho) de cada um dos detalhes do corpo enquanto o professor escreve a nomenclatura.

Semelhanças e diferenças

Compare objetos do ambiente: brinquedos, crianças, amigos, escolas, famílias, e nomeie as semelhanças e diferenças percebidas.

Estimule o manuseio de livros de tamanhos, texturas e materiais diferentes para que as semelhanças e diferenças sejam percebidas.

Explore as sensações percebidas pelo corpo: temperatura, cheiro, textura, cor, tamanho, o que é agradável e o que desagrada em situações do cotidiano escolar.

Debata com as crianças as diferenças entre as pessoas, ressaltando a importância do respeito para o convívio social.

Crie, junto com as crianças, normas para o bom convívio entre todos na sala de aula e na escola.

Todas as discussões e descobertas devem ser registradas. Os registros podem ser feitos pelo professor em um caderno; outra alternativa é que as crianças desenhem e o professor registre sua fala.

Construa um mural, álbum seriado e livros tendo como título *Meu corpo fala*.

Ensino fundamental

A escola tem grande responsabilidade na formação cidadã dos estudantes. Portanto, precisa ser um espaço democrático, consciente da necessidade de adequar currículos às diversidades culturais, ao seu entorno e às questões do mundo atual, com a preocupação de formar "seres pensantes" capazes de escrever sua história.

As diretrizes curriculares nacionais para o ensino fundamental determinam que os princípios éticos, políticos e estéticos devem nortear as ações pedagógicas da escola, articulando-se conteúdos das áreas de conhecimento e aspectos da vida cidadã como: saúde, sexualidade, vida familiar e social, meio ambiente, trabalho, ciência e tecnologia, cultura e linguagens.

O ensino fundamental tem uma grande diversidade de faixas etárias e, consequentemente, exige propostas de trabalho diferenciadas, que atendam aos interesses do alunado e impulsionem a busca do conhecimento. Cabe ao professor, orientador do trabalho em sala de aula, adequar as atividades curriculares para que efetivamente atendam aos interesses dos alunos e às demandas impostas pelo mundo moderno.

É importante levar para a sala de aula os temas polêmicos da mídia, que envolvem dificuldades de relações humanas, violência, preconceito, e, por meio de ações pedagógicas, favorecer reflexões que contribuam para a autonomia de pensamento e ação. Impossível não debater sobre os "diferentes" e os preconceitos que discriminam e marginalizam os grupos considerados "minorias". Como desenvolver um trabalho de orientação sexual e ética sem falar em homossexualidade, homofobia e LGBTs, que se fazem presentes e visíveis no mundo real do século XXI?

Os educadores precisam questionar a orientação sexual abordada nas escolas, que trata somente de heterossexualidade, gravidez na adolescência, métodos contraceptivos, Aids e DSTs. A escola precisa se mobilizar para discutir com professores, funcionários, pais e alunos um trabalho de orientação sexual que trate da sexualidade ligada à vida e ao prazer, para que esse tema não seja associado sempre a problemas e doenças. Afinal, a pulsão sexual faz parte do ser humano e é um dos inúmeros constituintes do relacionamento afetivo-amoroso.

Ensino médio

A nova Lei de Diretrizes e Bases da Educação propõe uma escola que prepare os estudantes para a vida, capacitando-os para exercer a cidadania e o aprendizado permanente no mundo do trabalho ou na continuidade dos estudos.

No ensino médio, nossos jovens têm, em média, de 15 a 18 anos, e chegam à etapa final da educação básica vivenciando um mundo acelerado, marcado por transformações constantes e grandes contradições.

A ação pedagógica das escolas deve concretizar a articulação e o sentido dos conhecimentos nas diferentes áreas e disciplinas de estudos, debatendo temas presentes no mundo moderno e cumprindo, assim, sua missão maior: formar sujeitos cidadãos.

Os jovens precisam continuar a descobrir o mundo e ampliar seus conhecimentos, refletir e assumir uma postura crítica diante dos temas presentes na sociedade que os cerca, fazer escolhas conscientes e participar como sujeitos ativos do processo de construção de um mundo de paz, marcado pela solidariedade e igualdade.

Vários aspectos devem ser trabalhados para que se atinjam esses objetivos. A sexualidade é um deles, pois faz parte da história do homem e da sociedade. Por mais que se relute em abordar o tema, devido aos preconceitos arraigados na sociedade, a sexualidade precisa ser discutida sem hipocrisia, a fim de que seja possível facilitar a formação de opiniões diferentes daquelas preconcebidas, opiniões livres das discriminações sociais.

Dentro dessa discussão, a nova escola não pode ignorar a existência de outras formas de sexualidade, diferentes da heterossexualidade. A discussão sobre esse aspecto é fundamental para a desintegração de preconceitos e para transformar o nosso mundo em um lugar mais feliz para todos. Um lugar onde todos possam se considerar iguais e vivam sobre uma base de harmonia, respeito e solidariedade, com seu verdadeiro significado.

Alunos e professores têm papéis definidos e são sujeitos ativos no contexto de uma escola nova. O diálogo faz parte do processo ensino-aprendizagem.

As atividades em sala de aula precisam motivar os alunos para a construção de conhecimentos, a busca de novos desafios e as conquistas pessoais; logo, devem ser ricas, dinâmicas, diversificadas e contextualizadas.

Debates, pesquisas, construções coletivas e individuais, diferentes formas de comunicação e expressão, seminários, interpretação e análise crítica das questões de vida, das comunidades e do mundo têm de fazer parte do cotidiano escolar.

Pais/responsáveis/escola

Um dos motivos que fazem que a escola deixe sempre de lado a discussão sobre a questão da orientação sexual é o medo da reação negativa dos pais. Além disso, frequentemente deparamos com escolas cujos docentes, pedagogos, funcionários administrativos, inspetores, pessoal da limpeza etc. estão impregnados de preconceitos, mas que acham que não é preciso trabalhar com essa temática, ou que gostariam de abordar o assunto mas não sabem como.

Ressaltamos que são essenciais a compreensão e a consequente participação de todos os envolvidos no processo educacional para que seja possível abordar a questão de maneira positiva. Portanto, caberá à escola realizar um trabalho de sensibilização de todo o seu quadro de funcionários e dos pais antes mesmo de começar o trabalho com os estudantes.

A seguir, daremos sugestões de atividades que têm por base algumas obras infanto-juvenis citadas neste livro. Lembramos que cabe aos educadores buscar outros textos com os quais se sintam confortáveis para o trabalho com crianças e jovens acerca da questão da orientação sexual.

Cada família é de um jeito, de Aline Abreu

A AUTORA APRESENTA OS MAIS VARIADOS TIPOS DE CONSTITUIÇÃO FAMILIAR, INCLUSIVE A FAMÍLIA QUE TEM DUAS MÃES OU DOIS PAIS.

Hoje, o conceito de família é bastante diferenciado. A escola deve mostrar naturalmente à criança que cada família é de um jeito.

Sugere-se para a abordagem do tema "família", na creche e na pré-escola, a exploração desse livro, que mostra com clareza que cada família é única, caracteriza diferentes tipos de famílias e conceitua família como grupo social.

- Promova a leitura, em atividade de roda, do livro *Cada família é de um jeito*, de Aline Abreu, e explore a mensagem trazida pela história por meio das percepções das crianças.
- Explore a obra também sensorialmente: textura do papel, tamanho, cores etc.
- Discuta as ilustrações do livro com as crianças e registre as descobertas feitas por elas.
- Analise as diferentes famílias apresentadas pela autora e peça que a criança desenhe a família de que mais gostou.
- Confeccione um painel com os desenhos das crianças e registre a justificativa da escolha.
- Com as crianças, compare as famílias descritas pela autora e enumere as características de cada uma delas.
- Peça que as crianças desenhem a própria família e construam uma escrita para ela.
- Confeccione um livro com as famílias das crianças.

Uxa, ora fada, ora bruxa, de Sylvia Orthof

UXA É UMA BRUXA QUE MUDA MUITO DE OPINIÃO. SUA VIDA TEM DIAS DE SIM, DIAS DE NÃO, E PARA CADA DIA A BRUXA TEM UMA FANTASIA. NO DIA DO SIM VIRA FADA E FAZ BONDADES ATRAPALHADAS. DE REPENTE, CANSA DE SER FADA E DEPRESSA VOLTA A SER BRUXA... MAS, BRUXA ATRAPALHADA. UXA, A BRUXA, É PARECIDA COM MUITA GENTE... MUDA SEMPRE DE OPINIÃO!

Esse livro pode enriquecer as discussões referentes aos pontos de vista, às diversidades de comportamento das pessoas diante dos fatos de vida, às diferentes formas de leitura do mundo e à importância da participação de cada ator social no processo de construção da cidadania.

Ele pode ser utilizado da pré-escola ao segundo segmento do ensino fundamental, adequando-se a proposta de trabalho aos conteúdos curriculares e aos interesses das diferentes faixas etárias.

Atividades sugeridas

Na pré-escola, depois da leitura da história, converse com as crianças sobre as mudanças, de acordo com as vivências infantis: de roupa, de sapato, de lugar, de brincadeira, de comportamento e de preferência, deixando que se expressem livremente sobre o que gostam ou não gostam de mudar. Podem ser feitos registros individuais utilizando-se diferentes formas de linguagem: desenhos, jogos dramáticos, produção de textos etc.

Pode-se, também, junto com os pequenos, transformar o que as crianças não gostam em alguma coisa boa da qual possam gostar, o que serve para mostrar que a transformação do mal em bem, ou vice-versa, depende das pessoas (cabendo, aí, ressaltar a subjetividade dos conceitos "bem" e "mal"). Ao final, podem-se registrar as descobertas num grande painel a ser afixado na sala.

Não gosto de...	Vou gostar se...

No ensino fundamental, a abrangência de faixas etárias requer mais cuidado do professor quanto à adequação das atividades, para que haja uma efetiva construção de conhecimentos que levem o estudante a uma postura participativa e crítica diante das questões do mundo atual.

- Liste as informações apreendidas pelas crianças, após a leitura, quanto às mudanças de opinião.

- Construa um painel com *dias de sim* e *dias de não* do cotidiano escolar.

- Pesquise notícias da mídia que caracterizem mudanças de opinião para que sejam analisadas e estabeleça um paralelo com as informações coletadas por meio da história.

- Analise uma mesma notícia da mídia, veiculada por diferentes meios de comunicação – em jornais distintos e nos noticiários de rádio e TV –, para ressaltar que um mesmo fato pode ser interpretado e descrito de formas diversas.

- Debata a diversidade de comportamentos de atores sociais diante das situações de vida.

- Acompanhe o desenrolar de uma notícia durante a semana e colete as opiniões da turma sobre os fatos diariamente. Faça um gráfico com o registro das pesquisas de opinião. Analise criticamente os resultados registrados no gráfico.

- Pesquise, analise e debata as mudanças de opinião a respeito do homem no contexto de diferentes sociedades, da Idade da Pedra ao século XXI.

- Discuta a importância do respeito às opiniões e formas de ser do outro.

- Estimule a produção de textos coletivos ou individuais registrando comportamentos cidadãos.

Na minha escola todo mundo é igual, de Rossana Ramos

USANDO VERSOS E RIMAS, ROSSANA RAMOS FALA DOS DIFERENTES TIPOS DE PESSOA QUE EXISTEM NA ESCOLA, RESSALTANDO PONTOS POSITIVOS EM CADA UM DELES E ATITUDES DE SOLIDARIEDADE E RESPEITO VIVENCIADAS NO GRUPO.

No ensino fundamental, o trabalho com obras de literatura infanto-juvenil deve contemplar o manuseio de livros diferentes da biblioteca de sala de aula, da escola ou trazidos pelos alunos para que sejam percebidas semelhanças e diferenças entre eles. Podem ser explorados conceitos básicos referentes à espessura, textura e forma com os estudantes do primeiro ciclo; a partir do segundo ciclo até o sexto ano do ensino fundamental, os conceitos podem ser ampliados de acordo com os conteúdos curriculares estabelecidos.

Atividades sugeridas

Em sala de aula, analisar com as crianças o livro de Rossana Ramos, *Na minha escola todo mundo é igual*: capa, contracapa, folha de rosto, título, autor, ilustrador, editora, número da edição, local e ano.

- Após a leitura, que pode ser feita pelo professor ou pelas crianças em atividades de roda, analise a linguagem escolhida pela autora e debata as informações contidas no texto literário. O registro das descobertas pode ser feito com desenhos ou pequenos textos produzidos pelos alunos.

- Liste os diferentes sujeitos que aparecem no grupo escolar e as características pessoais de cada um.

- Compare as características da escola onde todo mundo é igual com as características da sua escola.

- Discuta as relações interpessoais vivenciadas no cotidiano escolar e a importância do respeito e da solidariedade.

≈ Construa um painel coletivo que retrate a sua escola.

≈ Promova um debate para responder à seguinte questão: "Na nossa escola, todo mundo é igual também?", registrando as hipóteses das crianças em um painel.

Na nossa escola todo mundo é igual quando...	Na nossa escola nem todo mundo é igual quando...

≈ Analise criticamente as hipóteses registradas e formule conclusões sobre o que cada um e a escola podem fazer para que todos sejam iguais nesse ambiente.

Menino brinca com menina?, de Regina Drummond

> CARLÃO SÓ BRINCAVA COM BRINQUEDOS "DE MENINO" E NÃO BRINCAVA COM MENINAS, MESMO SEM ENTENDER MUITO BEM O QUE SIGNIFICAVA SER "MARICAS". SEUS PAIS FAZIAM QUESTÃO DE INCENTIVAR "COMPORTAMENTOS DE HOMEM". UM DIA, DE REPENTE, CARLÃO DESCOBRE QUE MENINOS PODEM BRINCAR COM MENINAS. BRINCANDO COM AS MENINAS, CARLÃO FAZ NOVAS DESCOBERTAS, GRANDES MUDANÇAS EM SUA VIDA, E DESCOBRE TAMBÉM QUE ISSO NÃO O FAZ VIRAR "MARICAS".

Com a história contada por Regina Drummond, podem ser trabalhadas na sala de aula, no primeiro e segundo segmentos do ensino fundamental, as questões referentes ao gênero, a tabus e preconceitos presentes na nossa cultura, além das atitudes discriminatórias que impedem a inserção social de crianças e jovens em novos grupos sociais.

Atividades sugeridas
Analisando a diversidade pelas diferenças de opiniões

- Discuta a mensagem do livro com o grupo, permitindo que os alunos expressem livremente sua compreensão do texto em atividades de expressão oral.
- Peça aos estudantes que recontem a história utilizando formas diferenciadas de linguagem: artes cênicas, visuais, audiovisuais.
- Levante a opinião da turma a respeito da questão-título do livro: menino brinca com menina? Com os dados coletados, analise a questão do gênero, identificando opiniões masculinas e femininas e debatendo o resultado da pesquisa de opinião.

- Organize grupos "sim" e "não" para que debatam, explicando por que acham que menino brinca com menina e por que acham que menino não brinca com menina. Monte painéis com as conclusões dos grupos.

- Explore o significado da expressão "virar maricas" com base no conhecimento que os alunos têm a esse respeito. Discuta a importância de respeitar as diferenças e a liberdade individual, inclusive a liberdade de "virar maricas" ou não, após a discussão dos conceitos de "certo" e "errado".

- Analise criticamente os personagens Carlão, seu pai e sua mãe: as características de cada um, as atitudes que têm no início da história e as mudanças de comportamento percebidas no final.

- Discuta os tabus e preconceitos que existem em nossa cultura, os prejuízos que podem trazer para as pessoas e o papel do homem como modificador da cultura.

- Debata com a turma sobre a importância do ato de meninos e meninas brincarem juntos.

- Proponha a criação de um mural ou jornal de classe que relate as descobertas feitas por meio da história *Menino brinca com menina?*

O gato que gostava de cenoura, de Rubem Alves

GULLIVER É UM GATO DIFERENTE! GOSTA DE CENOURAS, COMO OS COELHOS, E NÃO GOSTA DO QUE OS OUTROS GATOS GOSTAM. AS ATITUDES PRECONCEI-TUOSAS DAQUELES COM QUEM CONVIVE TORNAM GULLIVER UM SOLITÁRIO, ENVERGONHADO POR SER "DIFERENTE", TRISTE E SEM AMIGOS. O SOFRIMENTO DE GULLIVER NA ESCOLA CHAMA A ATENÇÃO DE UM PROFESSOR, QUE DELE SE APROXIMA E EXPLICA AS DIFERENÇAS QUE EXISTEM ENTRE AS PESSOAS. GULLIVER DESCOBRE QUE TEM UM AMIGO. UM AMIGO QUE CONSEGUE ENTENDÊ-LO COMO É, COMPREENDÊ-LO, SEM QUERER QUE SE TORNE IGUAL AOS OUTROS.

A leitura desse livro pode favorecer debates em sala de aula, no segundo segmento do ensino fundamental, de temas relativos aos preconceitos, à discriminação como fator de exclusão, aos sentimentos de desconforto e isolamento que experimentam os "diferentes", às questões referentes à homossexualidade e à importância da participação de todos no combate a qualquer forma de discriminação.

Atividades sugeridas

- Promova um debate sobre o fato de ser diferente: padrões dominantes × minoria (aproveitando esse momento para discutir a ideia de valoração embutida nos conceitos "minoria" e "maioria"), com base no estereótipo dos gatos e no comportamento de Gulliver.

- Discuta os sentimentos de Gulliver diante da consciência que tem de ser "diferente" e de sua exclusão do grupo social.

- Pesquise notícias, em jornais e revistas, que mostrem a discriminação que sofrem os grupos considerados "minoria" na sociedade brasileira para debatê-las em sala de aula.

- Monte atividades em grupo (mediadas pelo professor) em que os alunos exercitem o respeito a atitudes, opiniões, conhecimentos distintos e ritmos diferenciados de aprendizagem. Atividades de grupo, quando vivenciadas por todos, se transformam em atividades de vida.

- Discuta os direitos dos cidadãos previstos por lei e os direitos adquiridos por alguns grupos considerados "minorias".

- Leve para a sala de aula situações do cotidiano, para análise crítica do comportamento do homem diante das diferenças.

- Debata a heterossexualidade e a homossexualidade com base no conhecimento que os alunos têm a respeito e em curiosidades e interesses que demonstrarem pelo tema.

- Analise criticamente as informações veiculadas pelos meios de comunicação, principalmente televisão, jornais e revistas, sobre heterossexualidade e homossexualidade.

- Pesquise as questões referentes à homossexualidade em diferentes culturas e em momentos históricos diversos.

- Discuta a importância da solidariedade e do respeito às diferenças.

- Promova a criação de *slogans* e cartazes incentivando a participação de todos no combate à discriminação.

- Estimule a confecção de um jornal de classe em que as descobertas e conclusões da turma a respeito dos temas debatidos sejam expostas.

O menino que brincava de ser, de Georgina Martins

DUDU EXPERIMENTA DIVERSOS CONFLITOS DIANTE DOS PRECONCEITOS QUE ENFRENTA NA ESCOLA E EM CASA, POR DEMONSTRAR UM COMPORTAMENTO DIFERENTE DAQUELE NORMALMENTE ACEITO COMO "DE MENINO".

Esse livro favorece as discussões, em sala de aula, especialmente do primeiro ao sexto ano do ensino fundamental, sobre as relações de gênero, os preconceitos e tabus como traços culturais, a discriminação como fator que dificulta a inserção social do indivíduo e a contribuição do homem para a formação da cidadania.

Atividades sugeridas

- Debata com as crianças as informações descobertas na leitura do livro.
- Peça que enumerem "coisas de menino" e "coisas de menina" em atividades de grupo. Analise e compare os registros feitos para que observem se realmente existem "coisas de menino" e "coisas de menina".
- Proponha aos alunos que "brinquem de ser", pedindo que se expressem livremente por meio de mímica, desenho ou produção de texto.
- Debata os estereótipos que existem na sociedade quanto a "ser menino" e "ser menina", além da importância do respeito à individualidade.
- Discuta as diferenças entre o sexo masculino e o feminino em relação a diferenças de gosto e preferências entre as pessoas.

- Caracterize as mudanças de comportamento do homem e da mulher, ao longo dos tempos, em função das demandas sociais.

- Traga para a sala de aula notícias sobre os papéis que desempenham os homens e as mulheres no mundo contemporâneo e analise-as criticamente.

- Debata os diferentes papéis que podem desempenhar os atores sociais no contexto da vida (as crianças, os pais, a mãe que trabalha fora, os artistas etc.), incluindo os "papéis" desempenhados por membros de famílias diferentes, como as homoparentais.

- Busque, em diferentes fontes de informação, dados sobre atitudes discriminatórias que dificultem a inserção e a participação do indivíduo no meio social.

- Reflita sobre o papel de cada cidadão como responsável pela melhoria da qualidade de vida de todos, que pode ser atingida por meio do respeito às diferenças individuais.

Sempre por perto, de Anna Claudia Ramos

> A HISTÓRIA DE CLARA NARRA AS MUITAS EMOÇÕES QUE EXPERIMENTA AO RECORDAR SUA HISTÓRIA DE VIDA, QUANDO ENTRA NA CASA DA AVÓ. SÃO LEMBRANÇAS INVOLUNTÁRIAS, DA INFÂNCIA À VIDA ADULTA, CHEIAS DE SENTIMENTOS BONS OU DESCONFORTÁVEIS, QUE MARCAM PROFUNDAMENTE SEU SER E RETRATAM AS MUDANÇAS DE CENÁRIOS E PERSONAGENS NA VIDA DE CLARA, OS CONFLITOS VIVIDOS POR ELA QUANDO PASSA A TER CONSCIÊNCIA DE QUE SE SENTE ATRAÍDA TAMBÉM POR MULHERES E A CORAGEM PARA ENFRENTAR OS PRÓPRIOS SENTIMENTOS, ACREDITAR NO AMOR, VIVER O PRESENTE E LUTAR PARA SER FELIZ.

A leitura desse livro pode motivar, nas salas de aula do ensino médio, reflexões e debates sobre mudanças que acontecem na vida das pessoas, diferenças de comportamento dos seres humanos, a importância dos pais na vida dos filhos, a sexualidade, a homossexualidade, a bissexualidade, tabus e preconceitos impostos pela sociedade. Também é possível abordar a discriminação social que sofrem os "diferentes" e a postura de respeito a si próprio e aos outros, indispensável ao convívio social.

Atividades sugeridas

Eis alguns temas que podem ser levados às salas de aula após a leitura:

- Família convencional × diferentes tipos de família.
- Os diferentes papéis que desempenham as pessoas nos grupos sociais.
- A análise de uma mesma situação sob olhares diferentes.
- Os conflitos pessoais na juventude e na vida adulta.
- A educação dos filhos.
- O respeito nas relações interpessoais.
- As responsabilidades decorrentes das escolhas pessoais.
- A sexualidade como fonte de vida, saúde e prazer.
- As diferentes orientações sexuais.

- Os tabus e preconceitos atribuídos ao "diferente".
- A importância do respeito a si mesmo e aos outros.
- Atitudes de discriminação: de onde surgiram e qual é o seu fundamento?
- Solidariedade diante de atitudes de discriminação.
- A exclusão social como um problema de todos e como uma realidade que pode ser transformada.
- Cidadania.

Algumas atividades práticas adequadas aos temas debatidos:

- Utilize o texto literário para favorecer a descoberta do prazer da leitura.
- Pesquise, em diferentes fontes (jornais, revistas, livros, filmes, novelas, propagandas, fotografias etc.), as informações apreendidas e os temas propostos.
- Use notícias da mídia para análise e debate na sala de aula.
- Debata questões do cotidiano e suas relações com o contexto mais amplo.
- Estimule a expressão, por diferentes formas de linguagem, de pensamentos e opiniões diante do grupo.
- Identifique problemas que os considerados "diferentes" enfrentam na escola e na sociedade em geral, devido aos preconceitos, e suas prováveis consequências, debatendo possíveis soluções.
- Proponha uma pesquisa sobre as mudanças ocorridas na sociedade (na legislação, inclusive) em relação aos relacionamentos homoafetivos.
- Sugira atividades de grupo que propiciem vivências relativas à importância do respeito mútuo e da solidariedade.
- Proponha a criação de murais e jornais de classe.

Trabalho com os pais, baseado em *O gato que gostava de cenoura*, de Rubem Alves

Objetivos

≈ Analisar as questões referentes aos vários tipos de discriminação e possíveis consequências para crianças, adolescentes e jovens.

≈ Refletir sobre a questão da orientação sexual na escola moderna.

Desenvolvimento
Planejamento cooperativo

≈ É importante que a escola se prepare para esse momento. O ideal seria envolver toda a equipe desde o planejamento inicial do trabalho, convocando também um representante de cada segmento: docentes, funcionários e alunos.

≈ O convite aos pais para que venham à escola precisa ser cuidadosamente pensado. Sugere-se a mobilização de toda a comunidade escolar para que participe da chamada aos responsáveis. Podem ser utilizados convites individuais, frases de sensibilização nos corredores, páginas da internet, e-mails etc.

≈ A escolha de um título também pode ser recomendável.
Exemplo: DISCRIMINAÇÃO + EXCLUSÃO = SOFRIMENTO

Encontro com os pais

Nessa etapa, propõe-se a seguinte dinâmica:

≈ Ratifique que o motivo do encontro é muito importante.

≈ Conte a história de *O gato que gostava de cenoura*, de Rubem Alves, fazendo uma pausa para reflexão antes que a questão da homossexualidade seja explicitada. Nesse momento, pode-se perguntar aos presentes que gostos diferentes da maioria cada um possui, aproveitando para questionar se já foram discriminados por alguma razão. O objetivo é estabelecer forte empatia com Gulliver, estimulando a solidariedade em relação a ele.

- Termine a leitura e proponha a discussão da mensagem da história em pequenos grupos.

Sugere-se dispor no ambiente algumas frases, perguntas e/ou trechos da própria história que motivem e/ou direcionem a discussão. A seleção deve ser feita de acordo com as demandas de cada comunidade; logo, cada escola produzirá um material que se adapte à sua realidade.

Exemplos:

- Gulliver sentia o peso de ser "diferente" dos demais.
- Os "diferentes" são discriminados pela própria família, pelos amigos e pela sociedade.
- Muitos estudantes, hoje, são vítimas de bullying. A escola pode ignorar esse fato?
- A orientação sexual deve ser discutida na escola?
- Você consegue tratar de questões referentes à sexualidade com seu filho?
- O que você achou do professor de Gulliver?
- No mundo moderno, a mídia traz notícias referentes à discriminação sexual. A escola deve debater essas questões com seus alunos?

A duração da discussão deve ser determinada de tal forma que os pais ainda estejam presentes durante a apresentação das conclusões.

Apresentação das conclusões dos grupos

- Cada grupo deve apresentar suas conclusões aos demais.

- A escola, então, apresenta sua proposta de trabalho referente à orientação sexual.

Esse trabalho poderá ser realizado também com todos os envolvidos no processo educacional, ou seja, aqueles que circulam no espaço escolar, como docentes, pedagogos, funcionários da administração, da manutenção, equipe de limpeza.

IMPRESSO NA
sumago gráfica editorial ltda
rua itauna, 789 vila maria
02111-031 são paulo sp
telefax 11 2955 5636
sumago@terra.com.br